Etienne Charpentier
Führer durch das Alte Testament

FÜHRER DURCH DAS ALTE TESTAMENT

Etienne Charpentier

Anleitung zum
Selbst- und Gruppenstudium

Deutsche Bearbeitung von F. J. Schierse

Patmos Verlag Düsseldorf

Die Originalausgabe dieses Werkes erschien 1980 bei LES ÉDITIONS DU CERF, Paris,
unter dem Titel *Pour lire L'Ancien Testament.*
Übersetzung ins Deutsche und Bearbeitung durch F. J. Schierse

CIP-Kurztitelaufnahme der Deutschen Bibliothek

Charpentier, Etienne:
Führer durch das Alte Testament: Anleitung zum
Selbst- u. Gruppenstudium / Etienne Charpentier.
Dt. Bearb. von F. J. Schierse. [Übers. ins Dt.
u. Bearb. durch F. J. Schierse]. – 3. Aufl. –
Düsseldorf: Patmos Verlag, 1989.
    Einheitssacht.: Pour lire l'Ancien Testament ⟨dt.⟩
    ISBN 3–491–77288–5
NE: Schierse, Franz Joseph [Bearb.]

© 1984 Patmos Verlag Düsseldorf
Alle Rechte vorbehalten
3. Auflage 1989
Umschlaggestaltung: Atelier Koch, Essen
Gesamtherstellung: Boss-Druck, Kleve
ISBN 3–491–77288–5

Inhalt

Vorwort	7
Reisevorbereitungen	9
1. Die Bibel – Buch oder Bibliothek?	10
2. Ein Volk bedenkt seinen Weg	12
3. Lektüre und Studium eines Textes	15
4. Ein Volk, geprägt durch seine Geographie	21
5. Ein Volk, geprägt von der Mentalität des Vorderen Orients	24
6. Eine tausendjährige Geschichte. Die großen Ereignisse Israels	28
I. Der Exodus – ein Volk findet zu seinem Glauben	30
1. Lektüre von Ex 12,1–13,16. Literarische Gattungen und Arten	31
2. Studium von Ex 13,17–14,31. Traditionen des Pentateuch	32
3. Das Siegeslied der Geretteten (Ex 15,1–21)	36
4. Der Exodus – das Urereignis Israels	38
5. Was ist ein historisches Ereignis?	39
6. Das historische Exodusgeschehen	39
II. Das davidische Königtum in Jerusalem	43
1. Die jahwistische Geschichtsschreibung	46
2. Lektüre einiger Texte	47
3. Die Schöpfungsgeschichte (Gen 2,4–3,24)	49
4. Propheten des Königreichs Juda	54
III. Das Nordreich Israel (931–722)	57
1. Propheten des Nordreichs	59
2. Studium von Hos 2,4–25	62
3. Die Überlieferungsgeschichte des Elohisten	65
IV. Letzte Periode des Königreichs Juda (722–587)	70
1. Das Deuteronomium	72
2. Judäische Propheten des 6. Jahrhunderts	78
V. Das Babylonische Exil (587–538)	82
1. Die Prophten des Exils	84
2. Das Buch Levitikus	87
3. Die Priesterschrift	90
4. Der Schöpfungsbericht (Gen 1,1–2,4)	92
VI. Israel unter persischer Herrschaft (538–333)	96
1. Die Propheten der Heimkehr	97
2. Das Gesetz oder der Pentateuch	100
3. Die Bücher der Chronik – Esra – Nehemia	101
4. Die Weisheit	102

VII. Unter griechischer (333–63) und römischer (ab 63) Herrschaft 107
1. Ein Prophet der griechischen Zeit: Deutero-Sacharja 109
2. Weisheitsbücher 111
3. Fromme Unterhaltungsliteratur 111
4. Literarische Strömungen der Makkabäerzeit 113
5. Die Apokalypsen 114
6. Die Weisheit im Diasporajudentum 118

VIII. Die Psalmen 121
1. Die Wallfahrtslieder: Ps 120–134 123
2. Lob Gottes, des Schöpfers und Erlösers 125
3. Ein Gott der Menschen 128
4. Gebete der Hoffnung. Königspsalmen 131
5. Bittgebete und Danksagungen 134
6. Gebete des Gerechten 137

Am Ende der Reise 141
1. Abschluß der Arbeit 141
2. Warum noch das Alte Testament lesen? 142
3. Wort Gottes – Worte der Menschen 144
4. „Eucharistie" 146

Anhang: Jüdische Literatur außerhalb der Bibel 149
Geschichtlicher Überblick 152
Namens- und Sachregister 154
Textauslegung 155
Verzeichnis der Abbildungen 155
Weiterführende Literatur 155
Abkürzungen der biblischen Bücher 156

Vorwort

Sie möchten die Bibel lesen und wissen nicht wie? Dieses kleine Buch will Ihnen in aller Bescheidenheit ein Führer durch das Alte Testament sein.

Ein Reiseführer

Wenn wir eine weite Reise ins Ausland machen, kaufen wir uns vorher einen Reiseführer. Er wird uns vom ersten bis zum letzten Tag begleiten. In dem Büchlein finden wir eine kurze Geschichte des Landes, das wir besuchen wollen; uns werden die Sehenswürdigkeiten genannt und die besten Verkehrsverbindungen. Hier haben Sie einen biblischen „Reiseführer". Er möchte Ihnen erläutern, wie das Alte Testament entstanden ist und wie Sie die Texte verstehen sollen.

Es ist ein bescheidenes Buch. Es setzt Leser voraus, die sich noch kaum mit der Bibel beschäftigt haben, aber sich dazu aus irgendwelchen Gründen veranlaßt sehen. Ohne allzu große Mühe (aber nicht ganz ohne Arbeit!) werden Sie in das Alte Testament eingeführt. Bevor das Buch geschrieben wurde, ist der Stoff in zahlreichen Kursen durchgesprochen worden. Die Kapitel sind kurz und übersichtlich gegliedert. Man kann die einzelnen Abschnitte auch getrennt lesen.

Gleichwohl stellt das Buch eine ernstzunehmende, anspruchsvolle Einleitung dar, die zur wissenschaftlichen Lektüre der Bibel hinführen will. Auf eine mehr allgemeine, vorbereitende Einführung folgen acht Kapitel, die den Stoff, wie im Inhaltsverzeichnis angegeben, aufgliedern. Man findet darin folgende Gesichtspunkte und Themen:

– *Einen Überblick zur Geschichte Israels.* Wenn auch die Historizität vieler biblischer Aussagen umstritten ist, bleibt doch die Bibel ein Geschichtsbuch ganz außergewöhnlicher Art. Um die Texte zu verstehen, muß man sie historisch richtig „orten".

– *Eine Vorstellung der biblischen Schriften.* Großen Wert legen wir auf die Entstehung und Sammlung der einzelnen Traditionen, die dem Pentateuch zugrundeliegen. Über die Propheten und Weisheitslehrer wird im allgemeinen innerhalb der Epoche gesprochen, in der sie gewirkt haben.

– *Anleitungen zur Textauslegung* (angezeigt durch das Zeichen →). Hier können Sie für sich allein oder in Gruppenarbeit lernen, wie man an die Bibeltexte herangeht.

In den eingerahmten Abschnitten werden wichtige oder schwierige Begriffe erklärt, alte religionsgeschichtliche Texte gebracht, die einen Vergleich mit der Bibel ermöglichen, oder es werden theologische und geistliche Überlegungen geboten.

Hinweise zum Gebrauch

Normalerweise werden Sie das Buch allein durcharbeiten. Sie können es aber auch zur Gruppenarbeit benutzen. Die Einteilung in acht Kapitel soll es Ihnen ermöglichen, den Stoff in einem Jahr kennenzulernen, wenn die Gruppe etwa einmal im Monat zusammenkommt.

Es empfiehlt sich, zunächst durch eine mehr globale Lektüre einen Überblick zu gewinnen, um zu sehen, was Sie besonders interessiert. In einer Gruppe sollten Sie sich die Arbeit teilen. Bei jeder Zusammenkunft werden den einzelnen Mitgliedern Aufgaben gestellt, damit einer dem anderen zum Verständnis verhilft.

Der Verfasser dieses „Reiseführers"

Wer ist der Verfasser dieses Buches? Ich weiß es nicht. Gewiß, ich habe es redigiert, aber ich hätte dies niemals tun können ohne die Hilfe zahlreicher Freunde und Bekannten, mit denen ich auf Tagungen und Kursen zusammengearbeitet habe. Von ihnen stammen so viele Anregungen, Vergleiche und Formulierungen, daß ich keine genaue Urheberschaft mehr im einzelnen angeben kann. Das einzige, was mir bleibt, ist der Dank an alle, die zum Gelingen der Arbeit beigetragen haben. Noch einmal, herzlichen Dank!

Étienne Charpentier

Zur deutschen Ausgabe

Die zitierten Bibeltexte sind gewöhnlich der „Einheitsübersetzung der Heiligen Schrift" entnommen. Wir empfehlen diese Übersetzung wegen der Einleitungen und Anmerkungen.

Besonderer Dank gebührt Herrn Professor Dr. Bernhard Lang von der Johannes Gutenberg-Universität Mainz für seine zahlreichen Verbesserungsvorschläge und das Literaturverzeichnis.

Reisevorbereitungen

Nehmen wir an, Sie haben sich entschlossen, Ihren Urlaub in Spanien zu verbringen. Da bieten sich Ihnen verschiedene Möglichkeiten an: Sie können sich vier Wochen lang an einem bestimmten Ort aufhalten. Dann werden Sie diesen Ort einigermaßen gut kennenlernen, aber vom übrigen Spanien kaum etwas sehen. Das ist vor allem der Fall, wenn Sie ihren Urlaub bei einem Reisebüro gebucht haben und direkt vom Flugzeug ins Hotel oder zum Campingplatz gebracht werden.

Günstiger ist es schon, in einem Bus oder allein durchs Land zu fahren, wenn Sie Spanien wirklich kennenlernen wollen. Auch da gibt es verschiedene Möglichkeiten. Haben Sie sich einer Reisegesellschaft angeschlossen, ist die Route festgelegt und Sie werden von einer Sehenswürdigkeit zur anderen geführt, ohne daß Ihnen viel Zeit zu eigenen Erkundungen und Streifzügen bleibt. Anders dagegen sieht Ihr Urlaub aus, wenn Sie allein oder mit gleichgesinnten Freunden das Programm selber gestalten. Mit Hilfe eines guten Reiseführers (in Buchform) können Sie die von Ihnen ausgewählten Ziele besuchen und anschauen. An Ort und Stelle können Sie sich dann immer noch einer Führung anschließen, wenn Sie Lust dazu haben.

Als Hilfe zu einer solch selbstgestalteten „Bildungsreise" möchte sich dieses Büchlein anbieten. Es führt in acht Kapiteln durch das ganze Alte Testament. Auf jeder Etappe wird Ihnen gezeigt, was es zu sehen gibt, und Sie haben Gelegenheit, den einen oder anderen wichtigen Text genauer kennenzulernen. Doch liegt es an Ihnen, die Wahl zu treffen, denn Sie können sicher nicht alles mit der gleichen Gründlichkeit besichtigen. Gewiß, Enttäuschungen werden nicht ausbleiben. Man möchte möglichst viel in sich aufnehmen, der Tisch des Wortes ist reich, ja überreich gedeckt. Aber die Zeit drängt, und das nächste Kapitel wartet schon. Am Schluß bleibt wahrscheinlich nur die Erkenntnis, wie wenig man gelernt hat und wie unendlich viel es noch zu wissen gibt. Immerhin, ein erster Schritt ist getan. Man steht der Welt des Alten Testamentes nicht mehr ganz so fremd gegenüber, man hat einen gewissen Überblick gewonnen und kann die einzelnen Schriften jetzt besser einordnen. Und beim nächsten Mal, wenn Sie wieder „auf Reisen gehen", fühlen Sie sich schon ein wenig als Experte und können Anfängern Auskunft erteilen.

Auf den folgenden Seiten finden Sie einige Basisinformationen, die gleichsam das unentbehrliche Reisegepäck darstellen, ohne das Sie bald auf der Strecke bleiben würden:
1. *Die Bibel – Buch oder Bibliothek?* Praktische Hinweise für den Bibelbenutzer.
2. *Ein Volk bedenkt seinen Weg.* Eine mehr theoretische Reflexion über die Bibel: kein Tatsachenbericht, sondern gläubige Rückschau und Besinnung.
3. *Lektüre und Erklärung eines Textes.* Zwei Auslegungsmethoden und ein Instrumentarium.
4. *Ein Volk, geprägt von seinem Land.* Das geographische und historische Umfeld Israels.
5. *Ein Volk, geprägt vom Geist des Vorderen Orients.* Bemerkungen zur Mentalität der Völker, mit denen Israel Beziehungen unterhielt.
6. *Eine tausendjährige Geschichte* oder die großen Ereignisse Israels.

1. Die Bibel – Buch oder Bibliothek?

Beginnen wir ganz von vorn. Wer schon Bescheid weiß, kann den Abschnitt überspringen und sich gleich dem nächsten zuwenden.

Namen und Begriffe

Das Wort „Bibel" kommt aus dem Griechischen und bezeichnet dort im Plural „die Bücher". Im Lateinischen ist daraus ein weibliches Hauptwort im Singular geworden, „die Bibel".

Was uns als ein sehr umfangreiches Buch begegnet, ist in Wirklichkeit eine „Bibliothek", eine Büchersammlung. Sie enthält eine Vielzahl sehr unterschiedlicher Werke, von denen die meisten zum Alten Testament, die anderen zum Neuen Testament gehören (abgekürzt: AT und NT). Das Wort „Testament" hat hier nicht den juristischen Sinn, den wir aus der Alltagssprache kennen. Es handelt sich vielmehr um eine Übernahme des lateinischen Begriffs „testamentum", mit dem das hebräische Wort ‚berit' (Bund) wiedergegeben wurde. Die Bibel ist also eine Sammlung von Büchern, die vom Bund Gottes mit seinem Volk berichten, sei es vom Alten Bund, dessen Mittler Mose war, oder vom Neuen Bund, der in Jesus seine Vollendung gefunden hat.

Man nennt die Bibel oft „die Schrift" oder „die Heilige Schrift". Es geht um das schriftlich niedergelegte Wort Gottes, im Unterschied zum mündlich überlieferten Gotteswort. So weist uns der Begriff „Heilige Schrift" ausdrücklich darauf hin, daß uns Gottes Wort nicht in den berichteten Ereignissen oder in irgendwelchen Vorformen mündlicher Überlieferungen begegnet, sondern allein in den Texten, so wie wir sie lesen. Wir kommen auf diesen wichtigen Punkt noch zurück.

Der erste Teil der Bibel, das Alte Testament, ist gewissermaßen Eigentum der Juden und Christen, wenn auch mit einigen Unterschieden.

Die Juden, denen sich die Protestanten anschließen, erkennen nur die vierzig hebräisch geschriebenen Bücher als kanonisch an. Den Katholiken gelten auch die sechs griechisch geschriebenen Bücher als (deutero)kanonisch, während die Protestanten von „Apokryphen" sprechen. (Nähere Erklärung auf S. 110.)

Das für alle Christen gleiche Neue Testament umfaßt 27 Bücher. Die Bibliothek der Christen – die Bibel – ist also eine Sammlung von 67 oder 73 Büchern bzw. Schriften. Ein Abkürzungsverzeichnis finden Sie auf S. 156. Wie man Bibelstellen zitiert, sagt Ihnen das gegenüberliegende Kästchen.

Einteilungen

Es gibt verschiedene Methoden, Bücher in die Regale einer Bibliothek einzuordnen. Das einfachste und oft praktischste Prinzip ist die Größe oder der Umfang eines Buches. Ähnlich werden im Neuen Testament die Paulusbriefe nach ihrer (abnehmenden) Länge zusammengestellt. Gebräuchlicher aber ist die Einteilung nach Themen, Sachgebieten oder literarischen Gattungen. So finden wir in der Bibel die prophetischen Bücher, die Weisheitsliteratur und die Evangelien zu überschaubaren Einheiten zusammengefaßt.

Ein anderes Verfahren richtet sich nach dem Entstehungsjahr der Bücher. So gewinnt man einen Überblick zur geistigen Entwicklung, zur Literaturgeschichte eines Volkes. Bei allen Schwierigkeiten, die sich dieser Methode im Raum der biblischen Literatur entgegenstellen, werden wir versuchen, sie in den acht Kapiteln durchzuführen.

Was das Neue Testament angeht, so ist die Reihenfolge der Schriften in allen Bibelausgaben gleich. Beim Alten Testament bestehen folgende Unterschiede:

Die Bibel der Juden hat drei Teile: das *Gesetz* oder die *Thora,* was wir den Pentateuch oder die „Fünf Bücher Mose" nennen. Es folgen die *Propheten* oder *Nebiim,* und zwar die ersten Propheten, die wir zu Unrecht als historische Bücher bezeichnen (von Josua bis Nehemia), und die zweiten Propheten (Jesaja, Jeremia, Ezechiel, Daniel und die zwölf kleinen Propheten). Am Schluß kommt die Gruppe der *Schriften* oder *Ketubim*. Zu ihnen gehören Bücher wie Rut, Ijob, die Psalmen, Sprüche oder das Hohelied. Aus den Anfangsbuchstaben der drei Teile (Thora, Nebiim, Ketubim) haben die Juden das künstliche Wort „Tanak" gebildet, schon um sich der für sie verletzenden Bezeichnung „Altes Testament" nicht bedienen zu müssen.

Viele evangelische Bibelausgaben ordnen die alttestamentlichen Schriften in vier Gruppen: Fünf Bücher Mose – historische Bücher – prophetische Schriften – Weisheitsliteratur. Manchmal werden auch die apokryphen (deuterokanonischen) Schriften in einem gesonderten Kapitel als Anhang gebracht.

Die neue Einheitsbibel läßt ebenfalls auf den Pentateuch die historischen Bücher folgen, rechnet zu diesen aber die deuterokanonischen Schriften Tobit, Judit und die beiden Makkabäerbücher. Dann kommen die Weisheitsbücher mit Ijob, Psalmen, Sprüchen, Kohelet, Hohelied, Weisheit, Sirach. Am Schluß stehen die Bücher der Propheten von Jesaja bis Maleachi. Hinter Jeremia sind die Klagelieder und das Buch Baruch eingeschoben.

Kapitel und Verse

Die uns so selbstverständlich und unentbehrlich erscheinende Kapitel- und Verseinteilung ist verhältnismäßig jüngeren Datums. Erst 1226 kam ein angelsächsischer Mönch, Stephan Langton, auf die Idee, die biblischen Bücher in Kapitel aufzugliedern. Und die Verseinteilung geht sogar erst auf den provenzalischen Rabbi und Arzt Isaak Nathan (um 1440) sowie den italienischen Dominikaner Santes Pagnini (1528) zurück.

Diese (mit kleinen Abweichungen) allgemein übernommenen Kapitel- und Verseinteilungen entsprechen nicht immer dem Sinn der Texte. Man braucht sie also nicht zu berücksichtigen, wenn es um die Auslegung zusammenhängender Abschnitte geht (z. B. Jes 52,13–53,12: das vierte Lied vom Gottesknecht). Gleichwohl ist sie äußerst praktisch, um Bibelstellen rasch aufzufinden oder auf andere zu verweisen. Über die heute gebräuchlichste Form, Bibeltexte zu zitieren, informiert Sie das folgende Kästchen.

Wie zitiert man einen Bibeltext

Zuerst kommt die Abkürzung des Buches (vgl. das Verzeichnis S. 156). Dann folgen die Zahlen: die erste Ziffer bezeichnet das Kapitel und die zweite, nach einem Komma, den Vers. So bedeutet Gen 2,4: Buch Genesis, Kapitel zwei, Vers vier.

Ein Querstrich (–) verweist auf mehrere Kapitel oder Verse. Gen 2–5 heißt: Buch Genesis, Kapitel zwei bis fünf einschließlich. Gen 2,4–8 bedeutet: Buch Genesis, Kapitel zwei, Vers vier bis acht einschließlich.

Ein Strichpunkt trennt verschiedene Stellenangaben (z. B. Gen 2,4; Ex 3,6; Dtn 7,8).

Ein Punkt unterscheidet verschiedene Verse im gleichen Kapitel (z. B. Gen 2,4.8.11).

Ein den Ziffern angefügtes „f" oder „ff" besagt, daß man den oder die folgenden Verse auch noch lesen soll. Um Unklarheiten zu vermeiden, sollte die Angabe „ff" auf die beiden nächsten Verse oder Kapitel beschränkt bleiben.

Falls ein Vers mehrere Satzteile oder Sätze enthält, die vielleicht noch aus verschiedenen Quellen stammen, wird um der Genauigkeit willen zwischen Vers ... a, b, c unterschieden. So verweist Gen 2,4a nur auf die erste Hälfte von V.4.

Ein Übungsbeispiel: Gen 2,4–6.8; 3,5f; 4,1–6.8. Schlagen Sie die genannten Stellen nach.

Wenn Sie sich an dieses System gewöhnt haben, werden Sie andere Weisen, Bibelstellen zu zitieren, leicht verstehen. Schwierigkeit kann höchstens die andersartige Abkürzung der biblischen Bücher bereiten.

Sprachen

Das Alte Testament ist bis auf wenige aramäische Abschnitte und die sechs griechisch verfaßten Bücher hebräisch geschrieben. Die beiden semitischen Sprachen werden (wie das Arabische) nur mit Konsonanten geschrieben. Der Leser muß die Vokale selbst hinzufügen und damit den Sinn des Textes festlegen. Vom 7. Jahrhundert an haben jüdische Gelehrte („Masoreten") mit einem ausgeklügelten System von Zeichen und Punkten den Konsonantentext vokalisiert, um ein einheitliches Verständnis zu ermöglichen. So heißt der hebräische Text auch manchmal „masoretischer" Text.

Vom 3. Jahrhundert v. Chr. an wurde das Alte Testament ins Griechische übersetzt. Einer frühjüdischen Legende zufolge hätten siebzig Schriftgelehrte, streng voneinander getrennt, genau die gleiche Übersetzung zustandegebracht. Diese Legende wollte nichts anderes besagen, als daß auch die griechische Bibel von Gott inspiriert ist, eine Ansicht, die viele Kirchenväter übernommen haben. Man nennt die griechische Bibel auch die „Septuaginta" (= LXX, lat. „siebzig"). Neben ihr gibt es aber auch noch andere alte griechische Übersetzungen (Aquila, Symmachus, Theodotion).

Das Neue Testament ist griechisch geschrieben, in der damaligen Umgangssprache, der „Koiné", die nicht mehr das klassische Griechisch war.

Für die wissenschaftliche Exegese ist die Arbeit an den Originaltexten selbstverständlich. Übersetzungen, so gut sie auch sein mögen, können immer nur ein Notbehelf sein. Deshalb werden wir bei wichtigen Stellen auf den Urtext zurückgreifen.

2. Ein Volk bedenkt seinen Weg

Die Bibel, vor allem das Alte Testament, ist ein merkwürdiges Buch. Selbst wer noch nie einen Blick hineingeworfen hat, weiß, daß sie die Heilige Schrift der Juden und Christen ist. So erwartet man in ihr Gottes Wort gleichsam in Reinkultur zu finden: eine Art Katechismus oder Handbuch der Moral.

Wer aber die Bibel aufschlägt, findet in ihr Geschichten aus der Frühzeit eines kleinen vorderasiatischen Volkes. Oft sind es ganz belanglose Geschichten oder solche mit einer wenig erbaulichen Moral, die man kaum laut lesen kann, ohne rot zu werden. Da sind Berichte von Kriegen, Mordtaten, Schändlichkeiten aller Art. Gewiß, das ist nur die eine Seite, aber sie prägt sich dem Leser am nachdrücklichsten ein.

Ein merkwürdiges Buch also. Aber ist die Bibel überhaupt ein Buch? Wir sahen schon, daß die Bibel eine Bibliothek darstellt, deren Bücher aus einem Zeitraum von über tausend Jahren stammen. Nun richten Sie sich einmal eine Bibliothek ein mit Julius Caesar „Gallischer Krieg", einem Asterix-Heft, dem Rolandslied, der „Summa Theologica" des Thomas von Aquin, einer Geschichte der Kreuzzüge, den Predigten Bossuets und einigen theologischen und wissenschaftlichen Werken des 20. Jahrhunderts. Dann haben Sie in etwa eine Zusammenstellung französischer Literatur aus zwei Jahrtausenden, aber Sie ständen dieser Sammlung wohl ziemlich ratlos gegenüber.

Mehr noch als eine erdachte Bibliothek ist die Bibel eine Welt, in die man eintreten muß, ein Abenteuer, an dem teilzunehmen wir aufgefordert sind. Es ist das Abenteuer eines Volkes, das sich von der Leidenschaft für Gott ergreifen läßt – oder richtiger, das Gott in seiner leidenschaftlichen Liebe ergriffen hat. An einem Beispiel soll uns dies klarer werden.

Am Abend einer Goldenen Hochzeit

Als ich das alte Ehepaar besuchte, waren Verwandte und Bekannte schon gegangen. So verbrachten wir noch ein Stündchen allein, und diese Stunde wird mir immer unvergessen bleiben.

Ich hatte geglaubt, die alten Leute gut zu kennen. Es waren einfache, fromme Menschen, die ein halbes Jahrhundert lang schon Freud und Leid miteinander geteilt hatten. An diesem Abend aber lernte ich sie mit neuen Augen sehen. Sie haben vor mir ihren ganzen Schatz von Erinnerungen ausgebreitet, einen Pappkarton, in dem sich alles befand, was ihnen des

Aufbewahrens wert erschienen war: Fotos vom Hochzeitstag, den Kindern, der Militärzeit und einer Ferienreise an die See. Postkarten von Verwandten und Bekannten, den heranwachsenden Kindern, die mit der Schule einen Ausflug gemacht hatten. Dann ein besonderer Umschlag, schwarz umrandet: Bilder und Erinnerungsstücke von einer frühverstorbenen Tochter. Immer noch bekommen die Augen der Mutter einen feuchten Schimmer, und ihre Stimme wird leiser.

Dann zeigten mir die Alten voll Stolz ihre Familienpapiere. Was für mich eine bloße Anhäufung von Namen und Daten war, bedeutete ihnen die Verwurzelung in bodenständigen Bauern- und Handwerkerfamilien. Und schließlich war da noch ein dickes Paket Briefe, Liebesbriefe. Ich wagte gar nicht näher hinzuschauen. »Diesen da, unseren ersten Liebesbrief, aber dürfen Sie sich ansehen«, sagte der Mann mit einem verschmitzten Lächeln. Und ich las, was auf dem vergilbten Zettel stand: eine Rechenaufgabe – doch davon gleich mehr.

An diesem Abend habe ich nicht nur viel Neues über das befreundete alte Ehepaar erfahren, sondern auch etwas vom Sinn ihres Lebens entdeckt. Alle diese Erinnerungsstücke, Bilder und Papiere waren an sich wertlos, banal. Und doch bekamen sie in der Rückschau auf ein geglücktes gemeinsames Leben einen unvergleichlichen Wert. Sie alle ergaben, zusammengenommen, eine Art „heilige Geschichte", erfüllt von gegenseitiger Zuneigung, Dankbarkeit und Vertrauen.

Aus diesem Beispiel lassen sich einige Lehren ziehen.

Ein Leben wird zum „Text"

Das alte Ehepaar zeigte mir Fotos, Briefe, Dokumente. Diese Gegenstände waren nicht so sehr um ihrer selbst willen interessant, sondern weil sie gleichsam eine „Verdichtung" des Lebens dieser beiden Menschen darstellten. Mit ihrer Hilfe konnte ich ein wenig in die Welt des alten Ehepaares eintreten und am Abenteuer ihrer Liebe teilnehmen.

Ebenso erscheinen uns vielleicht manche Bücher oder Kapitel der Bibel banal und belanglos. Aber auch mit ihrer Hilfe können wir Einblick in die Welt der Bibel gewinnen und das Wagnis des Glaubens, wie es Israel erfahren hat, verstehen lernen.

Man begreift alles erst hinterher

„Das ist mein erster Liebesbrief", hatte mein alter Bekannter gesagt, als er mir den Zettel mit der Rechenaufgabe zeigte. Er und seine (zukünftige) Frau waren damals noch auf der Schule. Als seine Mitschülerin einmal krank war, hatte er ihr die Aufgabe ans Krankenbett gebracht. Diese kleine Gefälligkeit hatte den Grund zur dauerhaften Zuneigung gelegt, und seinem ersten „Liebesbrief" waren noch viele andere, eindeutigere gefolgt. Der vergilbte Zettel mit seinen Zahlen und Zeichen bedeutet für sich genommen nichts. Erst die nachfolgende Geschichte der beiden Verliebten gab ihm seinen einzigartigen Wert als Zeugnis einer schicksalhaften Bestimmung.

Es gibt tatsächlich Ereignisse, die für sich selbst genommen keinen oder kaum einen Sinn ergeben und erst später, im Zusammenhang mit anderen Geschehnissen, sich als sinnvoll erweisen. Fotos sind im Augenblick, da sie aufgenommen werden, meist nicht sehr interessant. Erst wenn man sie später, nach Jahren, wieder anschaut, begreift man, was damals geschah.

Jedes Ereignis birgt in sich viele Bedeutungen, die man im Augenblick gar nicht abschätzen kann. In der Rückschau aber wird immer klarer, was damals mit diesem oder jenem Schritt an Kettenreaktionen ausgelöst wurde. Und so bekommt ein kleiner, belangloser Vorfall, der am Anfang steht, den Charakter einer folgenschweren Initialzündung, eines Schlüsselerlebnisses.

Wenn Sie nun von einem solchen auslösenden Ereignis erzählen müssen, ist es dann überhaupt möglich, den Vorgang so darzustellen, wie er damals „wirklich" geschah? Oder wird nicht in ihren Bericht all das miteinfließen, was später hinzugekommen ist? Ein ähnliches Problem ergibt sich, wenn es um die Wiedergabe von einmal gehörten Worten geht. Im Augenblick des Hörens achten wir vielleicht nicht sehr darauf. Die Worte scheinen uns belanglos oder wirklichkeitsfremd. Erst später, in einer bestimmten Situation, erinnern wir uns plötzlich und begreifen, was uns die Eltern, ein Freund, ein Lehrer oder Priester damals sagen wollten.

Wie sollen wir nun das Gehörte wiedergeben? Im ursprünglichen Wortlaut, an den wir uns vielleicht kaum noch erinnern, oder in der Form, wie wir den Satz später aufgrund eigener Erfahrungen verstanden haben?

Genau oder wahr?

Oft wird man gefragt: „Ist das alles wahr, was in der Bibel steht? Ist dieses Wunder wirklich so geschehen?" Vor einer Antwort sollte man sich über den Sinn der Worte „wahr" oder „wirklich" klar werden. Wenn es heißt: „Diese Geschichte ist wahr, sie ist wirklich so passiert", dann bedeutet das sicher etwas anderes, als wenn man einen Roman oder ein Gedicht als „wahr" bezeichnet, weil dort die menschliche Realität tief und echt nachempfunden ist. Alles kann erfunden, erdichtet, nichts wirklich so geschehen und historisch sein – und doch ist alles wahr!

Es ist immer gefährlich, mit Etiketten zu arbeiten, aber hier dient das Verfahren der Klärung. Nehmen wir also noch einmal die Begriffe „genau" und „wahr".

„Genau" bezieht sich auf das, was Kamera oder Tonband hätten aufnehmen können. Der erste „Liebesbrief" meines alten Bekannten bestand lediglich aus einer Rechenaufgabe. Von Liebe war auf dem Zettel nichts zu lesen.

Und trotzdem waren die Zahlen und Zeichen ein „Liebesbrief", weil sie zum ersten Mal eine beginnende Zuneigung bezeugten. Hätte es sich tatsächlich, dem Wortlaut nach genau, um einen Liebesbrief gehandelt, wer weiß, ob er zu einer solch wahren Liebe geführt hätte.

Ist die Bibel wahr? Ja, wenn man Wahrheit so versteht. Es gibt in der Schrift gewiß ein Fülle von Ungenauigkeiten, Übertreibungen, legendären Schilderungen, deren Wirklichkeitsbezug schwer nachzuprüfen ist, aber insgesamt darf man sie als „wahr" bezeichnen, weil sich in ihr die Wahrheit Gottes und des Menschen geoffenbart hat.

Glauben, um zu verstehen

Was ein Geschehen seinem Wesen nach wirklich ist, läßt sich mit den Augen allein nicht feststellen. Das Sehen führt nur zu Vermutungen, aber es gibt keine Sicherheit. Ich sehe zum Beispiel, wie ein Mann und eine Frau sich am Bahnhof umarmen und küssen. Das ist eine Tatsache, ein historisches Ereignis. Daraus könnte ich den Schluß ziehen, daß beide sich lieben.

Eine wunderbare Geschichte

Was könnte mich an der Bibel interessieren? Sie erzählt eine wunderbare Geschichte, in der Gott ständig am Reden ist oder in der er unaufhörlich Wunder wirkt zugunsten der Israeliten, der Kranken und Besessenen. Was hat das mit meinem Leben zu tun oder mit dem Leben der heutigen Welt? Warum schweigt Gott jetzt schon so lang, nachdem er in grauer Vorzeit dauernd am Wirken war? Es gibt doch auch heute noch so viele Unterdrückte, Kranke und Unglückliche. Was hindert ihn, wieder tatkräftig einzugreifen? Das ist ein ernstzunehmender Einwand. Aus dem bisher Gesagten läßt sich aber schon eine Antwort erahnen.

Die Geschichte Israels, eines kleinen Volkes im Vorderen Orient, war äußerlich gesehen genauso banal und profan wie die aller anderen Völker der damaligen Zeit. Aber die Gläubigen, die diese Geschichte aufgezeichnet haben, waren von Gott, dem Einzigen und Lebendigen, so ergriffen worden, daß sie auch in den gewöhnlichsten Erfahrungen die Hand ihres Gottes am Werk sahen.

Zwischen der Geschichte Israels und unserer heutigen Weltgeschichte besteht kaum ein Unterschied: die gleichen Erfahrungen und Niederlagen, die gleichen Streitigkeiten und Feindschaften, die gleichen Menschen, Schurken und Heilige, Gerechte und Verräter. Und der Ungläubige entdeckt damals wie heute von Gott keine Spur.

Gleichwohl sollte uns die Bibel dazu führen, unseren Lebensweg mit demselben Blick des Glaubens und der Liebe zu bedenken. Dann werden wir feststellen, daß Gott nach wie vor zu uns spricht, wie er zu den Propheten gesprochen hat, und daß er nach wie vor an uns handelt, wie er an Israel gehandelt hat. Unser ganzes Leben wird uns dann wie eine Kette von Wundern erscheinen.

Aber bin ich dessen so sicher? Wie oft wird nicht eine Umarmung, ein Kuß vorgetäuscht als bloße Routine? Nun sagt mir aber jemand, der diese beiden Personen näher kennt, daß sie sich wirklich lieben, und ich glaube ihm, weil ich ihn für vertrauenswürdig halte. Jetzt gewinnt das äußere Zeichen des Abschiedskusses auf einmal den Charakter des Beweises für die innere, unsichtbare Realität der Liebe. Um das zu begreifen und um meines Eindrucks sicher zu sein, muß ich glauben, und die Tatsache meines Begreifens stärkt wiederum den Glauben an das Wort des anderen. Das ergibt eine spiralförmige, fortschreitende Bewegung: Man wendet sich im Kreis, kommt aber mit jeder Wendung einen Schritt weiter.

Genauso verhält es sich bei der Bibel. Ihre Verfasser erzählen uns von Ereignissen, aber diese Ereignisse gewinnen erst einen Sinn, wenn man an das glaubt, was mit den Geschichten bezeugt werden soll. Man kann die Bibel natürlich auch als Ungläubiger lesen, studieren und vielleicht sogar die Aussageabsicht der Texte gut herausarbeiten. Aber es ist doch ein gewaltiger Unterschied, ob man den Sinn der biblischen Geschichten nur nüchtern registriert, oder ob ich mich der Deutung ihrer Verfasser anschließe und ihnen damit Glauben schenke.

Dies alles erscheint vielleicht ein wenig kompliziert, aber wir kommen darauf zurück, und dann werden sich die Dinge klären. Für den Augenblick genügt es, eine Frage festzuhalten: Was ist der Sinn eines Textes?

Der Sinn eines Textes

Angesichts eines literarischen Textes, wenn er vor allem aus alter Zeit stammt, stellen wir instinktiv folgende Überlegung an: Der Verfasser wollte mit seinen Worten sicher etwas sagen, einen Sinn übermitteln. Diesen Sinn hat er in seiner Sprache und den Bildern der ihm eigenen Kultur ausgedrückt. Unsere Arbeit besteht also darin, den Sinn der Worte aus ihren zeitbedingten Umhüllungen zu lösen und in die heutige Welt des Denkens und Sprechens zu übertragen. Wir stellen uns demnach vor, daß es in den Texten einen objektiven Sinn gibt, gewissermaßen einen „harten Kern", den es zu erfassen gilt.

Wahrscheinlich haben Sie schon gemerkt, daß die Dinge nicht ganz so einfach liegen. Als mir die alten Bekannten aus ihrem Leben erzählten, versuchte ich selbstverständlich zu begreifen, was sie mir sagen wollten. Als ich ihnen aber aufmerksam zuhörte, veränderte sich in mir das mit den Augen und Ohren Wahrgenommene. Seit diesem Abend hatte ich eine andere Vorstellung von ihnen, die sicher nicht ganz mit dem übereinstimmte, was die beiden von sich selbst hielten, und auch ein fiktiver dritter Besucher wäre wahrscheinlich mit anderen Eindrücken als ich nach Hause gegangen.

Ähnliches vollzieht sich beim Lesen. Wir verändern den Text, schaffen ihn gleichsam neu aufgrund dessen, was wir selber sind. Das ist ein ganz normaler Vorgang. Wir schreiben den Text mit unserem eigenen Leben fort, indem wir ihm den Sinn und die Bedeutung hinzufügen, die wir in ihm entdecken.

Lesen heißt also, sich eines Textes bemächtigen und ihn etwas für mich sagen lassen, was mich zum Leben ermutigt.

Kann man das aber von jedem beliebigen Text behaupten? Hier beginnt das Studium der Textaussagen, die Anwendung verschiedener Auslegungsmethoden.

3. Lektüre und Studium eines Textes

Die Unterscheidung zwischen dem bloßen Lesen und einer wissenschaftlichen Textauslegung soll jetzt näher begründet werden.

Einen Text lesen, heißt ihn sagen lassen, was er für mich, den heutigen Leser bedeutet. Dies entspricht unserem natürlichen Empfinden.

Wir lesen, weil uns der Text persönlich interessiert, weil er uns in irgendeiner Form angeht. Die Gefahr einer solchen Einstellung liegt auf der Hand. Wie schnell beschränken wir uns auf Texte, die uns „zusagen", die unsere Vorurteile bestätigen und uns in unseren falschen Auffassungen bestärken! Dies gilt vor allem auch von der Bibel, die nach dem Vorurteil vieler Menschen langweilig und völlig veraltet ist. Hier greift das wissenschaftliche Bibelstudium ein, um uns von der Bedeutung auch scheinbar nichtssagender, antiquierter Texte zu überzeugen.

Die wissenschaftliche Arbeit am Text bedient sich verschiedenster Auslegungsmethoden, von denen noch im einzelnen die Rede sein wird. Als wichtigstes Ergebnis sei zunächst nur festgehalten, daß die Exegese den Abstand, der zwischen uns und dem Bibeltext liegt, voll bewußt macht, damit wir nicht vorschnell unsere Vorstellungen, Begriffe und Empfindungen in ihn hineinlesen und so zu falschen Schlußfolgerungen kommen. Außerdem zwingt uns der wissenschaftliche Umgang mit der Bibel, die Texte ganz genau, Wort für Wort, zu lesen und nicht nur flüchtig anzuschauen. Meinen wir nicht, dies alles sei uns doch schon bekannt und biete nichts Neues. Ein kleines Beispiel aus dem uns so vertrauten Weihnachtsevangelium: Die „Anbetung der Hirten" erscheint aufgrund der traditionellen Krippendarstellungen so selbstverständlich, daß wir beim genaueren Lesen des Textes von Lk 2,1–20 erstaunt feststellen, die Hirten kommen zur Krippe, nicht um anzubeten, sondern um Maria zu sagen, was der Engel ihnen verkündet hat!

Zwei Auslegungsmethoden

Nehmen wir einmal an, Ihre alte Tante Ursula hat Ihnen einen Brief geschrieben. Beim Lesen sehen Sie Ihre Tante im Geist vor sich und interpretieren den Text aufgrund dessen, was Sie bereits von ihr wissen. Kennen Sie Ihre Tante als eine Frau, die sich ständig beklagt, die mit Gott und der Welt unzufrieden ist, dann wird es Sie nicht beunruhigen, aus dem Brief die gleichen Töne zu vernehmen. Ist Ihnen die Tante aber als eine immer frohgemute, optimi-

stische Person in Erinnerung, die von ihren gesundheitlichen Beschwerden nie viel Aufhebens gemacht hat, dann werden Sie etwaige Klagen in dieser Richtung schon weit ernster zu nehmen haben. Sie deuten und bewerten also die Aussagen des Briefes mit Hilfe von Informationen, die nicht unmittelbar dem Text entnommen sind.

Nun kann es vorkommen, daß Sie in dem Brief auf einen unverständlichen Satz stoßen, sei es weil Sie die Schrift nicht lesen können oder sei es, weil die Worte scheinbar oder tatsächlichen keinen Sinn ergeben. Sie werden dann den fraglichen Text wiederholt lesen, um herauszufinden, was Ihre Tante gemeint haben könnte. Vielleicht kommen Sie nach mehrmaliger Lektüre dahinter, daß nur ein Wort falsch geschrieben oder ausgefallen sein muß und daß sich der vermutete Sinn bestens in den Zusammenhang des Briefes einfügt. Sie haben also den zunächst unverständlichen Satz allein mit Hilfe des Textes selbst interpretiert, auch wenn dieses Verfahren nicht unproblematisch ist und keine letzte Sicherheit gibt. Im Zweifelsfall könnten Sie natürlich bei Ihrer Tante nachfragen – wie aber wollen Sie dies bei den Verfassern der Bibel tun?

Diese beiden Auslegungsmethoden – die den Text aufgrund zusätzlicher Informationen deutende und die sich auf den Text selbst beschränkende – haben in der Bibelwissenschaft sehr verschiedene Formen angenommen. Im folgenden stellen wir Ihnen nur die heute aktuellen und für Ihre Bibelarbeit unentbehrlichen Hauptrichtungen vor.

1. Die historisch-kritische Methode

Als Sie den Brief Ihrer Tante Ursula lasen, stellten Sie sich die Frage: „Was will mir die gute Tante sagen?", und Sie verglichen den Brief mit dem, was Sie sonst aus dem gegenwärtigen oder früheren Leben der Tante wußten.

Wenn nun ich, der ich Ihre Tante nicht kenne, den Brief lese, wird die Sache schon schwieriger. Ich müßte versuchen, mir aus den Andeutungen des Briefes, aus seinem Stil, der Wortwahl, dem Geist, der aus seinen Zeilen spricht, ein ungefähres Bild von der Schreiberin zu machen: von ihrem Alter, ihrer Bildung, ihrer gesundheitlichen Verfassung, ihrer religiösen, politischen oder sonstigen Einstellung. Alle diese Annahmen benutze ich dann wieder dazu, um die einzelnen Aussagen des Briefes zu verstehen. Man nennt dieses meist unbewußte Verfahren den „hermeneutischen Zirkel": Ich mache mir aufgrund des Textes ein Bild vom Autor, und mit Hilfe dieses erdachten Bildes deute ich wiederum die Aussagen.

Bei der Bibel ist ein anderes Verfahren gar nicht möglich. Wir kennen den Verfasser des Buches Genesis oder die Propheten nur durch die Texte. Was unsere Arbeit aber erleichtert, ist die Tatsache, daß die biblischen Texte auf vielfältige Weise eingebunden sind in die Geschichte, die Geographie und das geistig-religiöse Milieu des Vorderen Orients.

Die Situation des Autors

Die Autoren der Bibel stammen aus einer Zeit, die zwei- bis dreitausend Jahre zurückliegt. Wenn wir uns die Situation des Autors und seiner Adressaten vor Augen stellen wollen, gibt es die verschiedensten Hilfsmittel:

– *geschichtliche Dokumente*. Seit die Geschichtswissenschaft sich mit der Vergangenheit des Vorderen Orients und des Mittelmeerraums beschäftigt hat, ist es möglich geworden, die Angaben der Bibel kritisch (nach beiden Seiten!) zu vergleichen.

– *zeitgenössische Literatur*. Im alten Ägypten, in Sumer, in Babylon gab es Gedichte, Mythen, Romane. Manche Texte haben die Bibel sichtlich beeinflußt, zum Beispiel die Sintflutgeschichte.

– *archäologische Zeugnisse*. Jericho, zum Beispiel, lag schon in Schutt und Asche, als Josua mit seinen berühmten Posaunen um die Stadtmauern zog. Und immer noch fördert der Spaten aus dem Boden Palästinas Beweisstücke zu Tage – zu Gunsten der biblischen Darstellung oder um sie zu korrigieren und dadurch die Aussageabsicht der Texte zu hinterfragen.

Man spricht gern von „historischen Hilfswissenschaften", obwohl sich alle diese Disziplinen längst verselbständigt haben. Ihre Ergebnisse sind zum Glück durch eine Vielzahl allgemeinverständlicher Publikationen auch einem breiteren Leserkreis zugänglich.

Wie ist der Text einzuordnen?

In jedem Text überlagern sich zumindest zwei Dimensionen: die in ihm selbst auftretenden zeitlichen, räumlichen und personellen Beziehungen sowie jene, die zur Zeit seiner Abfassung maßgebend waren. Ein Geschichtsschreiber berichtet eben nicht nur von längst vergangenen Ereignissen, Personen, Katastrophen und Entscheidungen, er zeichnet, wenn auch nur indirekt, zugleich ein Bild seiner gegenwärtigen Zeit, ihrer Tendenzen, Vorlieben und Abneigungen.

So ist es zum Beispiel ein großer Unterschied, ob die Geschichte Abrahams in der Blütezeit der davidischen Dynastie um 950 v. Chr. oder 500 Jahre später in den Gefangenenlagern der nach Babylon deportierten Juden niedergeschrieben wird. Und noch im Neuen Testament findet derselbe Abraham eine fast widersprüchliche Beurteilung durch Paulus und den Verfasser des Jakobusbriefes.

Das Ziel der historisch-kritischen Methode besteht also, grob gesagt, darin, den Text aus seinen verschiedenen historischen Dimensionen heraus zu erklären. Man möchte feststellen, was der Autor aufgrund seiner historischen Situation sagen wollte. Weil sich dieses Programm nicht ohne eine kritische Überprüfung der biblischen Aussagen durchführen läßt, spricht man zu Recht von „historischer Kritik".

Die materialistische Auslegung

Jeder Text ist ohne Zweifel auch ein Produkt seines Milieus und damit der gesellschaftlichen, ökonomischen und politischen Verhältnisse eines Volkes. Es ist sicher das Verdienst der marxistischen Theorie, diese Binsenwahrheit ins allgemeine Bewußtsein gehoben zu haben. Andererseits führt es zu den lächerlichsten Ungereimtheiten, biblische Texte allein aus den Voraussetzungen des marxistischen Dogmas erklären zu wollen.

2. Die Strukturanalyse

Seit Beginn des 20. Jahrhunderts hat sich vor allem in Frankreich ein neuer Wissenschaftszweig entwickelt, die Linguistik oder Sprachanalyse. Unter den verschiedenen Richtungen kommt neuerdings der *Semiotik* (vom grie-

Anleitung zur Textanalyse

Erster Kontakt: Lesen Sie den Text und notieren Sie Ihre spontanen Reaktionen: bekannt, neuartig, langweilig, unverständlich, anziehend, abstoßend, herausfordernd . . .

Textanalyse: Schreiben Sie sich heraus:
– die *Akteure* (Personen und alle Dinge, die eine Rolle spielen und die Handlung beeinflussen),
– die *Orte* und *Ortsveränderungen,*
– die *Zeitangaben* und *Zeitformen* der Verben,
– die *Aktionen,* die sich innerhalb des Textes vollziehen.
Anhand dieser Notizen, die sicher noch ergänzungsbedürftig sein werden, versuchen Sie die einzelnen Elemente zu ordnen:
– Wie verhalten sich die Akteure zueinander? Wer gehört zu wem? Wer ist gegen wen?
– Was wollen die Akteure bzw. der Hauptakteur? Wer hilft ihm, wer hindert ihn?
– In welcher Beziehung stehen die Orte und Zeiten zu den einzelnen Akteuren?
– Geschieht innerhalb des Textes eine Veränderung (Transformation)? Wer und was verändert sich und wie? Durch wen? Achten Sie auf die einzelnen Etappen. Vielleicht gelingt es Ihnen, ein übersichtliches Diagramm, eine Strukturskizze des Textes anzufertigen.

Kontext: Stellen Sie fest, welchen Platz der Text im Zusammenhang seines Kapitels, seines Buches einnimmt. Führt er völlig neue Personen ein oder schreibt er nur eine schon begonnene Geschichte fort?

Zeitgeschichtliche Umstände: Die folgenden Fragen lassen sich kaum ohne Hilfe eines Kommentars beantworten:
– In welcher Zeit ist der Text entstanden, in welcher ist er niedergeschrieben worden?
– Kann man dem Text etwas über die Situation des Autors oder die Situation des Volkes (der Gemeinde) entnehmen?
– Hatten zu dieser Zeit bestimmte Ausdrücke oder Begriffe eine besondere Bedeutung?
– Zu welcher literarischen Gattung gehört der Text (vgl. S. 31)?
– Gibt es ähnliche Texte in der Bibel oder außerhalb der Bibel? Wird das Thema öfters behandelt und wo? Sind Beziehungen zur ägyptischen oder mesopotamischen Literatur vorhanden? Wie sind Ähnlichkeiten und Unterschiede zu beurteilen?

Nochmalige Lektüre: Nach den exegetischen Bemühungen lesen Sie den Text noch einmal langsam durch. Was sagt er Ihnen jetzt?

Wer seinen Werkzeugkasten öffnet, will sicher nicht alle Werkzeuge zugleich benutzen. Er wählt sich aus, was er für eine bestimmte Arbeit braucht. Auch unsere Anleitung zur Textanalyse ist als Angebot gedacht, das von Fall zu Fall zur Verfügung steht.

Erster Kontakt

Leider begnügen wir uns oft mit einer oberflächlichen Lektüre, die uns den Text kaum näher bringt, dafür aber einiges von unserem Wesen offenbart: unsere Vorurteile, Interessen, Zu- und Abneigungen.

In der Gruppenarbeit notieren Sie die spontanen Reaktionen, doch warten Sie mit einer Antwort bis nach der Analyse. Dann wird sich manches von selbst erledigt haben.

Textanalyse

Die Fragen scheinen zunächst sehr primitiv und fast albern zu sein. Bald aber werden wir merken, wie wichtig es ist, auch auf das kleinste Detail des Textes zu achten, besonders auf die offenen oder versteckten Gegensätze, die zwischen den Akteuren und ihren Absichten bzw. Wertvorstellungen bestehen.

Eine Geschichte beginnt meist damit, daß irgendwo und irgendwie ein Mangel herrscht (Krankheit, Hunger, Gefahr, Tod). Am Ende der Geschichte ist der Mangel behoben; wie es dazu kam, welche Widerstände zu überwinden waren und wem der Erfolg zu verdanken ist, all das wird kurz oder ausführlich berichtet.

Die verschiedenen Akteure stehen alle in Beziehung zu dem mangelnden Objekt, und sie lassen sich in sechs Kategorien einteilen:

$$\text{Sender} \rightarrow \text{Objekt} \rightarrow \text{Empfänger}$$
$$\uparrow$$
$$\text{Helfer} \rightarrow \text{Subjekt} \leftarrow \text{Widersacher}$$

Ein ganz einfaches Beispiel: Ich erfahre, daß mein Nachbar Paul Durst hat. Ihm fehlt das Objekt Wasser. Da ich selbst nicht in Erscheinung treten möchte, bitte ich meinen Freund Peter, etwas zum Trinken zu holen. Ich, der Sender, bestelle Peter zum Subjekt einer Aktion, die den Mangel Pauls, des Empfängers, beheben soll. Damit Peter seine Rolle als Subjekt spielen kann, muß er *wollen* (er kann auch nein sagen), *wissen* (wo man etwas zum Trinken findet) und helfen *können* (er hat Geld). Helfer sind alle, die Peter beim Wasserholen unterstützen, Widersacher (oder Opponenten) sind dagegen solche, die ihm Steine in den Weg legen oder ihn sonstwie behindern. Das im Grunde einfache Schema läßt sich auf vielerlei Weise variieren.

Denken Sie daran, daß es bei der strukturalen Textanalyse noch nicht sofort darum geht, den Sinn des Ganzen herauszufinden. Erst müssen die Elemente dargestellt und geordnet werden, die es dem Text ermöglichen, sinnvoll zu sein. Scheuen Sie nicht die aufgewandte Mühe. Es lohnt sich bestimmt.

Der Text im Kontext

Durch die liturgischen Lesungen kennen wir meist nur „Perikopen", Ausschnitte der biblischen Bücher, die aus ihrem Zusammenhang herausgenommen sind. Wenn man aber die Perikopen in ihren Kontext hineinstellt, erhalten Sie oft einen ganz neuen Sinn. Das ist besonders der Fall, wenn es sich um einen größeren Erzählzusammenhang handelt.

Zeitgeschichtliche Umstände

Alle Fragen, die sich mit dem historischen Charakter der Texte beschäftigen, sind nur von der wissenschaftlichen Exegese zu beantworten. Dagegen kann die strukturale Textanalyse weitgehend vom Leser selbst geleistet werden. Bei gemeinsamer Bibelarbeit sollte wenigstens ein Teilnehmer anwesend sein, der zuverlässige Auskünfte geben kann.

Nochmalige Lektüre

Es kann nicht oft genug betont werden, daß alle wissenschaftliche Arbeit wieder in das schlichte Hören auf den Text einmünden muß.

chischen Wort ‚semeion' = Zeichen) besondere Bedeutung zu. Es geht um den Sinn der sprachlichen Zeichen und ihren Stellenwert in einem literarischen Text.

Die Semiotiker betonen, daß es nicht nur eine Grammatik der einzelnen Sätze, sondern auch eine solche von Texteinheiten gibt. Beim Schreiben eines Satzes achten wir, meist schon unbewußt, auf bestimmte Regeln, die das Geschriebene sinnvoll und verständlich machen. Etwas ähnliches geschieht bei der Konzeption einer kürzeren oder längeren Texteinheit. Wir stellen Ihnen diese Regeln auf den übernächsten Seiten vor.

Zur strukturalen Methode selbst begnügen wir uns hier mit einigen grundsätzlichen Bemerkungen. Die historisch-kritische Methode ging vom Text aus und, ganz wörtlich genommen, aus ihm heraus, um festzustellen, was der Autor sagen wollte. In der strukturalen Analyse versucht man, am Text und im Text zu bleiben, ihn selbst in seinem Aufbau, seiner inneren Struktur und Grammatik zu verstehen, unabhängig von den Intentionen des Autors („Der Autor ist tot!"). So schreitet man den Text in allen seinen Dimensionen ab, vergißt, was man bereits wußte oder zu wissen glaubte, verzichtet auf vorgefaßte Meinungen und läßt sich einfach in die Welt des Textes aufnehmen. Das klingt gut und bringt die Exegese sicher voran. Nur sollte man sich nicht der Illusion hingeben, als erschließe sich das Verständnis gleichsam von selbst, ohne jede Sachinformation und historische Erklärung der Einzelheiten.

Ein weiterer Vorzug der strukturalen Methode ist, daß sie die Texte selbst zum Sprechen bringt. Dagegen sind historisch-kritische Exegeten oft der Gefahr erlegen, über den Text zu reden und ihn auf bestimmte Aussageabsichten einzuengen. Selbst wenn man in der Auslegung nicht immer alle Aspekte zugleich sehen und vermitteln kann, hilft es doch schon viel, sich der Fülle von legitimen Deutungsmöglichkeiten bewußt zu bleiben.

Ein Schlußgleichnis

Fassen wir diesen Abschnitt in einem Gleichnis zusammen, dessen allegorische Züge unverkennbar sind.

Zwei Freunde hörten zusammen Musik. Sie hatten eine Platte von Mozart aufgelegt. Der eine von ihnen, ein fröhlicher, etwas oberflächlicher Mensch, wurde besinnlich, fast traurig. Der andere, von Natur aus schwermütig und bedrückt, fühlte sich durch die Musik mit zunehmender Heiterkeit erfüllt, seine inneren Ängste schienen wie verflogen. Wie kann dieselbe Musik, fragten sie sich anschließend, so verschiedene Wirkungen erzielen? Was hat denn Mozart selbst mit seiner Symphonie beabsichtigt?

Um dem Rätsel auf die Spur zu kommen, studierten sie alle erreichbaren musikwissenschaftlichen Werke. Sie besuchten Salzburg und die anderen Orte, an denen Mozart gewirkt hatte. Sie gingen auch in Museen und betrachteten dort die Instrumente aus Mozarts Zeit. Jetzt wußten sie viel, sehr viel über die Entstehungsgeschichte der Symphonien, Klavierkonzerte und Messen. Sie kannten die Motive und Tonarten, den Einsatz der Instrumente und des Chors. Aber die Antwort auf ihre Frage hatten sie immer noch nicht gefunden.

Da versuchten sie es mit einer anderen, neuen Methode, auf die sie eigentlich schon längst hätten kommen müssen. Sie nahmen sich die Partitur vor und analysierten das Werk Ton für Ton und Satz für Satz. Es war, nach einigen Anfangsschwierigkeiten, eine herrliche Arbeit, die beiden viel Freude bereitete und zu tiefen Einsichten verhalf. Aber hat denn Mozart seine Musik nur geschrieben, damit sie studiert und analysiert werde?

So setzten sich die Freunde wieder hin und lauschten erneut den Tönen. Ihr Studium hatte sie hellhörig gemacht, nun achteten sie auf Feinheiten, die ihnen vorher entgangen waren, und sie verstanden sich schon als echte Mozartexperten. Doch die rätselhafte Wirkung der Musik war immer noch die gleiche: der Traurige wurde fröhlich, und der Heitere ernst und besinnlich.

Da erkannten sie schließlich, daß es sich mit dem Werk Mozarts ähnlich verhalte wie mit dem Wort Gottes in der Heiligen Schrift. Er schenkt jedem, der bereit ist zu hören, die Kraft zum Leben, die er gerade braucht.

4. Ein Volk, geprägt durch seine Geographie

Betrachten Sie die Karte des Vorderen Orients. Meere und Wüsten füllen den größten Teil der Fläche aus. Deshalb konnte sich die Zivilisation nur in den Ebenen und Tälern entwickeln.

Die großen Kulturen

Von etwa 3000 v. Chr. ab wird *Ägypten,* im fruchtbaren Niltal gelegen, zu einem mächtigen Reich. Die Herrscher (Pharaonen) residierten mal im Norden (Memphis), mal im Süden (Theben). Man teilt die Geschichte Ägyptens meist nach den verschiedenen Dynastien ein. So hat der Exodus wahrscheinlich unter der 19. Dynastie (um 1250) stattgefunden.

Im Norden, am oberen Kartenrand, finden Sie auf den Hochebenen Kleinasiens die *Hetiter*. Ihre über 1500 Jahre währende Blütezeit war praktisch beendet, als Israel die Bühne der Geschichte betrat.

Im Osten liegt *Mesopotamien* (griechisch = zwischen den Flüssen). Die Gebiete Palästina, Syrien und Mesopotamien zusammen nennt man auch den „fruchtbaren Halbmond". Hier stand die Wiege der hochentwickelten Kulturen, die sich hintereinander ablösten, versanken, um nach einigen Jahrhunderten wieder aufzutauchen. Im Süden Mesopotamiens findet man *Sumer, Akkad* und *Babylon,* im Norden *Assyrien*. Mehr nach Osten zu, im heutigen Iran, herrschten die *Meder* und dann die *Perser*.

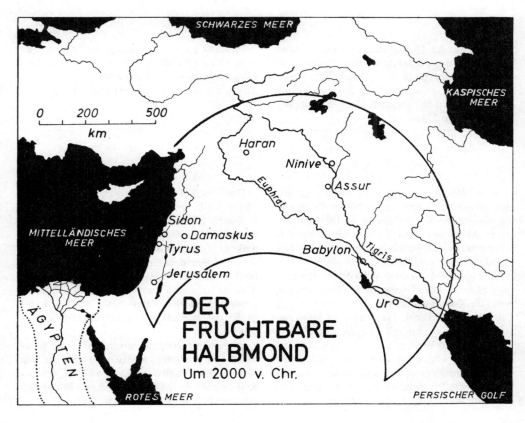

21

Die Großmächte

1. Ägypten

Beherrscht Kanaan, lange bevor die Israeliten sich dort niederließen. Auf die Blütezeit unter Ramses (19. Dynastie) folgt der allmähliche Verfall. Doch es gibt immer wieder Zusammenstöße mit Israel.

2. Assyrien

Die Epoche der Expansion beginnt im 9. Jahrhundert v. Chr. Das Nordreich mit Samaria wird 721 erobert. Nach der Niederlage in Ägypten (660) ist der Verfall nicht mehr aufzuhalten. Ninive wird 612 von Babylon erobert.

3. Babylon

Gewinnt im 18. Jahrhundert unter Hammurabi eine Vormachtstellung, bis es von Assyrien unterjocht wird. Nach 625 wieder Großmacht. Jerusalem fällt 597 zum ersten Mal und wird 587 zerstört. Die Perser zerstören Babylon 538.

4. Persien

Kyrus (550–529) macht Persien zum Weltreich, das unter seinen Nachfolgern den ganzen Vorderen Orient beherrscht, bis es 330 Alexander dem Großen weichen muß.

5. Griechenland

Der Mazedonier Alexander der Große erobert 333 Palästina. Nach seinem Tod geht die Herrschaft auf seine Generäle über:
Die Lagiden (Ägypten) beherrschen Palästina von 320–198, die Seleukiden (Antiochia) von 198–63.

6. Rom

Im Jahr 63 v. Chr. besiegt Pompejus die Seleukiden. Palästina gehört seitdem zum römischen Reich. Im Jahr 70 n. Chr. wird Jerusalem von Titus erobert und zerstört.

Vom Westen her, dem heutigen Europa, drangen andere Völker in den Nahen Osten ein: die *Griechen,* die Kleinasien besiedelten und unter Alexander dem Großen ein Weltreich errichteten, das bis nach Indien reichte, und im 1. Jahrhundert v. Chr. die *Römer.*

Was geschieht, wenn große Völker nebeneinander leben? Sie bekriegen sich! „Im Frühjahr, wenn die Könige ins Feld zu ziehen pflegen ...", heißt es in der Bibel. Das klingt so selbstverständlich, wie wenn man heute sagt: „Im Herbst, wenn die Jagd beginnt ..." Um sich aber bekämpfen zu können, mußten die Großmächte erst aneinandergeraten, und dazu war der schmale Streifen zwischen dem Mittelmeer und der Arabischen Wüste zu durchqueren.

Das Unglück wollte es nur, daß Israel, das kleine Volk, das uns hier interessiert, mitten in diesem Streifen wohnte. Man begreift nun, wie sehr das Leben Israels von der Herrschaft anderer Völker abhängig war. Als Stoßdämpfer zwischen den Großmächten wurde Israel bald mehr von der einen, bald mehr von der anderen Seite zum vorgeschobenen Posten ausgebaut. Und die Versuchung war in Israel groß, die Weltmächte gegeneinander auszuspielen.

Um einen raschen Überblick über die Weltmächte zu gewinnen, schauen Sie oben auf den Kasten. Die Zahlen sagen Ihnen, in welcher Reihenfolge die Mächte eine Rolle in der Geschichte Israels gespielt haben.

Kanaan

Das Wort „Kanaan" bezeichnet in der Bibel und in außerbiblischen Texten sowohl ein Land als auch eine Bevölkerung.

Das Land Kanaan ist im wesentlichen mit dem heutigen Palästina identisch. Es wird, von Westen nach Osten, in mehrere Regionen eingeteilt.

Am Mittelmeer entlang zieht sich eine Küstenebene hin, die vom Karmelgebirge unterbrochen wird.

Die Zentralregion wird von Hochebenen (Galiläa) und Gebirgen (Samaria, Juda) gebildet.

Weiter östlich verläuft das enge Jordantal. Die Höhenunterschiede sind beachtlich. Der Fluß entspringt am Fuß des Hermongebirges, 200 m über dem Meeresspiegel. Am Hule-See hat er noch eine Höhe von 68 m, aber am See Gennesaret, 15 km weiter südlich, liegt er schon 212 m unter dem Meeresspiegel, und wenn er ins Tote Meer mündet, sind es sogar 392 m!

In dieses Land drangen etwa im 12. Jahrhundert v. Chr. die Stämme ein, die um das Jahr 1000 – zusammen mit vielen anderen Völkerschaften – das Davidisch-Salomonische Großreich bildeten. Nach dem Tod Salomos zerfiel das Reich in zwei Hälften: Im Süden das Königreich Juda mit Jerusalem als Hauptstadt, und im Norden das Königreich Israel mit der Hauptstadt Samaria.

Gleichfalls um das 12. Jahrhundert aber ließen sich die Philister in der Küstenebene am Mittelmeer nieder. Von ihnen stammt der Name des Landes „Palästina", der aber erst in hellenistischer Zeit gebräuchlich wurde.

In der Geschichte Israels spielt ein anderes kleines Königreich eine bedeutende Rolle: Damaskus. Außerdem muß man noch auf die zahlreichen unmittelbaren Nachbarvölker verweisen, auf die in der Bibel oft genannten Edomiter, Moabiter, Midianiter und die verschiedenen arabischen Nomadenstämme. Kein Wunder, daß Israel auch kulturell und religiös in den Bannkreis fremder Völker geriet.

Der ägyptische Sonnenhymnus Echnatons

Schön erstrahlst du am Himmelshorizont, du lebender Aton, du Anfang des Lebens. Wenn du am östlichen Horizont aufgegangen bist, dann hast du jedes Land mit deiner Vollkommenheit erfüllt. Du bist schön und groß, licht und hoch über jedem Lande, deine Strahlen umarmen die Lande bis hin zu alledem, was du geschaffen hast. Du bist Re und reichst bis an ihr Ende und bändigst sie für deinen geliebten Sohn (Echnaton). Bist du auch fern, so sind deine Strahlen doch auf Erden; obwohl du in der Menschen Antlitz bist, kennt man doch deinen Gang nicht. Gehst du unter im westlichen Horizont, liegt die Erde im Dunkel wie im Tode. Die Schläfer sind in den Kammern, die Häupter verhüllt, kein Auge sieht das andere. All ihre Habe unter ihren Köpfen mag gestohlen werden – sie merken es nicht. Alle Löwen sind aus ihren Höhlen gekommen, alles Gewürm beißt . . . Die Erde liegt in Schweigen; der sie schuf, ist in seinem Horizonte zur Ruhe gegangen.

Hell wird die Erde: Du bist im Horizont aufgegangen. Du bist als Aton erstrahlt am Tage und hast das Dunkel vertrieben. Du spendest deine Strahlen, und beide Länder (Ägypten) sind in Festesfreude. Die Sonnenmenschen sind erwacht und haben sich auf die Füße gestellt, du hast sie aufgerichtet. Sie waschen ihren Leib und nehmen die Kleider, ihre Arme beugen sich in Anbetung, weil du erscheinst. Das ganze Land geht an seine Arbeit . . .

Die Welt befindet sich in deiner Hand, wie du sie geschaffen hast. Wenn du aufgegangen bist, leben sie; gehst du unter, so sterben sie, denn du bist die Lebenszeit selbst, man lebt in dir. Die Augen schauen die Vollkommenheit, bis du untergehst. Es ruhen alle Arbeiten, wenn du untergehst zur Rechten.

(Beyerlin, S. 43–45)

5. Ein Volk, geprägt von der Mentalität des Vorderen Orients

In seiner langen Geschichte befand sich Israel in ständigem Kontakt mit den Nachbarvölkern. Ihm waren deren literarische Werke bekannt. Wir versuchen jetzt, Ihnen ein ungefähres Bild von diesen Hochkulturen zu vermitteln.

In der Mentalität der *Ägypter* spiegelt sich die lichtdurchflutete Landschaft des Niltals wider. Wenn die Sonne am Abend untergeht, breitet sich Furcht aus. Doch die Erfahrung, daß die Sonne am Morgen wieder aufscheint, offenbart sie als Siegerin über die Mächte der Finsternis. So ist die Sonne, unter ihren verschiedenen Namen, die höchste und erste Gottheit. Ihr verdanken die anderen Götter und auch die Menschen ihr Leben. Lesen Sie den großartigen Sonnenhymnus des Pharao Echnaton (um 1350), auf den der Psalm 104 ohne Zweifel zurückgeht.

Der Nil überschwemmt zu bestimmten Zeiten das Land, bringt fruchtbares Erdreich und das zum Leben notwendige Wasser.

Auch die Ägypter selbst haben von Natur aus ein frohes Gemüt. Ihre Götter sind gut, sie wachen über den Menschen. Nach dem Tod erwartet den Gläubigen ein neues und herrliches Leben, auch wenn die Vorstellungen darüber recht vage sind.

Die Mentalität der *Mesopotamier* ist dagegen von Grund auf pessimistisch. Immer wieder werden die Bewohner des Zweistromlandes von Überschwemmungen heimgesucht. Die archäologischen Grabungen haben Ablagerungen solcher Flutkatastrophen in verschiedenen Schichten entdeckt. Aus der arabischen Wüste oder der iranischen Hochebene fielen häufig räuberische Nomaden ein und bedrohten die friedlichen Bewohner.

Auch die Götter Mesopotamiens sind launisch und streitsüchtig. Der Mensch lebt in ständiger Furcht vor den Schlägen ihres Zorns. Die Götter haben ihm „den Tod zum Erbteil gegeben" (Gilgamesch-Epos) und ihn betrogen. Das Leben nach dem Tod ist ein trauriges Schattendasein, ohne Licht und Freude. Zu den großen Epen und ihren Mythen, die wir aus dieser Welt kennen, noch einige Bemerkungen:

Das *Atra-Hasis-Epos* (Atra-Hasis = der Hochweise) ist uns durch eine in Babylon gefundene Abschrift bekannt, die aus der Zeit um 1600 v. Chr. stammt. In dieser langen Geschichte (1645 Zeilen!) wird erzählt, daß die Götter durch die vielen Aufgaben, die sie zu erfüllen hatten, ermüdet waren. Sie beschlossen daher, den Menschen zu schaffen, damit er ihnen die Arbeit abnehme. So bildeten sie den Menschen aus Ton, der mit dem Blut eines erwürgten Gottes vermengt war. Aber die Menschheit pflanzte sich fort, machte Lärm und ließ die Götter nicht ruhen. Diese wiederum sandten ihnen verschiedene Überschwemmungen und schließlich die Sintflut. Doch der Gott Ea warnte einen Menschen, befahl ihm, ein Schiff zu bauen und es mit seiner Familie und einem Pärchen von allen Tierarten zu besteigen.

Das *Enuma elisch-Epos* ist ebenfalls sehr alt. In der vorliegenden Fassung muß es um 1100 v. Chr. niedergeschrieben worden sein. (Enuma elisch: „Als droben ..."; Epos der Urzeit.) Am Anfang von allem gibt es zwei Urprinzipien, ein männliches und ein weibliches: Apsu, das Süßwasser, und Tiamat (davon das biblische ‚tehom' = Urflut, Abgrund in Gen 1,2), das Salzwasser des Meeres. Ihrer Verbindung entstammen alle Götter. Tiamat will die Götter töten, weil sie ihr lästig fallen, aber Marduk, der junge Gott, besiegt sie, trennt sie in zwei Teile wie eine Muschel und macht aus ihr das Himmelsgewölbe. Dann schafft er den Menschen aus dem Blut eines aufrührerischen Gottes.

Das *Gilgamesch-Epos* ist sicher das berühmteste Werk der antiken Literatur Mesopotamiens. In Sumer entstanden, verbreitete es sich nach Assyrien und Babylonien. In Palästina wurde es von den Hetitern abgeschrieben. Die vorliegende Form besteht aus zwölf Gesängen.

Gilgamesch, der sumerische Held, macht sich den Göttern durch seinen Stolz verhaßt. Sie schaffen ihm einen Rivalen, En-kiddu, ein Ungeheuer, das mit den Tieren zusammenlebt. Durch den Umgang mit einer Dirne wird En-kiddu zu einem menschlichen Wesen, zum

Das Gilgamesch-Epos, 11. Keilschrifttafel mit der berühmten Erzählung von der Sintflut.

Der Apis-Stier aus Kanaan.

Freund des Gilgamesch, und beide zusammen vollbringen Heldentaten. Doch eines Tages stirbt En-kiddu. Da entdeckt Gilgamesch die Bitterkeit des Todes und zieht aus, um nach dem Kraut der Unsterblichkeit zu suchen. Der Held der Sintflut offenbart ihm das Geheimnis des Lebenskrautes. Als es ihm endlich glückt, das Kraut zu finden, raubt es ihm eine Schlange. Gilgamesch muß sich in sein Todesschicksal fügen.

Das Denken der Bewohner *Kanaans* ist seit der Entdeckung der Bibliothek von Ugarit (1929), dem heutigen Rasch-Schamra in Syrien, besser bekannt. Seine Blütezeit erlebte Ugarit zur Zeit der Patriarchen, um 1500 v. Chr.

Der Hauptgott Ugarits heißt ‚El', er wird oft als Stier dargestellt. (Der hebräische Gottesname ‚Elohim' ist ein Plural majestatis von ‚El'.) Die religiöse Verehrung gilt den vergöttlichten Naturgewalten: Baal, ein Sturm- und Gewittergott, wird manchmal der „Wolkenreiter" genannt (wie Gott in Ps 68,5: „der auf den Wolken einherfährt"). Seine Schwestern sind Anat und Astarte, die Göttinnen der Liebe, des Krieges und der Fruchtbarkeit. Anat wurde später von Astarte verdrängt.

Die kanaanäische Naturreligion hat vor allem im Nordreich Israel zahlreiche Anhänger gefunden. In den Höhenheiligtümern wurden kultische Prostitution und Fruchtbarkeitsriten geübt, um den Segen der Götter herabzuflehen.

Der Wettergott Hadad (in Ugarit Baal genannt) steht auf einem Stier, der ihm als Sockel dient. In der Hand hält er Blitze. (8. Jahrh. v. Chr.). Man denkt an den Baalskult und die von Jerobeam in Dan und Bet-El aufgestellten goldenen Stierkälber.

Ägyptische Darstellung des lebenspendenden Himmelsgewölbes (die Göttin Nut), vgl. Text S. 26.

Der Aufbau des Kosmos in Babylon

Das *Enuma elisch* erzählt von der Geburt der Götter, der Tötung Tiamats durch Marduk und wie dieser aus deren Leichnam die Welt aufbaut:

Dann ruhte der Herr und betrachtete ihren Leichnam, gewillt, die Gebilde zu zerteilen und Kunstvolles zu schaffen.
Er hälftete es wie einen Trockenfisch, setzte die eine Hälfte hin und machte sie zum Firmament, zog eine Haut darüber, stellte Wächter auf und wies sie an, ihr Wasser nicht herausfließen zu lassen.

(Beyerlin, S. 108–109)

Dieser Mythos ist oft mit dem Schöpfungsbericht von Gen 1 verglichen worden, wie auch mit dem folgenden ägyptischen Mythos, den man oft als Skulptur dargestellt findet.

Der Aufbau des Kosmos in Ägypten

Shu, der Gott der Luft, trennt seine Tochter Nut, das Himmelsgewölbe, von Geb, der Erde. (Ägyptischer Papyrus zwischen 1100–950 v. Chr.)

Ein um 1400 v. Chr. verfaßter Hymnus besingt den Sonnengott Amon, der die ganze Nacht hindurch über der eingeschlafenen Menschheit wacht. Die Götter preisen ihn als Vater aller Götter:

Sie sagen dir:
„Willkommen in Frieden,
Vater der Väter aller Götter,
du läßt den Himmel aufgehen
und die Sonne untergehen,
schaffst, was da ist,
bildest, was west.
Wir verherrlichen dich,
denn du machst dich müde für uns."

Naturmythen in Kanaan

Ein in Ugarit gefundenes Gedicht feiert *Baal* und *Mot*. Baal ist der Gott des Gewitters und des Regens, Mot der Gott des Todes. Es geht um das Problem der Fruchtbarkeit. Baal hat zugunsten des Menschen den Ackerboden mit seinem Regen befeuchtet und fruchtbar gemacht. Dabei ist er aber von Mot, dem Gott der Unterwelt, aufgesogen worden. Wird das Wasser im Erdboden gefangen bleiben, was zur Trockenheit führen könnte?

Der folgende Abschnitt des Liedes läßt El, den höchsten Gott, vorausahnen, daß Baal wieder ins Leben zurückkehren wird und daß es dann wieder regnen wird.

In einem Traum des Freundlichen, El, des
    Gütigen,
In einem Gesicht des Schöpfers der Geschöpfe

Regnen die Himmel Öl,
Die Wadis führen Honig.
Es freut sich der Freundliche, El, der Gütige,
Seine Füße stemmt er fest auf seinen Fuß-
    schemel.
Er öffnet weit seinen Mund und lacht,
Er erhebt seine Stimme und ruft:
,Ich will mich setzen und mich ausruhen,
Und es soll ruhen in meiner Brust die Seele.
Denn es lebt der mächtige Baal,
Es existiert der Fürst, der Herr der Erde!'

(Beyerlin, S. 236–237)

In der Bibel begegnet man der verwandten Formel vom „Land, das von Milch (oder: Fett) und Honig überfließt" (Ex 3,8 u. ö.). Das Problem der Fruchtbarkeit und wem sie zu verdanken sei – Jahwe oder Baal –, wurde besonders im Nordreich aktuell (vgl. S. 60).

Der Mythos

Wir haben schon mehrmals das Wort „Mythos" oder „mythisch" gebraucht. Worum handelt es sich?

Die Mythen der Antike sind Geschichten, in denen Götter, Göttinnen und Heroen (gottmenschliche Halbwesen) wie menschliche Personen auftreten. Manches an diesen Geschichten erscheint uns albern und lächerlich, aber bald merken wir, daß es im Grunde um die großen Menschheitsfragen geht: Woher kommt die Welt? Warum gibt es überhaupt den Menschen? Warum Leid und Tod? Worauf beruht die geheimnisvolle Anziehungskraft der Geschlechter? Wie verhalten sich die Götter zu den Menschen und umgekehrt?

Statt diese Probleme aber wissenschaftlich in gelehrten Büchern abzuhandeln, wie man es in der Neuzeit tut, erzählen die Mythen frei erfundene Geschichten. Ähnlich hat man in der Bibel Gleichnisse erzählt, und es sind oft sogar die gleichen Bilder und Vergleiche, die uns hier wie dort begegnen: Gott, der den Menschen wie ein Töpfer aus Ton formt; das Lebenskraut und der Lebensbaum; die Schlange; die Urflut; Gott, der auf den Wolken des Himmels dahinfährt wie in einem Streitwagen, der die Blitze seines Zorns wie Pfeile herabschleudert, der den Regen spendet oder zurückhält. Dies alles und vieles andere mehr hat, direkt oder auf Umwegen, die Phantasie der biblischen Dichter beflügelt.

Trotz der zahlreichen literarischen Gemeinsamkeiten wäre es aber verfehlt, die Bibel „mythisch" zu nennen und ihre Geschichte mit der heidnischen Mythologie auf eine Stufe zu stellen. Die mythischen Vorstellungen der Bibel haben eine ganz andere Funktion, auch und gerade sie stehen im Dienst einer „Entmythologisierung" der Welt und des Gottesbegriffs. Hier nur die wesentlichsten Unterschiede:

1. Der Mythos vermenschlicht Gott. Den Göttern werden neben Tugenden die gleichen Fehler und Laster wie den Menschen zugeschrieben: sie sind zänkisch, launisch, empfindlich, rachsüchtig. Gott wird also nach dem Bild des Menschen geschaffen. In der Bibel ist es umgekehrt: Gott schafft den Menschen nach seinem Bild. Er soll teilhaben an seiner Weisheit und Macht, er soll das Leben Gottes haben, solange er sich nicht selbst davon ausschließen will.

2. Der Mythos erdichtet eine unwirkliche Traumwelt, die statt echter Antworten und Lösungen nur vorübergehenden Trost bietet – in der Tat, Opium für das Volk. Die Bibel geht immer von der unverstellten Wirklichkeit aus und verheißt dem Menschen Gottes ewiges Heil als eine reale Möglichkeit.

3. Der Mythos vergöttlicht bzw. dämonisiert die Natur mit ihren Mächten und Gewalten. Dadurch wird die Natur dem gestaltenden Eingriff des Menschen entzogen, sie ist dem „Gott dieser Welt" auf Gedeih und Verderb ausgeliefert. Deshalb versucht der Mensch oft ganz verzweifelt, diese Mächte durch Opfer und Riten aller Art zu besänftigen und für sich zu gewinnen. In der Bibel aber erscheint Gott als Schöpfer und Herr der Welt. Damit sind die Naturgewalten in Schranken gewiesen, und der Mensch wird frei, sich ihrer im Auftrag Gottes zu bedienen.

Auch unsere Zeit hat, je mehr der biblische Gottes- und Schöpfungsglauben in Vergessenheit gerät, ihre „Mythen". Man nennt sie heute meist „Ideologien", was oft auf das Gleiche hinausläuft. Wir erinnern nur an die Scheinwelt mancher Filme, den Starkult, die „Miss"-Wahlen der Schönheitsköniginnen oder an den wiederauferstandenen Mythos von der reinen, unverdorbenen Natur und die sozialistischen Träume einer klassenlosen Gesellschaft. Ohne Zweifel kommt auch diesen modernen Mythen ein gewisser diagnostischer Wert zu, sie machen auf Mangelerscheinungen, Sehnsüchte und Leiden des heutigen Menschen aufmerksam, und dies oft mit schrillen und überzogenen Tönen. Eine wirkliche Therapie aber, eine Heilung, bieten sie genauso wenig wie die Götter- und Heldenmythen der Antike.

6. Eine tausendjährige Geschichte. Die großen Ereignisse Israels

Das Großreich Davids und Salomos

Um das Jahr 1000 erobert David Jerusalem und macht es zur Hauptstadt eines Reiches, das die Nord- und Südstämme vereinigt. Sein Sohn Salomo teilt das Reich in Verwaltungsbezirke ein und organisiert das Militär, den Kult, die Wirtschaft und den Handel.

Man besitzt also ein – durch Nachbargebiete erweitertes – Land, einen König und einen Tempel, in dem Gott unter seinem Volk wohnt.

In diese Zeit fallen auch die Anfänge der israelitischen Literatur. Neben den Dokumenten der Hofgeschichtsschreibung werden auch die Traditionen der verschiedenen Stämme gesammelt und gesichtet. Der Exodus, die Befreiung aus ägyptischer Knechtschaft, wird zum Schlüsselereignis des Jahweglaubens. Israel hat Gott als Befreier und Retter erfahren, der stärker ist als alle Mächte der Welt. Dann beginnt man, die Geschichte der Patriarchen (Abraham, Isaak, Jakob) zu schildern, um zu zeigen, wie sich die göttlichen Verheißungen der Väterzeit mit David erfüllt haben. Erst später wohl geht die Reflexion zurück bis an den Anfang der Welt: Jahwe, der Schöpfer des Himmels und der Erde, will nicht nur sein Volk befreien und für sich gewinnen, sondern auch die gesamte Menschheit.

Die beiden Reiche: Juda und Israel

Nach dem Tod Salomos zerfällt das Großreich in zwei Teile:

Juda im Süden mit Jerusalem als Hauptstadt, und *Israel* im Norden mit der Hauptstadt Samaria.

Juda bleibt dem davidischen Königshaus treu. Der König garantiert die Einheit der Nation und repräsentiert das Volk vor Gott. Die jahwistische Geschichtsschreibung (J) endet mit der Erwählung Judas und Jerusalems. Hier hat Gott den Thron seiner Herrlichkeit aufgeschlagen. Als bekannteste Propheten sind Jesaja und Micha zu nennen.

Israel hat mit der davidischen Dynastie gebrochen. Der König hat deshalb nicht mehr die gleiche religiöse Bedeutung wie in Juda. An

1000	*Davidisch-Salomonisches Reich*
	Das Volk besitzt ein Land
	einen König
	einen Tempel
	Das Volk sammelt und deutet seine
	Traditionen: Exodus
	Patriarchenzeit
	Schöpfung
931	*Die zwei Reiche*
	Nordreich Israel. Samaria
	Elija – Amos – Hosea
	Südreich Juda. Jerusalem
	Jesaja – Micha – Jeremia
722	Fall Samarias, Ende des Nordreiches
586	*Fall Jerusalems und Babylonisches Exil*
	Ezechiel – Deuterojesaja – Priesterschrift
538	*Edikt des Kyrus und Rückkehr aus dem Exil*
	Um 400 sammelt Esra (?) die Traditionen von J, E, D, P, um sie als das *Gesetz* (den *Pentateuch*) herauszugeben.
	Die Bücher der *Propheten* werden zusammengestellt.
	Weisheitsbücher und *erbauliche Schriften* (Novellen) erscheinen.
333	*Hellenistisches Zeitalter*
	Alexander erobert den Vorderen Orient.
167	*Verfolgung der Juden durch Antiochus IV., Makkabäerzeit*
	Daniel – Apokalypsen
	Entstehung der großen jüdischen Religionsparteien:
	Sadduzäer – Pharisäer – Essener
64	*Römisches Weltreich*
	Pompejus erobert Palästina.

seine Stelle tritt der Prophet, der gegen den kanaanäischen Baalskult kämpft und dem Volk seinen Glauben erhält. Die unter David und Salomo gesammelten Traditionen münden in eine „elohistische" Geschichtsschreibung (E). Im Nordreich wirken die Propheten Elija, Amos und Hosea.

Das Nordreich ist wohl auch der Ort, wo sich erste Gesetzessammlungen gebildet haben. Nach 722 entwickelten sich diese von den Leviten gepflegten Traditionen in Juda zum Deuteronomium (D).

Im Jahr 722 wird Samaria mit dem Nordreich von den Assyrern zerstört.

Im Jahr 586 wird die Bevölkerung Judas nach Babylon deportiert.

Babylonisches Exil

Ein halbes Jahrhundert lebt das Volk im Exil. Es hat alles verloren: sein Land, seinen König, seinen Tempel. Wird es auch seinen Glauben an den Gott Israels verlieren? Propheten wie Ezechiel und ein namentlich unbekannter Autor, der Deuterojesaja genannt wird, sprechen den Verbannten Trost und Mut zu. Zum wiederholten Mal überdenken die Priester, was die alten Traditionen für das Volk in seiner Situation des Leidens und der Heimatlosigkeit bedeuten können. Es entsteht die priesterliche Geschichtsschreibung oder Priesterschrift (P).

Unter der Perserherrschaft

Im Jahr 538 erläßt der Perserkönig Kyrus ein Edikt, das den Juden die Rückkehr in ihre alte Heimat gestattet. Die Gemeinde der Heimkehrer führt, geläutert durch die bitteren Erfahrungen des Exils, ein bescheidenes Dasein.

Man nimmt an, daß der schriftgelehrte und gesetzeskundige Priester Esra die verschiedenen geschichtlichen Überlieferungen zusammen mit dem Deuteronomium zu einem einzigen Buch vereinigt hat. So habe er die Thora, den Pentateuch, geschaffen. Um diese Zeit wird auch die alte orientalische Weisheitslehre, in der sich die Lebenserfahrung von Jahrtausenden niedergeschlagen hat, durch neue Werke und Sammlungen bereichert. Daneben findet die Erbauungsliteratur in Novellen und Erzählungen eine gläubige Leserschaft.

Im Zeitalter des Hellenismus

Alexander der Große erobert ganz Kleinasien und den Vorderen Orient wie im Sturm (333–323). Die schnellen militärischen Erfolge werden von einer lang anhaltenden Vorherrschaft griechischer Kultur und Sprache begleitet.

Unter den Nachfolgern Alexanders, den syrischen Seleukiden, kommt es in Palästina zu regelrechten Judenverfolgungen. Antiochus IV. will den jüdischen Glauben ausrotten, um das Volk zu hellenisieren. Vor allem soll jedes nationale Unabhängigkeitsgefühl in seinem Großreich unterbunden werden. Unter der Führung der Makkabäer kam es zu heftigstem Widerstand. Im Jahr 164 erlangten die Juden wieder ihre Freiheit und Selbständigkeit, nachdem viel Blut geflossen war und das Martyrium der Glaubenstreuen neue Überlegungen angestoßen hatte (individuelle Auferstehung der Toten). Drangsal und äußerste Not schufen auch eine neue Literaturgattung. Die Apokalypsen sprachen den Verfolgten Mut zu und kündigten das baldige Ende der Zeit und das Kommen des Gottesreiches an.

Im Jahr 63 v. Chr. trat Rom auf den Plan. Pompejus zog in Jerusalem ein; und fortan sollte der römische Adler das Schicksal Palästinas bestimmen.

Dieser Überblick über 1000 Jahre jüdischer Geschichte ist sehr summarisch. Doch zeigt er den Weg an, den wir in den folgenden acht Kapiteln beschreiten werden.

I. Der Exodus – ein Volk findet zu seinem Glauben

Die Befreiung aus Ägypten war für Israel das seine Existenz begründende Ereignis; es war die Erfahrung, auf die das Volk immer wieder zurückgegriffen hat, aus dem es seine Vergangenheit bewältigen, seine Gegenwart deuten und seine Hoffnung auf eine neue Zukunft schöpfen konnte. Dieses Ereignis hat auf vielerlei Weise seinen literarischen Niederschlag gefunden, vor allem, aber nicht nur, im Buche Exodus.

1. Lektüre von Ex 12,1–13,16. Literarische Gattungen und Arten

Lesen Sie den Text zunächst in einem Zug. Lassen Sie sich durch Überschriften und Anmerkungen nicht stören. Wenn Sie einzelne Worte und Wendungen nicht verstehen, ist das nicht schlimm. Wir kommen später darauf zurück. Für den Augenblick genügt es, den Text ganz einfach zu lesen und sich zu fragen:
– Von welchem Ereignis ist die Rede?
– Auf welche Weise wird von ihm gesprochen? In welchem Abschnitt wird erzählt? Welche Abschnitte enthalten gesetzliche Vorschriften? In welchen Teilen werden liturgische Regeln formuliert?

Sie können abschließend den einzelnen Abschnitten Überschriften geben. Dabei haben Sie Gelegenheit, über die literarischen Gattungen nachzudenken.

Ergebnisse
Es handelt sich offensichtlich um liturgische Texte. Sie wollen die Erinnerung an das Exodusgeschehen festhalten, indem sie zur regel-mäßigen Feier verpflichten und zugleich darauf hinweisen, was die Feier des Vergangenen für das gegenwärtige und zukünftige Leben bedeutet.

Israel hat zwei alte Feste übernommen und mit einem neuen Sinn erfüllt. Das *Pascha* war ursprünglich ein Frühlingsfest der Nomaden. Die Hirten aßen ein Lamm und bestrichen mit seinem Blut die Pfosten des Zelteingangs, um die bösen Geister abzuwehren. Israel übernahm dieses Fest (12,2–11,21–22) und machte es zur Gedenkfeier an den Auszug aus Ägypten (12,25–27). Das Fest der *ungesäuerten Brote* wurde ebenfalls im Frühling gefeiert. Man freute sich über die neue Ernte und schaffte alles hinaus, was an die alte erinnerte. Auch dieses Fest (12,15) soll jetzt die Befreiung aus der ägpytischen Knechtschaft ins Gedächtnis rufen (12,17.39; 13,3–10).

Die Christen feiern an diesen beiden Festen die endgültige Erlösung durch Jesus Christus, im Kar- und Ostergeschehen.

Literarische Gattungen und Arten

Wir unterscheiden zunächst zwischen Gattungen und Arten. Die Gattung „Brief" zum Beispiel kennt viele Arten (Geschäftsbrief, Liebesbrief, Hirtenbrief . . .). Mit der Gattung ist also ein Sammelbegriff gegeben, der in seine verschiedenen Arten aufgegliedert werden muß.

Die Vielzahl der Gattungen beruht auf den zahlreichen Lebensäußerungen, die es in jeder gesellschaftlichen Gruppe gibt. So hat ein Verein neben seinen Statuten, die zur Gattung der Gesetzestexte gehören, auch seine Lieder, die bei den Versammlungen gesungen werden, und wahrscheinlich auch seine Vereinschronik, in der die wichtigsten Ereignisse festgehalten sind.

In einer religiösen Gemeinschaft kennt man die Gattungen der liturgischen Texte, der Glaubensformeln und der dogmatischen Definitionen. All das ist so selbstverständlich, daß man die Existenz von literarischen Gattungen und Arten in der Bibel lange Zeit übersehen hat. Erst die sogenannte „formgeschichtliche Schule" (= Überlieferungsgeschichte der Formen bzw. Gattungen) hat seit Beginn des 20. Jahrhunderts den Blick für diese wichtigen Unterscheidungen geöffnet.

Im folgenden nennen wir einige der Gattungen und Arten, die in der Bibel vorkommen.

Geschichtsbezogene Texte (Schöpfungsgeschichte, Urgeschichte, Patriarchengeschichten, Annalen, Hofgeschichtsschreibung, Kriegsgeschichte, Kindheitsgeschichten . . .). Die Beziehung der einzelnen Arten zur Historie, im Sinn der Tatsachenberichterstattung, ist höchst unterschiedlich. So ist der Übergang zur folgenden Gattung fließend.

Epische Texte (Heldenepos, Stammessagen, Prophetenlegende, Novellen, Romane . . .). Vergangene Ereignisse werden erzählt und besungen, um Begeisterung zu wecken und den Helden, letztlich Gott, zu preisen.

Gesetzestexte (apodiktisches Gottesrecht = Zehn Gebote, kasuistische Regelungen des Privat-, Straf-, Familien-, Erbrechts . . .). Die gesetzliche Ordnung Israels beruht auf dem Gottesbund vom Sinai. Befreiung aus Ägypten und Bindung an das Gottesrecht dürfen nicht gegeneinander ausgespielt werden.

Liturgische Texte (Opfergesetzgebung, Riten, Vorschriften für das Heiligtum, die Priesterschaft und Leviten; Feiertagsordnung, Segensformeln, Gebete . . .). Bei der Bestimmung der einzelnen Arten gehen formale und inhaltliche Gesichtspunkte ineinander über – ein Problem, das die ganze formgeschichtliche Methode betrifft.

Poetische Texte (Lieder, Hymnen, Gedichte, Sprüche . . .). In ihnen drückt das Volk seine Empfindungen, seinen Glauben aus. Außer dem Buch Ijob und dem Hohenlied, wo Elemente der dramatischen Dichtung enthalten sind, fällt auf, daß Israel keine Tragödien oder Komödien hervorgebracht hat.

Prophetische Texte (Berufungsgeschichten, Gottesoffenbarung, Drohsprüche, Verheißungsreden, Orakel, Visionen, Gleichnisse . . .). Hier liegt der Schwerpunkt der israelitischen Literatur, und hierin ist sie einmalig und unvergleichlich.

Apokalyptische Texte (Träume und Traumdeutungen, Entrückungen, allegorische Geschichtsdarstellung, Engelbotschaften . . .). Schon vor dem Buch Daniel finden sich solche Texte bei den Propheten Ezechiel, Sacharja und der Jesaja-Apokalypse (Jes 24,1–27,13).

Exegetische Folgerungen

Die Unterscheidung von Gattungen und Arten geschieht nicht um ihrer selbst willen, sondern um Folgerungen für die Exegese zu ziehen. Jede Gattung hat ihre Wahrheit, ihre Übereinstimmung zwischen der literarischen Form und dem Inhalt. Man darf zum Beispiel den Schöpfungsbericht (Gen 1) nicht als einen naturwissenschaftlichen Text lesen, sondern als eine Belehrung, die auf die Sabbatfeier abzielt. Ebenso ist der Durchzug durch das Rote Meer (Ex 14) kein Tatsachenbericht.

Man muß also bei jedem Text feststellen, zu welcher Gattung er gehört. Dann wird sich auch die Frage nach der „Wahrheit" des Geschilderten richtig stellen.

2. Studium von Ex 13,17–14,31. Traditionen des Pentateuch

An der Geschichte vom Durchzug der Israeliten durch das Rote Meer wollen wir Ihnen zeigen, wie sich die verschiedenen Traditionen im Pentateuch darstellen.

Wenn Sie den Text in Ihrer Bibel lesen, haben Sie zunächst den Eindruck eines fortlaufenden, gut zusammenhängenden Berichts. Erst bei näherer Betrachtung ergeben sich merkwürdige Dinge. Worin bestand eigentlich das „Wunder" beim Exodus? Einmal trocknet der Wind das Meer aus, und die Ägypter versinken im Schlamm. Dann wieder teilt Gott das Meer, damit die Hebräer hindurchziehen können. In der einen Überlieferung kämpft Gott selbst für Israel, in einer anderen ist Mose der Handelnde, wenn auch im Auftrag Gottes. Verschieden ist auch der Stil. Manchmal werden die Ereignisse sehr konkret geschildert, Gott wird wie ein Mensch dargestellt, der kämpft und die Räder der ägyptischen Streitwagen hemmt. (Man spricht in diesen und anderen Fällen von „Anthropomorphismus" = in menschlicher Gestalt.) Dann wieder wird der Bericht sehr abstrakt: Gott handelt vorzugsweise durch sein Wort.

Solche Beobachtungen sind nicht nur an diesem Text, sondern auch am ganzen Pentateuch

Traditionen des Pentateuch

Die fünf Bücher Genesis, Exodus, Numeri, Levitikus, Deuteronomium (daher das griechische Wort „Pentateuch") bilden ein einziges Werk. Doch schon im vergangenen Jahrhundert hat die alttestamentliche Wissenschaft die Vermutung geäußert, daß der Pentateuch aus vier Hauptquellen oder Traditionsströmen zusammengeflossen ist, die ihren Ursprung in verschiedenen Epochen der israelitischen Geschichte haben. Die neuere Pentateuchkritik ist sogar dazu gekommen, noch mehr als nur vier Grundschriften anzunehmen.

Die Entstehungsgeschichte des Pentateuch kann man sich etwa so denken:
1. Zugrunde liegen die Ereignisse um den Exodus und sehr wahrscheinlich auch die historische Persönlichkeit des Mose.
2. In der Folgezeit werden teils mündlich, teils schon schriftlich einzelne Texte überliefert: Geschichten, Gesetze, Reden, Lieder, liturgische Anweisungen . . .
3. Zu verschiedenen Zeiten sammeln Schriftgelehrte (Priester, Propheten, Weisheitslehrer) diese kleinen literarischen Einheiten und formen aus ihnen zusammenhängende Geschichten.
4. Schließlich wachsen diese Traditionen zu einem einzigen Werk in fünf Bänden zusammen.

Wir haben noch Gelegenheit, die Pentateuchquellen im einzelnen kennenzulernen. Für den Augenblick genügt eine knappe Charakterisierung der vier wichtigsten Traditionsströme.

1. Die jahwistische Tradition (J) hat ihre Bezeichnung von dem in ihr bevorzugten Gottesnamen „Jahwe". Manche Autoren datieren das Werk schon in die Zeit Salomos (um 950 v. Chr.). Wahrscheinlicher ist eine Entstehung im 7. oder 6. Jahrhundert. Jedenfalls hat man sich am Jerusalemer Königshof mit der Vergangenheit des Volkes beschäftigt und im davidischen Königtum die alten Verheißungen erfüllt gesehen.

2. Die elohistische Tradition (E) nennt Gott „Elohim". Sie ist vielleicht um 750 im Nordreich entstanden, nachdem die Einheit des davidisch-salomonischen Großreiches zerbrochen war. Geprägt durch die Verkündigung eines Elija oder Hosea, wird den Propheten ein höherer Rang zuerkannt als dem König.

Die jahwistische Tradition vereinigte sich mit der elohistischen wahrscheinlich um 700 in Jerusalem (JE). Es handelte sich aber nicht um eine bloß äußere Zusammenfügung, sondern die Traditionen wurden ergänzt und weitergeführt.

3. Die deuteronomistische Tradition (D) hat nicht nur im Deuteronomium („2. Gesetz", nach dem Exil) ihren Niederschlag gefunden, sondern auch die späteren geschichtlichen Bücher beeinflußt. Ihr auffälligstes Merkmal ist die Aktualisierung der Exodusereignisse für die spätere Kultgemeinde.

4. Die priesterschriftliche Tradition (P) hat sich während des babylonischen Exils in den Jahren 587–538 und später gebildet. In der Verbannung überdachten die Priester ihre Überlieferungen, um den Glauben und die Hoffnung des Volkes zu stärken.

Um das Jahr 400 wurden diese vier Traditionen zusammen mit anderen zu einem einzigen Werk zusammengefügt, dem *Pentateuch*. Diese Arbeit wurde oft dem Priester Esra zugeschrieben, doch muß es dahingestellt bleiben, ob dies zutrifft.

In diesem Kapitel wollten wir Sie nur kurz mit den einzelnen Pentateuchquellen vertraut machen. Ein gründlicheres Kennenlernen erfolgt dann später.

gemacht worden. Die Alttestamentler sind deshalb zu der Ansicht gelangt, daß der Pentateuch aus mehreren Traditionen oder Dokumenten zusammengesetzt sein muß. Über die Einzelheiten der Hypothese läßt sich streiten, und die Probleme sind längst noch nicht alle gelöst. Jede künftige Arbeit muß aber von den bisher erarbeiteten Quellenscheidungen ausgehen.

Sehen Sie sich jetzt den Text an, wie er auf den übernächsten Seiten abgedruckt ist. Die Abschnitte sind verschieden gesetzt, um die drei hier berücksichtigten Traditionen auch optisch hervorzuheben. Die älteren Schichten sind im Satz nach rechts eingezogen (Jahwist J normal, Elohist E kursiv). Die jüngere Schicht (Priesterschrift P) ist auf volle Breite gesetzt.

Gewiß ist an der Aufteilung manches hypothetisch, und man kann sich streiten, ob dieser oder jener Vers zu J, E, P gehört oder dem Verfasser der vorliegenden Fassung, dem Redakteur oder Redaktor, zuzuschreiben ist. Unbeschadet der Unsicherheiten im Detail bleibt die Quellenscheidung insgesamt gültig.

Sie können nun den Text entweder fortlaufend lesen oder sich auf eine Tradition beschränken. Um die Arbeit zu vereinfachen, stellen wir nur die jahwistische und die priesterliche Tradition vor. Der elohistischen Überlieferung kommt in diesem Text ohnehin eine geringere Bedeutung zu.

Die jahwistische Überlieferung (J)

Beginnen Sie mit den Abschnitten, die nach rechts eingezogen und normal, d. h. nicht kursiv gesetzt sind.

Wer sind die Akteure? (Sie können die Namen mit verschiedenen Farben unterstreichen!) Was wollen die Ägypter? Können sie ihr Ziel erreichen? Und haben sie die Macht dazu? Was wollen die Hebräer? Wer gibt ihnen die Macht?

Worin besteht das Ereignis?

Unterstreichen Sie Worte, die öfters vorkommen. Hat das Wort „sehen" immer den gleichen Sinn (sehen mit den leiblichen Augen oder mit den Augen des Glaubens)? Ist die „Furcht" in V. 10 und 13 die gleiche wie in V. 31, wo sie mit dem „Glauben" des Volkes in Beziehung gesetzt wird? Der Text scheint zeigen zu wollen, wie die Hebräer von einer Art Furcht oder Angst zu einer anderen übergegangen sind. Wie hat sich diese Transformation vollzogen? Welche Bedeutung hat das für den Glauben der Hebräer und unseren eigenen?

Die priesterschriftliche Überlieferung (P)

Lesen Sie jetzt den Text, der auf volle Breite gesetzt ist.

Hier gibt es nur einen einzigen Hauptakteur. Wen? Was will er? Wie handelt er? Notieren Sie alle wiederkehrenden Ausdrücke. Einige werfen bestimmte Probleme auf („Gott verhärtet das Herz des Pharao"); wir kommen darauf zurück.

Gott hat nur ein Ziel: sich zu verherrlichen, als Herr anerkannt zu werden. Das ist keine billige Ruhmsucht. „Die Herrlichkeit Gottes ist der lebendige Mensch", sagt Irenäus. Gott legt seine Ehre darein, sein Volk zu retten. Dann erscheint er vor den anderen Völkern als ein rettender, beschützender Gott. Doch das Volk muß sich retten lassen, es muß Gott vertrauen. So kann der Mensch den Namen Gottes heiligen, das heißt alles tun, damit Gott sich als heilig erweise. Beim Propheten Ezechiel (S. 85) werden wir diese häufige Formel noch näher erläutern.

Worin besteht in P das Ereignis? Notieren Sie die Wiederholungen: Gott gibt einen Befehl, und dann wird erzählt, wie der Befehl ausgeführt wird. Dieses literarische Schema begegnet immer wieder in P (vgl. Gen 1). Gottes Wort ist „performativ": es bewirkt, was es sagt. Auch das Meerwunder erinnert an Gen 1. Gott teilt die Wasser, und das trockene Land wird sichtbar (Ex 14,16.22.29 und Gen 1,9.10).

Was bedeutet dieser Zusammenhang zwischen Schöpfung und Exodus für den Glauben der Israeliten?

13

17 Als nun der Pharao das Volk ziehen ließ, führte sie Gott nicht den Weg nach dem Phi-listerland – der wäre ja der nächste gewesen –; denn Gott dachte: Vielleicht könnte es das Volk gereuen, wenn es Kämpfe vor sich sieht, und sie könnten nach Ägypten zurückkehren; 18 sondern Gott ließ das Volk einen Umweg machen durch die Wüste an das Schilfmeer, und kampfgerüstet zogen die Israeliten aus dem Lande Ägypten. 19 Und Mose nahm die Gebeine Josephs mit; denn dieser hatte einen Eid von den Söhnen Israels genommen und gesprochen: Gewiß wird Gott sich euer annehmen; führt dann meine Gebeine mit von hier hinauf.

20 Darnach brachen sie von Sukkoth auf und lagerten sich in Etham am Rande der Wüste. 21 Der Herr aber zog vor ihnen her, am Tage in einer Wolkensäule, um ihnen den Weg zu zeigen, und des Nachts in einer Feuersäule, um ihnen zu leuchten, damit sie bei Tag und Nacht wandern konnten. 22 Nie wich die Wolkensäule am Tage und die Feuersäule bei Nacht von der Spitze des Zuges.

14

1 Da sprach der Herr zu Mose: 2 Befiehl den Israeliten, umzukehren und sich bei Pihahiroth zu lagern, zwischen Migdol und dem Meere; angesichts von Baal-Zephon, diesem gegenüber, sollt ihr euch am Meere lagern. 3 Der Pharao aber wird von den Israeliten denken: Sie haben sich im Lande verirrt, die Wüste hält sie umschlossen. 4 Dann will ich das Herz des Pharao verstocken, daß er ihnen nachjagt, damit ich mich am Pharao und seiner ganzen Macht verherrliche; die Ägypter sollen erkennen, daß ich der Herr bin. Und sie taten also.

5 Als nun dem König von Ägypten gemeldet wurde, daß das Volk geflohen sei,

da änderte sich der Sinn des Pharao und seiner Leute gegenüber dem Volke, und sie sprachen: Was haben wir da getan, daß wir Israel haben ziehen lassen, so daß sie uns nicht mehr dienen. 6 Und er ließ seinen Streitwagen anspannen und nahm seine Leute mit sich.

7 Er nahm sechshundert auserlesene Streitwagen und alle Streitwagen Ägyptens und Wagen-kämpfer auf einem jeden.

8 Und der Herr verstockte das Herz des Pharao, des Königs von Ägypten, so daß er den Israeliten nachjagte, obwohl sie unter dem Schutz einer hoch erhobenen Hand auszogen.

9 So jagten ihnen die Ägypter nach

und erreichten sie, als sie am Meere lagerten – alle Rosse der Streitwagen, die Reiter und die Kriegs-macht des Pharao – bei Pihahiroth gegenüber Baal-Zephon. 10 Als nun der Pharao schon nahe herangekommen war,

erhoben die Israeliten ihre Augen und siehe, die Ägypter zogen hinter ihnen her; da fürch-teten sie sich sehr.
Und die Israeliten schrien zum Herrn

11 und sprachen zu Mose: Gab es denn keine Gräber in Ägypten, daß du uns wegführen mußtest, damit wir in der Wüste sterben? Was hast du uns da angetan, daß du uns aus Ägypten weggeführt hast! 12 Haben wir dir's nicht schon in Ägypten gesagt: „Laß uns in Ruhe! Wir wollen den Ägyptern dienen?" Denn es wäre uns ja besser, den Ägyptern zu dienen, als in der Wüste zu sterben.

13 Mose aber sprach zu dem Volke: Fürchtet euch nicht! Haltet stand, so werdet ihr sehen, wie der Herr euch heute helfen wird; denn so, wie ihr die Ägypter heute seht, werdet ihr sie niemals wieder sehen. 14 Der Herr wird für euch streiten, seid ihr nur stille.

15 Darnach sprach der Herr zu Mose: Was schreist du zu mir? Sage den Israeliten, sie sollen auf-brechen. 16 Du aber hebe deinen Stab empor und recke deine Hand über das Meer und spalte es, daß die Israeliten mitten im Meere auf dem Trockenen gehen können. 17 Und ich will dann das

Herz der Ägypter verstocken, daß sie ihnen nacheilen, damit ich mich verherrliche am Pharao und seiner ganzen Kriegsmacht, an seinen Streitwagen und seinen Reitern. 18 Die Ägypter sollen erkennen, daß ich der Herr bin, wenn ich am Pharao, an seinen Streitwagen und seinen Reitern mich verherrliche.

19 Da machte sich der Engel Gottes auf, der vor dem Heere Israels einherzog, und trat hinter sie;

und die Wolkensäule vor ihnen ging weg und stellte sich hinter sie. 20 Und jener kam zwischen das Heer der Ägypter und das Heer Israels zu stehen. Es geschah aber, daß die Wolke sich verfinsterte; da zogen sie während der Nacht hindurch, so daß während der ganzen Nacht keiner dem anderen nahekam.

21 Und Mose reckte seine Hand aus über das Meer,

und der Herr trieb das Meer die ganze Nacht durch einen starken Ostwind zurück und legte das Meer trocken;

und die Wasser spalteten sich. 22 So gingen die Israeliten mitten im Meere auf dem Trockenen, während die Wasser ihnen zur Rechten und zur Linken wie eine Mauer standen. 23 Die Ägypter aber jagten nach und zogen hinter ihnen her, alle Rosse des Pharao, seine Streitwagen und Reiter, mitten ins Meer hinein.

24 Und um die Zeit der Morgenwache schaute der Herr in der Feuer- und Wolkensäule auf das Heer der Ägypter und verwirrte das Heer der Ägypter;

25 er hemmte die Räder ihrer Wagen und ließ sie nur mühsam vorwärtskommen.

Da sprachen die Ägypter: Laßt uns vor Israel fliehen; denn der Herr streitet für sie wider Ägypten.

26 Und der Herr sprach zu Mose: Recke deine Hand aus über das Meer, daß die Wasser zurückfluten auf die Ägypter, auf ihre Wagen und ihre Reiter. 27 Und Mose reckte die Hand aus über das Meer

und beim Anbruch des Morgens strömte das Meer in sein Bett zurück, während die Ägypter ihm entgegenflohen, und der Herr trieb die Ägypter mitten ins Meer hinein.

28 Die Wasser strömten zurück und bedeckten die Wagen und Reiter, die ganze Streitmacht des Pharao, die ihnen ins Meer nachgefolgt war, so daß nicht einer von ihnen am Leben blieb. 29 Die Israeliten aber waren mitten im Meer auf dem Trockenen gegangen, während die Wasser ihnen zur Rechten und zur Linken wie eine Mauer standen.

30 So errettete der Herr an jenem Tage Israel aus der Hand der Ägypter, und Israel sah die Ägypter tot am Gestade des Meeres liegen. 31 Als Israel sah, wie gewaltig sich die Hand des Herrn an den Ägyptern erwiesen hatte, da fürchtete das Volk den Herrn, und sie glaubten an den Herrn und an seinen Knecht Mose.

3. Das Siegeslied der Geretteten (Ex 15,1–21)

Die Schilderung des Durchzugs durch das Schilfmeer wird mit einem Lied abgeschlossen, das den Sieg Gottes und seines Volkes über die Ägypter besingt. Es ist ein hochpoetisches Siegeslied, das weit über die Situation des Exodus hinausreicht und alle wahrhaften Befreiungen, ob gestern oder heute, als Gottestat feiert.

Lesen Sie den Text am besten laut. Dann werden Sie merken, daß sich hier zwei Chöre gewissermaßen Antwort geben:

– der eine Chor besingt die Macht Gottes im allgemeinen (V.2–3.6–7.11.18);

– der andere Chor feiert die konkreten Handlungen Gottes (V.1.4–5.8–10.12–17).

Achten Sie auf die Bilder, die verwandt werden, namentlich um Gottes Wirken zu veranschaulichen. Wie kann man heute noch von Gott dem „Krieger" sprechen? Schon die griechische Bibel hat im 2. Jahrhundert v. Chr. das Problem empfunden und von „Gott, der dem Krieg ein Ende macht" gesprochen. Vielleicht sollten wir aber der Aussage standhalten und erkennen, daß Ungerechtigkeit, Lüge und Bosheit nicht ohne Kampf zu überwinden sind. Gott steht doch nicht abseits, wo Menschen mit dem Einsatz ihres Lebens dem Bösen entgegentreten, und deshalb kann Gott „Krieger" genannt werden.

Welche konkreten Aktionen Gottes werden gefeiert?

– in den VV.4–5 und 8–10?
– in den VV. 12–17?

Die Namen der Völker (Edom, Moab, Kanaan, Philister) deuten auf ein Itinerar hin. Welches? „Die heilige Wohnung auf dem Berg", der Ort, an dem Gott wohnt, diese Formulierungen weisen auf ein Gebäude hin. Welches? In welche Epoche führt uns diese Strophe?

Als Gott sein Volk befreite, hatte er ein bestimmtes Ziel vor Augen (V.17). Welches?

Was lehrt uns V.18 über den Glauben Israels und seine politische Verfassung?

Der Exodus – ein heutiges Ereignis

Aus dem Text ergeben sich wichtige Folgerungen für unseren Glauben. Der Gott, den das Lied preist, ist kein abstraktes Wesen, keine Idee, und sei sie noch so hoch. Dieser Gott gibt sich in konkreten Ereignissen zu erkennen.

Solche Ereignisse geschehen auch heute, aber man erkennt Gottes Anwesenheit nur in ihnen, wenn man über die Urerfahrungen von ehedem nachdenkt. Nehmen Sie die VV.12–17: Wir befinden uns in der Königszeit. Das Volk lebt in Kanaan, der Tempel ist gebaut, Gott herrscht inmitten seines Volkes. Vergleichen Sie diese Strophen, die vom Durchzug durch Edom, Moab, Kanaan und von den Philistern sprechen, mit jenen, die begeistert den Untergang der Ägypter feiern (V.8–10). Der Autor schildert die Ereignisse des Exodus im Licht dessen, was er vor kurzem erlebt hat, und die Befreiungstat der Vergangenheit erlaubt ihm wiederum, seine Gegenwart zu deuten.

So bleibt das Lied offen für die Geschichte künftiger Jahrhunderte. Jede gläubige Gemeinschaft darf fortan ihre Strophe dem Lied anfügen. Der Apokalyptiker Johannes hat dies getan, er läßt die Auserwählten das Lied des Mose singen (Offb 15,3); und die Kirche hat dieses Lied in ihre Osternachtliturgie aufgenommen. Was das historische Geschehen in der Welt angeht, wird es allerdings immer problematisch bleiben, bestimmte Ereignisse unmittelbar mit Gott zu verbinden und andere nicht.

Hebräische Poesie

Im Vorbeigehen verweisen wir Sie auf einige Eigentümlichkeiten der hebräischen Dichtkunst.

Die Bildersprache. Das Hebräische ist eine sehr konkrete Sprache. Zugleich aber werden alle Dinge, auch die alltäglichsten und gewöhnlichsten, zu Symbolen einer unsichtbaren Wirklichkeit. Statt abstrakte Ideen zu entwickeln, häuft der Dichter lieber eine Fülle von anschaulichen Bildern, die der Erfahrung entnommen sind. Es wird nicht gesagt: Gott ist mächtig!, sondern „Gott schleudert Blitze", er ist „ein Krieger", seine Rechte ist „herrlich an Stärke" und vieles andere mehr.

Der Parallelismus. Die beiden Hälften eines Verses wiederholen oft denselben Gedanken, aber mit anderen Ausdrücken. Das Thema wird ergänzt oder von einem gegenteiligen Standpunkt aus beleuchtet.
„Er ist mein Gott, ihn will ich preisen; den Gott meines Vaters will ich rühmen"
(Ex 15,2).
Suchen Sie weitere Beispiele in diesem Siegeslied (Ex 15).

4. Der Exodus – das Urereignis Israels

„Diesen Tag sollt ihr als Gedenktag begehen. Feiert ihn als Fest zur Ehre des Herrn! Für die kommenden Generationen macht euch diese Feier zur festen Regel!" (Ex 12,14). Dieser Satz aus dem Pascharitual zeigt unmißverständlich, wie grundlegend das Exodusereignis für Israel war. In seiner ganzen Geschichte hat das Volk – und in seiner Nachfolge die Christen – nie aufgehört, über den Exodus zu meditieren und dem Sinn des Geschehens nachzuspüren.

Das „Urereignis"

Israel hat im Auszug aus Ägypten das Grundereignis seiner Geschichte gesehen. Das Volk existierte gewiß schon seit Abraham, aber nur als Verheißung. Mit dem Exodus aber, so glaubte man, war wirklich der Augenblick gekommen, da Israel als Volk geschaffen wurde. Wann sich das israelitische Nationalbewußtsein der ursprünglich nur in einer kleinen Gruppe gepflegten Exodustradition bemächtigt hat, um sich auszudrücken, wissen wir nicht. Das ganze Alte Testament aber ist von diesem Glauben erfüllt und findet in ihm seine Bestätigung.

Wenn man den Sinn anderer Ereignisse (Übergang über den Jordan, Einheit der zwölf Stämme . . .) oder die Bedeutung von Institutionen und Riten vermitteln will, wenn es gilt, die Volkwerdung Israels zu erklären – immer bezieht man sich auf den Exodus.

Die Gottesbegegnung

Im Exodus hat Israel begonnen, seinen Gott zu entdecken und dessen Namen zu erfahren. Noch bevor das Volk an seinen Schöpfer gedacht hat, hat es Gott als Befreier und Retter kennengelernt. Gott erscheint als der, der Israel aus dem Sklavenhaus geführt hat, so lautet sein Haupttitel, das ist fast sein Eigenname, unaufhörlich in der Bibel wiederholt.

In der Dornbuschversion gibt Gott seinen Namen preis: Jahwe, „Ich bin, der ich bin" oder „der ich sein werde"; „Ich bin der für euch Daseiende" (Ex 3,14).

Am Sinai schließen Gott und sein Volk einen Bund, der mit Blut besiegelt wird (Ex 24,3–8).

„Von der Knechtschaft zum Dienst in Freiheit", so könnte man das ganze Exodusgeschehen überschreiben. Das Volk weiß, daß Gott es aus der Sklaverei Ägyptens befreit hat. Jetzt haben die Israeliten die Möglichkeit, sich frei für den Dienst Gottes zu entscheiden.

Eine immer gegenwärtige Vergangenheit

Das jüdische Pascharitual hat erkannt, daß der Exodus nicht nur ein vergangenes Ereignis ist. Als Heilsereignis begleitet der Exodus das Volk ständig durch seine Geschichte. Das Gedächtnis des Vergangenen gibt dem Gegenwärtigen Sinn und Bedeutung: das ganze Leben erscheint als ein Exodus, als ein Weg, der zum Reich Gottes hinführt. Deshalb können auch Katastrophen und Schicksalsschläge, wie die Verschleppung nach Assyrien und Babylon, dem Glauben nichts anhaben. Wenn Gott „uns" – die sich mit der Exodusgruppe gleichsetzenden Kultteilnehmer – damals befreit hat, kann er dies auch heute wieder tun. Die Hoffnung schöpft ihre Zuversicht aus der Vergangenheit.

Die ersten Christen haben diese Überlegungen fortgesetzt. Das Leben Christi erschien ihnen wie ein Exodus, und in der Nachfolge Christi ging jeder Christ aus der Knechtschaft von Sünde und Tod in die Freiheit eines neuen Lebens über.

Solche Gedanken führen uns schon weit über den Text des Buches Exodus hinaus. Wir werden aber sehen, daß alles, was in der Folgezeit zur Deutung des Exodus hinzugekommen ist, Teil des Geschehens selbst geworden ist und sein Verständnis erleichtert hat.

Die späteren Interpretationen machen aber gerade wegen ihrer theologischen Tiefe und Vielfalt die historische Frage nicht überflüssig: „Was ist eigentlich damals geschehen?" Darauf versuchen wir nun eine Antwort zu geben.

5. Was ist ein historisches Ereignis?

Um die Frage nach dem ursprünglichen Exodusgeschehen beantworten zu können, müssen wir erst überlegen, was ein historisches Ereignis ist.

Die Antwort scheint leicht: Das sind die Tatsachen, die man sehen und hören kann. Ganz so einfach aber liegen die Dinge nicht. Es gibt keine reinen Tatsachen, die man völlig objektiv darstellen könnte. Alles, was wir wahrnehmen, ist schon gedeutet und interpretiert. Zwei Personen berichten über dasselbe Geschehen, beide sind um größtmögliche Objektivität bemüht. Und trotzdem wird der Bericht verschieden ausfallen, es wird Abweichungen zumindest in Kleinigkeiten geben, weil jeder die Dinge so darstellt, wie er sie gesehen hat, subjektiv und mit seinen persönlichen Deutemustern.

Es gibt nun Tatsachen, die man bald vergißt, weil sie keine Bedeutung zu haben scheinen. Sie sind in der Geschichte passiert, aber sie sind nicht „geschichtlich". Ich öffne die Tür, nehme ein Buch zur Hand . . ., Tatsachen ohne Bedeutung. Ein historisches oder besser: geschichtliches Ereignis ist dagegen eines, das im Gedächtnis des einzelnen oder einer Gruppe eine Spur hinterläßt, das in der Geschichte Wirkungen hervorbringt, weil man es als sinnstiftend erkannt hat.

Die Bedeutung eines Ereignisses stellt sich also meist erst später, viel später heraus. Der Sinn des Kreuzestodes Jesu ist selbst den Jüngern nicht sofort aufgegangen, und für die übrigen Menschen war die Hinrichtung eines Juden im fernen Palästina ein völlig belangloses Geschehen. Auch der Exodus war, historisch gesehen, wohl nicht mehr als die geglückte Flucht einer kleinen Gruppe von hebräischen Sklavenarbeitern.

Manche Ereignisse, so geringfügig sie auch sein mögen, haben allerdings das Glück, zum Symbol für eine ganze Entwicklung zu werden. So ist zum Beispiel der berühmte Sturm auf die Bastille, am 14. Juli 1789, an sich eine ganz bescheidene und harmlose Angelegenheit gewesen. Wäre die Revolution nicht gelungen, würde kein Mensch mehr davon sprechen, und die Franzosen hätten sich ein anderes Datum für ihren Nationalfeiertag suchen müssen. So aber hat sich die weltgeschichtliche Bedeutung der Revolution mit einem bestimmten Datum und Ereignis verknüpft, dessen Symbolkraft das rein historische Geschehen weit überragt.

Mit diesem Beispiel nähern wir uns schon der epischen Gattung des Heldenliedes. Im Epos werden die Tatsachen überhöht, verschiedene Ereignisse miteinander verknüpft. Wie auf einer Bühne werden die Personen und Kulissen in farbiges Licht getaucht, der Held erscheint strahlend hell, die Feinde in düsterstem Schwarz. Dabei ist nicht alles erfunden und unhistorisch. Denken wir an das Rolandslied. Das ist gewiß keine historische Quelle, doch Karl der Große hat gelebt, Roland hat gelebt, der Feldzug über die Pyrenäen hat stattgefunden. Historisch ist aber auch die Wirkung dieses Liedes auf alle Franzosen.

6. Das historische Exodusgeschehen

Mose

Ob Mose überhaupt eine historische Persönlichkeit gewesen ist, hat in der alttestamentlichen Wissenschaft lange als umstritten gegolten. Heute neigen die Gelehrten wieder mehr zu der Annahme, daß Mose tatsächlich gelebt hat. Er müßte dann unter der Herrschaft des Horemheb (1334–1306) oder des Seti I. (1309–1290) geboren sein. Wahrscheinlich ist er

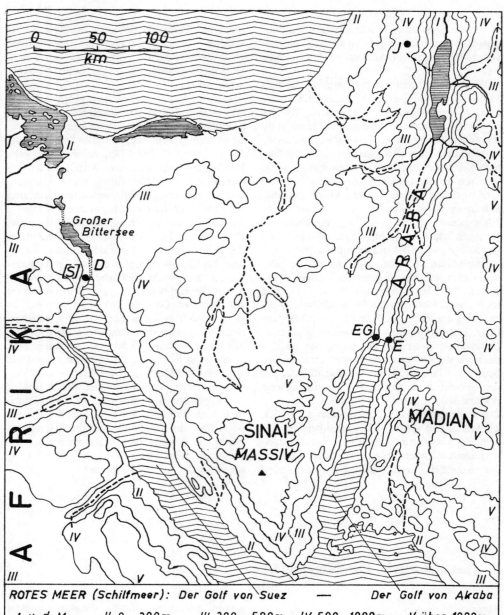

ROTES MEER (Schilfmeer): Der Golf von Suez — Der Golf von Akaba

I u. d. M.   II 0–200m   III 200–500m   IV 500–1000m   V über 1000m
Höhenstufen ohne Ziffer = nächst höhere Stufe als von der sie umgeben sind
J = Jerusalem   EG = Ezjon Geber (heute: Eilat)   E = Elat (heute: El Akaba)
D = Stelle des Durchzugs   [S] = Suez

an einer ägyptischen Schreiberschule ausgebildet worden. Das Land brauchte sprach- und schriftkundige Männer, vor allem wegen seiner Beziehungen zu den asiatischen Ländern.

Aus den Traditionen über den Wüstenaufenthalt des Mose in Midian läßt sich wohl entnehmen, daß er Anschluß an eine Gruppe gefunden hat, die einen Gott Jahwe verehrte. Sein Schwiegervater Jitro war Priester dieses Gottes.

Zwei Auszüge aus Ägypten?

In manchen Texten wird der Exodus als eine Vertreibung aus Ägypten dargestellt, in anderen erscheint er als eine Flucht. Gab es vielleicht zwei Ereignisse, die später in der Exodustradition zusammengeflossen sind? Der französische Bibelgelehrte Roland de Vaux hat diese Hypothese aufgestellt, aber kaum Beifall gefunden. Trotzdem wollen wir die Hypothese kurz vortragen.

Die *Vertreibung* soll um 1550 stattgefunden haben. Dies dürfte zeitlich ungefähr mit der Niederwerfung der Hyksos zusammenfallen. Diese semitischen Völkerschaften hatten um 1720 in Ägypten die Herrschaft angetreten. Da die ebenfalls semitischen Jakobssöhne sich der Gunst der Hyksos erfreuten, ereilte sie dasselbe Schicksal wie ihre Gönner: Sie mußten das Land verlassen.

Sie zogen erst nach Norden und wandten sich südöstlich der Oase von Kadesch zu. Später drangen sie von Süden in Kanaan ein.

Die *Flucht* des hebräischen Clans wird um 1250 angesetzt. Unter Führung des Mose nutzten die in Ägypten verbliebenen Arbeitssklaven eine günstige Gelegenheit aus – Umweltkatastrophe?, Seuche? –, um das Weite zu suchen. Auch sie flohen zunächst nach Norden. Beim Sirbonis-See erreichte sie eine Abteilung des ägyptischen Heeres, aber die Streitwagen blieben im Flugsand stecken, so daß die Hebräer

ihre Flucht fortsetzen konnten. Allerdings verließen sie die gefährliche Küstenroute und schlugen den Weg nach Kadesch ein.

Noch einmal sei betont, daß es sich bei dieser Unterscheidung von Flucht und Vertreibung um eine reine Hypothese handelt, die in der Absicht aufgestellt wurde, möglichst viele biblische Angaben in der Historie zu verankern. Was „wirklich" geschehen ist, bleibt dunkel und spielt für die „Wahrheit" der Exoduserzählung nur eine untergeordnete Rolle.

Der „Durchzug" durch das Meer

In der jahwistischen Tradition ist vom „Durchzug durch das (Rote oder Schilf-)Meer" keine Rede. Der Wind trocknet das Wasser aus, die ägyptischen Streitwagen bleiben vor den Augen der erstaunten Hebräer im Sand stecken. Schon antike Historiker berichten von der Gefährlichkeit der Sandstrände, die den Sirbonis-See von den Wassern des Mittelmeers trennten.

Erst in der Priesterschrift wird erzählt, daß Gott die Wasser geteilt und das trockene Land zum Vorschein gebracht habe – genau wie am Schöpfungsmorgen! Der Exodus wird dem Schöpfungsakt angeglichen.

Der Sinai

Der Berg der Gottesoffenbarung wird Sinai oder Horeb genannt. Wo ist er zu suchen?

– Der Dschebel Musa im Süden der Sinaihalbinsel gilt erst seit dem 4. Jahrhundert n. Chr. als traditionelle Offenbarungsstätte. Die Gründung eines Klosters am Fuß des Berges hat die Wahl des Ortes sicher beeinflußt.

– Bei Kadesch im Gebirge Hor?

– In Midian, an der Ostseite des Golfs von Aqaba?

– Im Gebirge Seir oder beim Berge Pharan?

Die Karte vom „Roten Meer" muß mit einigen Fragezeichen versehen werden. Die Lokalisierung des Durchzugs durch das Rote Meer (D) zwischen dem Großen Bittersee und dem Golf von Suez entspricht zwar einer ziemlich allgemeinen Meinung, ist aber nicht die einzige Möglichkeit. – Fraglich ist auch die Lokalisierung von Ézjon-Gebēr und Elat an der Spitze des Golfs von Akaba. Möglich ist es auch, daß Elat an der Stelle des heutigen Eilat lag (EG) und Ézjon-Gebēr weiter landeinwärts, am Rand einer flachen Wasserzunge, die heute versandet ist.

Alle Vermutungen sind unsicher und zeigen vielleicht, daß der Gottesberg als idealer Ort der Offenbarung aufgefaßt werden muß.

Eine „epische" Theologie

Gottes Wort kann sich jeder literarischen Form bedienen, also auch des Epos, der volkstümlichen, sagenhaften Überlieferung.

Ein Epos. Die israelitischen Stämme hatten nicht alle den gleichen Ursprung und dieselbe Geschichte. Es gab Stämme, die immer in Kanaan geblieben waren, solche, die zu irgendeiner Zeit das Land besetzt hatten, und andere wiederum, die vielleicht unter Mose aus Ägypten vertrieben wurden. Das entscheidende Datum der israelitischen Geschichte war aber nun, daß alle Stämme sich in Sichem (?) zu einem Bund zusammenschlossen (Jos 24) und die Exodusüberlieferung der Mosegruppe mit dem Jahweglauben für sich übernommen haben. Außerdem brachte jeder Stamm seine eigene Tradition mit ein, so daß schließlich ein gemeinsamer Schatz von Geschichten, Sagen und Liedern entstand. Die verschiedenen Überlieferungen wuchsen zusammen und befruchteten sich gegenseitig. Der Übergang über den Jordan nimmt ähnlich wunderbare Züge an wie der Durchzug durch das Rote Meer (Jos 3,13;

Ex 14,15). Viele oft widersprüchliche Geschichten ranken sich um die Landnahme Kanaans: weil die Stämme tatsächlich zu verschiedenen Zeiten und auf unterschiedliche Weise das Land in Besitz genommen haben. Unter all den Ereignissen aber ragt eines hervor und wird zum Symbol für die anderen, zum Fanal der Befreiung: der Exodus.

Eine Theologie. Das Zwölfstämmevolk hat seine Erinnerungen nicht nur aus historischem Interesse zusammengefaßt, und auch nicht allein, um das Recht auf den Landbesitz in den Väterverheißungen zu verankern. Das Hauptanliegen war religiöser Natur. Gott sollte als Jahwe erkannt und bekannt werden, als der Befreier seines Volkes, als der Partner eines Bundes, in dem freie Menschen sich dankbar und froh für den Dienst an Gott und seinem Gesetz entscheiden. An dieser Haltung hat sich in der ganzen Geschichte Israels nichts Wesentliches geändert, und auch die Christen konnten sich ihr vorbehaltlos anschließen.

Es lag schon in der Konsequenz der Exoduserfahrung, daß nicht nur ein Volk in den Bund mit Gott eintreten sollte. Jahwe, der Retter Israels, will der gesamten Menschheit die Gemeinschaft mit ihm anbieten. Diese universalistische Zukunftsperspektive hat Israel befähigt, seine Schöpfungsgeschichte zu schreiben.

II. Das davidische Königtum in Jerusalem

Um das Jahr 1000 wurde David König, er eroberte Jerusalem und machte es zur Hauptstadt seines Reiches. Für Israel war dies ein neuer Anfang, ein Ausgangspunkt für zukünftige Entwicklungen. Was aber hatte sich in der Zwischenzeit ereignet?

Vom Exodus zu David

Um 1200 ließ sich die Gruppe, die unter Mose aus Ägypten kam, in Kanaan nieder. Das Land war bereits von verschiedenen Stämmen besiedelt. Sie lebten in der Umgebung der kleinen befestigten Städte vom Ackerbau und der Viehzucht, sie trieben Handel und führten untereinander Krieg.

Die Gruppe der Hebräer nahm das Land teils durch Gewalt, oft aber auch auf friedliche Weise, durch Verträge und Eheschließungen, in Besitz. Das Buch Josua hat die Landnahme später als eine Epoche voller wunderbarer Ereignisse geschildert. Nicht die Hebräer haben aus eigener Kraft das Land erobert, sondern Gott hat ihnen die Macht gegeben, Könige und feste Städte zu besiegen. Auf dem „Landtag von Sichem" (Jos 24) sollen sich die verschiedenen Stämme zu einem Bund mit Gott zusammengeschlossen haben.

In der Richterzeit (1200–1000) verteilten sich die mit Jahwe verbündeten Stämme – man zählt seitdem zwölf – auf drei Gebiete: Galiläa, Samaria und das Land südlich von Jerusalem. Unter den Stämmen bestand nur ein sehr lockerer, vorwiegend religiös begründeter Zusammenhalt. Wenn aber dem einen oder anderen Stamm Gefahr drohte, erhob sich ein „Richter", der das Volk zu den Waffen rief, und nach dem Sieg (oder der Niederlage) kehrte jeder wieder zu seinem Stamm zurück.

Als die Ammoniter und dann vor allem die Philister weite Teile des israelitischen Stämmegebiets in ihre Gewalt brachten, ergab sich die Notwendigkeit eines stärkeren politischen Zusammenhalts. Die um Sichem siedelnden Stämme machten mit Abimelech den mißglückten Versuch einer Königsherrschaft, und dann wählten sich die Südstämme Saul zum König.

Die Bewohner Kanaans verehrten einen Gott El, praktizierten aber vor allem Fruchtbarkeitsriten. Unter den Namen „Baal" und „Astarte" wurden die Gewalten und Kräfte der Natur angerufen (Gewitter, Sturm, Ackerboden, Liebe . . .). Für die Jahwe-Gläubigen waren die auf den Höhenheiligtümern gepflegten Kulte eine große Versuchung.

David

Während einer weltpolitisch günstigen Situation – die Hetiter waren praktisch verschwunden, Ägypten und Assyrien erlebten eine Schwächeperiode – und in der Kraft seiner charismatischen Persönlichkeit gelang es David, zunächst von den Südstämmen und dann von den Nordstämmen zum König gewählt zu werden. Er eroberte das in der Mitte gelegene und von Jebusitern gehaltene Jerusalem und machte es zu seiner Hauptstadt. Damit entstand für Israel eine ganz neue Situation.

Auf *politischer Ebene* hatte Israel jetzt einen König wie die anderen Nationen. Manche Gläubige stellten sich die Frage: Ist nicht Jahwe unser einziger König? Nun galt sowohl in Babylon als auch in Ägypten der König als „Gottessohn". Am Tag seiner Inthronisation sprach ein Priester über den König im Namen Gottes die Adoptionsformel: „Du bist mein Sohn; ich bin dein Vater." – Auch in Israel geschah etwas Ähnliches. Der Prophet Natan erklärte David und dessen Nachkommen zu „Söhnen Gottes", die in Jahwes Namen das Volk regieren sollten. Das ist der sogenannte „Davidsbund" (2 Sam 7).

Als Stellvertreter Gottes spielte der König eine hervorragende Rolle. Er war vor Gott verantwortlich für das Heil seines Volkes. In seiner Person vereinigte sich alle politische und religiöse Macht.

Auf *religiöser Ebene* vollzog David einen Akt von höchster politischer Bedeutung. Er holte die Bundeslade nach Jerusalem. Diese Lade galt seit dem Exodus als Ort der Gegenwart Gottes für sein Volk. Mit der Überführung der Lade nach Jerusalem band David die Gegenwart Gottes an sein Königtum. Man versteht, daß dieser Akt nicht von allen Gläubigen begrüßt wurde. Jahwe drohte damit zu einer ortsgebundenen Gottheit zu werden, leicht manipulierbar vom König und seinen Priestern. Dagegen herrschte in Israel bisher die Vorstellung eines frei waltenden, nicht an einen bestimmten Ort gebundenen Gottes. Deshalb darf David auch Jahwe noch kein Haus bauen (2 Sam 7).

Die beiden Gottesvorstellungen, die „statische" und die „dynamische", begegnen in der Bibel immer wieder (vgl. Apg 7,48). Sie spielen auch heute noch in kirchlichen Auseinandersetzungen eine Rolle.

Auf der *Ebene der Verwaltung* begann David mit der Organisation des Reiches. Man hört von allen möglichen Funktionsträgern: Heerführer, Priester, Schreiber, Melder (2 Sam 8,16–18). David versuchte sogar, eine Volkszählung durchzuführen (2 Sam 24).

Auch die *außenpolitischen Aktivitäten* Davids hatten religiöse Konsequenzen. Aufgrund der siegreichen Kriege wurden zahlreiche Stämme und Völkerschaften dem Reich einverleibt oder zu Vasallen gemacht. Alle diese nichtisraelitischen „Staatsangehörigen" konnten in den Bund mit Jahwe eintreten. Die Schriftgelehrten, die damals die Geschichte Israels zu schreiben begannen, versuchten zu zeigen, daß dieser Universalismus bereits in der Person Abrahams angekündigt war.

Salomo

Salomo erbte den Thron von seinem Vater David. Dank seiner von Gott verliehenen „Weisheit" (1 Kön 3), das heißt seiner Regierungskunst, nutzte er den Frieden, um das Reich zu organisieren. Das Land wurde in zwölf Distrikte eingeteilt, die jeden Monat Abgaben an den königlichen Hof zu leisten hatten. In Megiddo und anderwärts entstanden große militärische Anlagen, Stallungen für Pferde und Kriegswagen. Eine Flotte diente dem Handel mit weit entlegenen Ländern. Aus Ägypten, Syrien, dem Orient flossen die Reichtümer nach Jerusalem, wo Salomo für seinen Gott einen prächtigen Tempel baute und für sich selbst einen noch prächtigeren Palast. Ein großer König!

Die Schattenseiten der salomonischen Herrschaft waren aber unverkennbar. Salomo glich sich in seiner Hofhaltung zu sehr den Königen seiner Zeit an und verhielt sich kaum wie ein Stellvertreter Jahwes. Der Bibel zufolge bestand sein Harem aus siebenhundert Frauen und dreihundert Konkubinen. Das ist vielleicht etwas viel. Auch hatte Salomo mehrere Frauen, die aus fremden Nationen stammten, darunter eine Tochter des Pharao. Diese Frauen brachten ihre Gottheiten mit, und die Verführung zum Götzendienst war groß.

Außerdem hat Salomo das Volk auf jede nur denkbare Weise ausgebeutet. Es gelang ihm zwar, den schwelenden Aufruhr niederzuhalten, doch nach seinem Tod brach der Sturm los. Sein politisch törichter Sohn provozierte die Spaltung des Reiches. Die Nordstämme sagten sich vom Hause Davids los und schufen sich ihr eigenes Reich. Das vereinigte Großreich hatte nur siebzig Jahre zusammengehalten.

Die beiden Königreiche

Seit 933 gab es zwei Königreiche:
- das Südreich oder *Juda* mit Jerusalem als Hauptstadt. Die Könige waren alle Nachkommen Davids. Ihnen galt somit auch die Natanverheißung: ob Heilige oder Sünder, sie waren „Söhne Gottes".
- das Nordreich oder *Israel* mit der Hauptstadt Samaria. Die Könige kamen aus verschiedenen Häusern (von neunzehn wurden acht ermordet!). Im Nordreich besaß der König deshalb nicht die gleiche religiöse Autorität wie in Juda.

Anfänge einer Literatur

Die lange Friedenszeit unter Salomo begünstigte Staatsschreiber und Weisheitslehrer, die wie in Ägypten um den königlichen Hof versammelt waren. In der Bibel werden zwei Bücher erwähnt, die verlorengegangen sind: „Das Buch des Aufrechten" (Jos 10,13; 2 Sam 1,18) und das „Buch der Kriege des Herrn" (Num 21,14). Wahrscheinlich schrieb man damals auch eine Geschichte der *Bundeslade* (1 Sam 2–5) und eine Geschichte der *Thronfolge Davids* (2 Sam 10–20; 1 Kön 1–2). Dann wurden Gedichte gesammelt wie das „Bogenlied" und die „Totenklage für Abner" (2 Sam 1 und 3), die wohl auf David selbst zurückgehen, ferner vielleicht einige Psalmen und Sprüche.

Erschaffung der Eva. Gotisches Steinmedaillon an der Sainte Chapelle, Paris. – In der Königszeit schrieb der Jahwist, der älteste ‚Mitarbeiter' am Pentateuch. Von ihm stammt die Paradieserzählung Gen 2.

1. Die jahwistische Geschichtsschreibung

Salomo hatte den königlichen Hof nach dem Vorbild des Pharaonenhofes organisiert. Staatsschreiber und Gelehrte nahmen dort einen bedeutenden Platz ein. Sie berieten den König in Rechtsfragen und bildeten den Nachwuchs für die hohe Beamtenschaft aus. Ihre Weisheit war eine Gabe Gottes.

Am judäischen Königshof ist wahrscheinlich auch das jahwistische Geschichtswerk entstanden. Man spricht von „jahwistischer" Tradition, weil Gott von Anfang an „Jahwe" genannt wird. Der Einfachheit halber heißt ihr Verfasser der „Jahwist", wobei offenbleibt, ob es sich um einen Schriftsteller oder eine Gruppe von Gelehrten gehandelt hat.

Eigentümlichkeiten des Jahwisten

Der Jahwist ist ein begnadeter *Erzähler*. Seine Geschichten sind sehr lebendig, immer konkret und voller Anschaulichkeit. Gott wird oft wie ein Mensch dargestellt (Anthropomorphismus). In der Schöpfungsgeschichte ist Gott nacheinander Gärtner, Bewässerer, Chirurg, Schneider... Mit dieser Art, von Gott und dem Menschen zu sprechen, erweist sich der Jahwist als großer Theologe.

Die *Menschlichkeit Gottes* zeigt sich noch in anderen Dingen. Er verkehrt mit Adam wie mit einem Freund. Er besucht Abraham, bleibt bei ihm zu Tisch und verhandelt mit ihm über das Schicksal Sodoms (Gen 18). Der Mensch lebt in großer Vertrautheit mit seinem Gott und begegnet ihm in den gewöhnlichsten Dingen des Alltags.

Gleichwohl ist Jahwe der *Ganz-andere-Gott*. Er ist unbestritten der Herr. Er befiehlt oder verbietet (Gen 3,16). Er sagt zu Abram: „Geh", „Zieh weg", und Abram geht und zieht weg ohne Widerrede. Mit Abrams Berufung verfolgt Gott einen Plan. Abrams Nachkommen sollen „gesegnet" sein, glücklich werden, und durch Abram sollen alle Völker der Erde Segen erfahren. Man ist erstaunt, einen solch ausgeprägten Heiluniversalismus schon in so früher Zeit zu finden.

Sünde heißt für den Menschen, so sein zu wollen wie Gott. Auf diese Sünde folgt der *Fluch*: Adam, Kain, die Sintflut, der Turmbau von Babel...

Jahwe ist *immer bereit zur Vergebung*. Vor allem hört Gott auf das Fürbittgebet seiner Vertrauten wie Abraham (Gen 18) und Mose (Ex 32,11-14). Am Ende steht immer Gottes *Segen*.

Gen	J	P
1		1–31
2		1–4a
	4b–25	
3	1–24	
4	1–26	
5		1–28
	29	30–32
	Sintflut	
6	1–8	9–22
7	1–5	6
	7	8–9
	10	11
	12	13–16a
	16b	17a
	17b	18–21
	22–23	24
8		1–2a
	2b–3a	3b–5
	6–12	13a
	13b	14–19
	20–22	
9		1–17
	Von Noach zu Abraham	
	18–27	28–29
10		1a
	1b	
		2–7
	8–19	20
	21	22–23
	24–30	31–32
11	1–9	10–27a
	27b–30	31–32

Die jahwistische Geschichtsschreibung stand im Dienst des davidischen Königtums. In ihm, so lautete ihr Tenor, hat sich die Verheißung erfüllt, die Gott den Patriarchen gegeben hat. Es handelte sich also um eine politische Schrift, die das Königtum stützen wollte. Zugleich aber kritisierte der Jahwist die gesellschaftlichen Verhältnisse und rief zur Ordnung auf. Der König ist kein absoluter Monarch, er steht im Dienst Gottes und seines Volkes. Er ist sogar für andere Nationen verantwortlich.

Lesen Sie bitte einige Texte aus dieser Tradition und wählen Sie als Leitmotiv den „Segen". Anschließend werden wir uns den jahwistischen Schöpfungsbericht näher ansehen.

➡ **Ein Schlüsseltext (Gen 12,1–3)**

[1]Der Herr sprach zu Abram: Zieh weg aus deinem Land, von deiner Verwandtschaft und aus deinem Vaterhaus in das Land, das ich dir zeigen werde.
[2]Ich werde dich zu einem großen Volk machen, dich segnen und deinen Namen groß machen. Ein Segen sollst du sein.
[3]Ich will segnen, die dich segnen; wer dich verwünscht, den will ich verfluchen. Durch dich sollen alle Geschlechter der Erde Segen erlangen.

Wer sind die Akteure?
Wie heißen die Worte, die Ihnen wichtig erscheinen und die (wie oft?) wiederkehren?
Notieren Sie die Zeitformen der Verben: Imperativ – Futur.
Das Wort „Nation" bezeichnet ein rechtlich organisiertes Volk, das ein bestimmtes Gebiet besiedelt.
Was sagt Ihnen der Text? Lesen Sie dann Gen 12,6–9. Welche neue Verheißung ergeht an Abram?

2. Lektüre einiger Texte

Die Urgeschichte

Die nebenstehende Tafel zeigt die wahrscheinliche Verteilung von Gen 1–11 auf den Jahwisten und die Priesterschrift an. Wir lesen hier nur die Verse, die auf J zurückgehen. Die Schöpfungsgeschichte behandeln wir ausführlich auf S. 49–53.

Die Urgeschichte ist keine Historie im üblichen Sinn, sondern eine narrative, bildhaft ausgeschmückte Theologie, ein Ergebnis weisheitlicher Reflexion. Der Jahwist versucht, eine Antwort auf die großen Menschheitsfragen nach Leben und Tod, Liebe und Haß zu geben. Er geht von seinem Gottesglauben aus und bedient sich alter mythischer Erzählungen, die er auf seine Weise „entmythologisiert", d.h. an der Allmacht Gottes des Schöpfers mißt.

Der Erzähler beginnt mit einer optimistischen Vision der Schöpfung, sehr bald aber offenbart sich die Geschichte der Menschheit als eine immer unheimlicher werdende Lawine des Bösen. Fünfmal muß Gott den Menschen und die Erde verfluchen (3,14.17; 4,11; 5,29; 9,25). Doch jedesmal folgen Verzeihung und Heilsverheißung. Nur das letzte Mal nicht: Die Geschichte vom Turmbau zu Babel drückt das Gefühl aus, daß wir in einer gestörten Welt leben, in der die Menschen sich nicht mehr verstehen. Stehen wir also unter einem unentrinnbaren Verhängnis?

In welcher Hinsicht ist die Abrahamsgeschichte eine Antwort auf das in Gen 1–11 entworfene Bild der Menschheit?

Der Abraham-Zyklus

Auch hier handelt es sich noch nicht um eigentliche Geschichtsschreibung. Wir haben es mit volkstümlichen Geschichten zu tun, die zum Teil einen historischen Hintergrund haben mögen. Das Hauptanliegen des Erzählers aber ist religiöser und lehrhafter Natur.

Abraham erscheint als der Träger und Vermittler des *Gottessegens* für alle Völker:
- in Gen 12,10–20
- in Gen 18,16–33.
  Beachten Sie die VV. 17–18!
- in Gen 22,15–18.

Wenn Sie wollen, können Sie dieses Motiv auch bis ins Neue Testament hinein verfolgen (Gal 3,8; Hebr 11,8–9).

Der Jakob-Zyklus

Die literarische Gattung ist die gleiche wie in den Abrahamsgeschichten. Überlieferungen, die ursprünglich zwei verschiedene Stämme betrafen, den Clan Jakobs und den Clan Israels, sind zusammengefügt und auf ein und dieselbe Person übertragen worden, den Enkel Abrahams.

Lesen Sie Gen 28,13–16. Warum empfängt Jakob von Jahwe Verheißungen und welche?

Zur Geschichte vom Kampf Jakobs mit Gott (Gen 32,23–33) sehen Sie sich die Anmerkung der Einheitsübersetzung an. Welche alte Traditionen kommen in der Erzählung zur Sprache?

Segen

Segnen – lateinisch ‚benedicere' – heißt „Gutes reden". Wenn Gott „Gutes redet", geschieht es; denn Gottes Wort ist allmächtig, und es bewirkt, was es besagt.

Fluchen – lateinisch ‚maledicere' – heißt dagegen „Böses reden" und damit das Unheil herbeiführen.

Die Güter, die Gott mit seinem Segen verheißt, gehören entweder zur Ordnung des „Habens" (Reichtum, Fruchtbarkeit), oder aber zur Ordnung des „Seins": das von Gott kommende und zu ihm hinführende Leben.

Der Mose-Zyklus

Mose ist neben Abraham die Schlüsselfigur des Alten Testaments. Seine Gestalt wird aber von jeder Tradition des Pentateuchs anders gezeichnet.

Dem Jahwisten zufolge ist Mose überall gegenwärtig, vom Auszug aus Ägypten bis zur Ankunft in Kanaan. Doch der eigentliche Führer des Volkes, sein einziger Befreier ist Gott. Mose wirkt kein Wunder, er ist kein Heerführer und kein Religionsstifter. Er ist vielmehr der Prophet, der dem Menschen Gottes Willen kundtut.

→ **Die Berufung des Mose (Ex 3,1–12)**

Gliedern Sie den Handlungsablauf des Textes. In welche Teile zerfällt er? Bis zu welchem Vers würden Sie die Tradition von J abgrenzen?

Der Bileam-Zyklus

Israel befindet sich in einer Auseinandersetzung mit dem moabitischen Volk. Der König von Moab läßt den Seher Bileam aus dem Osten holen, damit er Israel verfluche. Was aber tut Bileam? Lesen Sie bitte Num 24,1–18, achten Sie auf die VV. 7 und 17.

Im Frühjudentum wurden die Sprüche Bileams messianisch gedeutet, wie aus einem Vergleich zwischen dem Bibeltext von Num 24,17 und dem Targum, der kommentierenden Übersetzung für den Synagogengottesdienst, hervorgeht:

Ein Stern geht in Jakob auf,
ein Zepter erhebt sich in Israel.

Ein König kommt aus Jakobs Haus,
ein Retter aus dem Hause Israel.

Man muß wohl diese Verdeutlichung des Targum heranziehen, um zu verstehen, was der „Stern von Betlehem" (Mt 2,2) für den Evangelisten bedeutet.

Die Patriarchen

Wenn wir unseren Stammbaum aufstellen wollen, gehen wir von uns aus und tasten uns von Generation zu Generation in die Vergangenheit zurück. Das einzige Prinzip, das uns dabei leitet, ist das Band des Blutes. Andere Beziehungen, die zwischen den Menschen bestehen – Freundschaft, Waffenbrüderschaft, Nachbarschaft – spielen für unser genealogisches Denken keine Rolle. Andererseits gibt es aber auch heute noch Stämme, die mit ihrem Verbündeten alles teilen, auch ihre Überlieferungen und Vorfahren. Die verschiedenen Stammesangehörigen werden dann wirklich zu „Brüdern".

Ähnlich muß man sich die Entstehung der biblischen Genealogie denken. Etwa im 18. oder 17. Jahrhundert v. Chr. – wenn nicht noch später – ließen sich in Kanaan verschiedene Nomadenstämme nieder: die Clans Jakobs, Isaaks, Israels, Abrahams . . . Sie alle übernahmen die Verehrung derselben Lokalgottheit, des El. Untereinander schlossen sie Bündnisse, wurden Freunde und „Brüder". Sie tauschten ihre Überlieferungen und Ahnen aus, so daß schließlich Abraham zum Vater von Isaak und zum Großvater des mit Israel gleichgesetzten Jakob wurde.

Diese in der modernen Bibelwissenschaft vorherrschende Hypothese hat nichts Beunruhigendes. Sie macht uns nur darauf aufmerksam, daß wir die Geschichte der Patriarchen nicht nach unseren genealogischen Maßstäben beurteilen dürfen. Aber das ist im Grunde nebensächlich. Entscheidend ist die kollektive, nicht individuelle Bedeutung der Patriarchengestalten: als Glieder einer Kette.

Das Wesentliche an der Patriarchengeschichte ist ihre religiöse Botschaft. Israel hat immer wieder über die Erzählungen nachgedacht und aus ihnen zu den verschiedensten Zeiten Kraft und Trost geschöpft. Der *Jahwist* entdeckte in ihnen eine Segensverheißung, die sich am König, dem Davidssohn, zu erfüllen begonnen hatte, bis die ganze Menschheit an ihr teilhaben werde. Der *Elohist* zeigte seinen Zeitgenossen, die sich durch die kanaanäischen Kulte zum Abfall von Gott verführen ließen, wie Abraham und vor allem Jakob auch in den schwierigsten Situationen Gott die Treue gehalten hatten. Die *Priesterschrift* ist im Exil entstanden. Alles schien verloren, und es gab nichts mehr zu hoffen. Da verwiesen die Verfasser der Priesterschrift auf die Verheißung, mit der sich Gott gegenüber Abraham verpflichtet hatte. Gott hat seine Treue und Wahrhaftigkeit wirksam werden lassen; er wird uns retten, trotz unserer Sünden.

Paulus sieht in Abraham das Urbild des Glaubens. Der Mensch darf nicht vor Gott gerecht sein wollen aufgrund dessen, was er tut, aufgrund seiner eigenen Werke, sondern er muß sich voller Vertrauen von Gottes Gerechtigkeit retten lassen. Der *Hebräerbrief* fordert uns auf, in der Nachfolge Abrahams dem Ruf Gottes zu folgen, auch wenn wir nicht wissen, wohin der Weg führt. Und der *Jakobusbrief* schließlich erinnert daran, daß der Glaube Abrahams sich durch Werke als lebendig bezeugt hat.

Und was wollen wir heute an Abraham und den Patriarchen entdecken?

3. Die Schöpfungsgeschichte (Gen 2,4–3,24)

Lesen Sie bitte den Text ganz aufmerksam, auch wenn er Ihnen schon bekannt vorkommt. Notieren Sie Verständnisschwierigkeiten und Fragen.

Analysieren Sie den Text nach folgenden Gesichtspunkten:
– Wer sind die Akteure? Was tun Sie?
– Versuchen Sie den Text zu gliedern und

in jedem Abschnitt den Handlungsablauf zu skizzieren.

– Welche Begriffe und Themen wiederholen sich? Wo ist vom „Baum des Lebens" die Rede? Wo vom „Baum der Erkenntnis von Gut und Böse"?

– Welche Absichten und Ziele verfolgen die einzelnen Akteure?

Ein Ergebnis weisheitlicher Reflexion

Wie ist die *literarische Gattung* dieses Textes? Offensichtlich handelt es sich weder um eine „Reportage" noch um eine Belehrung historischer oder geographischer Art. Vielmehr haben hier Weisheitslehrer den Versuch unternommen, auf die großen Menschheitsfragen zu antworten: Woher kommen wir, wohin gehen wir? Warum Leben, Leiden, Tod? Woher stammt die geheimnisvolle Anziehungskraft der Geschlechter? Wie ist das Verhältnis des Menschen zu Gott, zur Natur, zur Arbeit, zu den Mitmenschen?

Um die Fragen zu beantworten, stützt sich der Autor sowohl auf seine eigene Reflexion als auch auf die Mythen anderer altorientalischer Völker. Vor allem aber geht er von seinem Jahweglauben aus. Die Gläubigen vor ihm hatten sich bereits auf den Exodus und die Landnahme besonnen, und in diesen Ereignissen war ihnen ein bestimmtes Gottesbild offenbar geworden. Nur wenn man solche Glaubenserfahrungen voraussetzt, läßt sich die Schöpfungsgeschichte verstehen.

● *Adam und Eva.* Es wird oft gesagt: „Adam und Eva haben doch niemals gelebt." Damit beweist man aber nur, daß man nichts von der literarischen Gattung des Textes begriffen hat. Die Menschheit hat natürlich eines Tages zu existieren begonnen. Mit wem? Wo? Wie? Es ist Sache der Wissenschaft, darauf zu antworten. Das erste (oder: die ersten) menschlichen Wesen aber, die man wissenschaftlich nachweisen könnte, heißen in der Bibel „Adam und Eva". Diese Namen bedeuten im Hebräischen einfach „der Mensch (Mann)" und „das Leben". Es sind also symbolische Namen, die sowohl den ersten Menschen als auch jeden Menschen, alle Menschen bezeichnen.

● *Entstehung der Erde.* Welche (zeitbedingte) wissenschaftliche Vorstellung liegt dem Bericht in Gen 2 zugrunde? Wir werden noch sehen, daß die „Wissenschaft" von Gen 1 auf anderen Annahmen beruht. Der Jahwist geht wahrscheinlich von der Erfahrung der Nomaden aus, für die eine Oase in der Wüste ein Paradies bedeutet.

● *Erschaffung des Menschen.* Aus welchen Elementen ist der Mensch zusammengefügt? Lesen Sie den nachfolgenden Abschnitt aus einem babylonischen Epos. Vergleichen Sie beide Texte: Welche Ähnlichkeiten und Unterschiede ergeben sich? Wie findet der Pessimismus des babylonischen Gedichts und wie der Optimismus der Bibel seinen Ausdruck?

Der jahwistische Text widerspricht in keiner Weise der Evolutionstheorie, wonach der

---

Epos des Atra-Hasis (vor 1600 in Babylon)

Die Götter sind ermüdet von den Aufgaben, die sie erfüllen müssen. Um die Götter zu entlasten, beschließt man, den Menschen zu schaffen.

Als die Götter (auch noch) Mensch
   waren,
trugen sie die Mühsal, schleppten den
   Tragkorb.
Der Götter Tragkorb war groß,
   die Mühsal schwer; viel Beschwerde gab
   es . . .
Einen Gott soll man schlachten,
   dann mögen sich die Götter durch Eintauchen reinigen!
Mit seinem Fleisch und seinem Blut
   möge Nintu den Lehm überschütten;
der Gott und der Mensch mögen beschmiert werden
gemeinsam mit dem Lehm.

Wolfram von Soden, Konflikte und ihre Bewältigung in babylonischen Schöpfungs- und Fluterzählungen. Mit einer Teil-Übersetzung des Atramhasis-Mythos, in: Mitteilungen der Deutschen Orient-Gesellschaft 111 (1979), S. 1–33, hier: 18 und 19.

Mensch aus dem Tierreich kommt. Das Auftreten des Menschen in der Welt erhält jedoch einen religiösen Sinn. Welchen?

● *Der Mensch und die Natur.* Welche Rolle spielt der Mensch gegenüber der Natur (2,15)? Wie verhält er sich zu den Tieren (2,19: Namen geben)? Wird damit nicht die Naturwissenschaft legitimiert? Wird mit Namen und Begriffen nicht ein neues Sein verliehen?

● *Erschaffung der Frau.* Warum wurde die Frau erschaffen? Wie wird ausgedrückt, daß Mann und Frau gleicher Natur sind und sich von den Tieren unterscheiden?

„Zur Seite sein" bedeutet für uns, gleicher Art zu sein. Vielleicht liegt hier dasselbe Bild vor wie in der Bibel. Es könnte aber auch sein, daß der Text ein altes Wortspiel aufnimmt. Im Sumerischen werden „Seite" und „Leben" mit ähnlichen Schriftzeichen geschrieben.

„Tiefschlaf" ist ein seltenes Wort, das eine übernatürliche Erfahrung ausdrückt, eine Art Ekstase, wie es die griechische Bibel übersetzt.

Vielleicht klingt hier auch der alte Mythos an, demzufolge der Mann nur Mensch wird in seiner Liebesbeziehung zur Frau. Lesen Sie den nebenstehenden Text.

● *Die Schlange.* Dieses Tier spielt in der Mythologie eine große Rolle. In Ägypten widersetzt sich die Schlange während der Nacht dem Sonnengott, um ihn am Erscheinen zu hin-

---

Gilgamesch-Epos (Text 1)

Gilgamesch ist der Held der Stadt Uruk. Um seiner Macht ein Gegengewicht zu schaffen, bilden die Götter ein Monster, En-kiddu, das mit den wilden Tieren zusammenlebt. Auf den Rat eines Jägers hin bietet sich ihm eine Kultdirne an. Sechs Tage und sechs Nächte lang schläft er mit ihr, danach wird er ihrer überdrüssig und will wieder zu den Tieren zurückkehren, aber diese fliehen vor ihm. En-kiddu will ihnen folgen, aber unmöglich. Er hat seine Wildheit verloren, er ist ein Mensch geworden.

Er kehrte um und setzte sich zu Füßen der
    Dirne,
Der Dirne ins Angesicht blickend,
Und während die Dirne spricht, hören
    seine Ohren.
Die Dirne sagt zu ihm, zu En-kiddu:
,Schön bist du, En-kiddu, wie ein Gott
    bist du.
Warum eilst du mit dem Gewimmel über
    das Feld hin?
Komm, ich will dich führen in das um-
    friedete Uruk,
Zum heiligen Haus, der Wohnung Anus
    und Ischtars,
Wo Gilgamesch wohnt, vollkommen an
    Kraft
und wie ein Wildstier mächtig ist über die
    Mannen.'
Sie spricht zu ihm, und ihre Rede gefällt.
Einen, der sein Herz kennt, einen Freund
    sucht er.

Hugo Gressmann, Altorientalische Texte zum Alten Testament. De Gruyter, Berlin und Leipzig 1926. S. 154. Übersetzung Erich Ebeling.

Gilgamesch-Epos (Text 2)

Von Todesfurcht gepackt, geht Gilgamesch auf die Suche nach der Unsterblichkeit. Ut-Napischtim, der die Sintflut überlebt hat, offenbart ihm die Existenz eines *Lebenskrautes.* Gilgamesch gelingt es, das Kraut zu finden. Auf dem Heimweg macht er nach zwei Tagen Rast.

Da sah Gilgamesch eine Grube, deren
    Wasser kalt waren,
Er stieg hinab und badete sich mit dem
    Wasser.
Eine Schlange roch den Duft des Krautes,
Stieg empor und nahm das Kraut fort.
Als sie es fortholte, warf sie die Schup-
    penhaut ab.
(Das Lebenskraut macht die Schlange
    wieder jung.)
Da setzte sich Gilgamesch und weint,
Über seine Wangen fließen seine Tränen.

Gressmann, S. 182–183

dern. Einige kanaanäische Kulte kannten die Schlange als ein sexuelles Symbol. Im Gilgamesch-Epos stiehlt die Schlange das Lebenskraut (Text 2). Alle diese Vorstellungen können bei der Wahl der Schlange als Gegenspieler Gottes mitgewirkt haben. Vor allem aber will der Text zeigen, daß die Sünde nicht aus dem Inneren des Menschen kommt, daß sie keinen Teil seiner Natur darstellt –, sie kommt von außen. Gerade deshalb aber ist der Mensch für seine bösen Taten verantwortlich.

● *Der Baum der Erkenntnis von Gut und Böse.* Dieser Baum und seine Frucht sind ganz gewiß symbolisch zu verstehen. Es handelt sich also um keinen „Apfel", aber was ist wirklich gemeint?

Auf keinen Fall soll dem Menschen die Erkenntnis, die Wissenschaft verboten werden. Der Text behauptet das Gegenteil: Gott gibt dem Menschen die Welt, damit er sie bebaue, er gibt ihm die Herrschaft über die Tiere, damit er sie benenne. Die Wissenschaft ist also von Gott

gewollt, denn ohne sie könnte der Mensch seine Aufgabe nicht erfüllen.

Beim Lesen des Textes haben Sie sicher festgestellt, daß der Baum der Erkenntnis in Beziehung gesetzt wird zu Aussagen wie: „Sobald ihr davon eßt, gehen euch die Augen auf; ihr werdet wie Gott und erkennt Gut und Böse" (3,5); oder es heißt, der Baum „verlockte, klug zu werden" (3,6). Und nachdem der Mensch und sein Weib gegessen haben, sagt Gott: „Seht, der Mensch ist geworden wie wir; er erkennt Gut und Böse" (3,22).

In diesen Zusammenhang gehört auch Ez 28. Der Prophet verwendet die gleichen Bilder (Eden als Paradies, wie Gott sein, Kerubim ...). Die Sünde des Königs von Tyrus besteht darin, sich für Gott zu halten, weil er Weisheit erlangt hat.

Dem Menschen ist also verboten, sein Menschsein zu verweigern und sich statt dessen zu einem Gott zu machen. Nur Gott allein ist „weise", nur er kennt die Wurzel von Gut und

---

Die Erbsünde

Was wir Christen „Erbsünde" nennen, kommt als Begriff weder in der Genesis noch bei Paulus (Röm 5) vor. Doch finden sich in beiden Texten Elemente, die zur Bildung des theologischen Begriffs beigetragen haben.

Die Sünde von Gen 2–3. Wenn Adam, der Mensch, „jedermann" ist, dann ist seine Sünde auch die Sünde jedes Menschen. In diesem Sinn gehört jede von unseren Sünden zur Sünde Adams. Durch unsere bösen Taten nimmt die Adamssünde an Umfang zu, sie wird durch uns bestätigt und bekräftigt.

Für *Paulus* ist die Behauptung einer weltbeherrschenden Sündenmacht nur die Konsequenz einer noch weit wichtigeren Wahrheit: Wir sind alle gerettet in Christus Jesus. Wir alle sind gerettet, sagt Paulus, weil wir alle der Erlösung bedurften. Der Römerbrief versucht dies zunächst gleichsam statistisch nachzuweisen, indem er Heiden und Juden ausnahmslos als Sünder hinstellt (Röm 1–3). Dann führt er den Beweis mehr abstrakt und

mit den Methoden rabbinischer Schriftgelehrsamkeit. So universal und umfassend die durch Adam begründete Herrschaft der Unheilsmächte Tod und Sünde ist, so universal und umfassend ist auch die von Christus errichtete Herrschaft des Lebens und der Gnade. In beiden Fällen hat „Einer" den Anstoß zu einer Entwicklung gegeben, von der ausnahmslos alle Menschen betroffen sind, das eine Mal zum Unheil, das andere Mal zum Heil. Man darf aber den ersten Teil des Vergleichs nicht isolieren und daraus eine pessimistische Weltanschauung machen. Die Sünde Adams mit all ihren schrecklichen Folgen ist nur zu ertragen, wenn man weiß: „Wo jedoch die Sünde mächtig wurde, da ist die Gnade übergroß geworden" (Röm 5,20). Wir alle sind begnadete Sünder, und das ist ein wunderbares Geheimnis.

Ähnlich empfindet wohl ein Schwerverletzter seine Narbe als ein Zeichen neu gewonnenen Lebens, der Rettung vom Tod. So sollte eine recht verstandene Erbsündenlehre uns immer wieder daran erinnern, daß Gott uns in Jesus Christus erlöst hat.

Böse. Diese Weisheit kann man nicht stehlen, man kann sie nicht ohne oder gegen Gott erlangen. Aber Gott schenkt sie dem, der ihn liebt, oder wie es die Bibel ausdrückt: dem, der ihn „fürchtet" (Spr 3,7.18).

Die Weisheit aber, die der Mensch sich gegen Gottes Willen verschafft, macht ihn „nackt". Er muß entdecken, daß er nur ein Mensch ist und mit der Schlange auf einer Stufe steht: „Nackt" und „schlau" sind im Hebräischen das gleiche Wort.

● *Das Leiden und der Tod.* Mußte der Mensch vor dem Sündenfall leiden, mußte er sterben? Die Frage ist falsch gestellt. Der Jahwist geht vom Menschen aus, so wie er ist. Es gibt Leiden und Tod. Was aber haben sie zu bedeuten? Das weiß nur Gott. Wenn der Mensch sich dieses Wissen auf verbotenen Wegen aneignen will, erfährt er nur seine Nacktheit, dann findet er sich in seiner von Leiden und Tod bedrohten Existenz wieder. So entdeckt der Jahwist einen Zusammenhang zwischen dem Leid und der Sünde. Auch vor dem Sündenfall hätte Adam gelitten und wäre gestorben, aber im Vertrauen auf Gott, ohne Angst und Verzweiflung. (Wir kommen auf dieses Wort „vor", vorher noch zurück.)

● *Der Baum des Lebens.* Der in Gen 2,9 erstmals erwähnte Baum des Lebens spielt in der Sündenfallgeschichte keine Rolle mehr. Nach 2,16 muß man sogar annehmen, daß der Mensch von ihm essen darf. Dagegen scheint Gott in 3,22–23 zu befürchten, daß sich der Mensch auch noch Zugang zu diesem Baum verschafft und dann ewig lebt. Hier zeigen sich gewisse Unebenheiten der Erzählung, wie sie in volkstümlichen Geschichten nicht selten sind. Wichtiger ist die Erkenntnis, daß Gott, die Quelle des Lebens, bereit ist, dem Menschen das Leben zu schenken, wenn es annehmen will: „Leben und Tod lege ich dir vor, Segen und Fluch. Wähle also das Leben, damit du lebst, du und deine Nachkommen. Liebe den Herrn, deinen Gott, hör auf seine Stimme und halte dich an ihm fest; denn er ist dein Leben" (Dtn 30,19–20).

Das Paradies – eine ständige Aufgabe

Der Jahwist will zwei Sachverhalte ausdrükken, die schwer zu formulieren sind und die man kaum festhalten kann. Die erste Tatsache weiß er aus seinem Glauben: Gott hat den Menschen geschaffen, damit er auf Erden glücklich und frei sei. Sünde und Übel stammen nicht von Gott. Die zweite Tatsache lehrt ihn die tägliche Erfahrung: Jeder Mensch ist ein Sünder, jeder will sich zu einem Gott machen, und das ist immer schon so gewesen.

Nehmen wir ein Geldstück. Es ist unmöglich, beide Seiten der Münze gleichzeitig zu sehen, es sei denn, man schneide die Münze entzwei, aber dann ist es kein Geldstück mehr. Vor einem ähnlichen Problem stand der Jahwist. Seine beiden Aussagen sind die zwei Seiten der menschlichen Wirklichkeit. Um sie gleichzeitig sichtbar zu machen, muß er sie trennen in ein „Vorher" und ein „Nachher". Damit werden die Tatbestände klar, aber das ist dann nicht mehr der wirkliche Mensch. Das „Vorher" ist hier keine historische Zeit, sondern ein theologisches Gleichnis. Er will uns den Plan Gottes mit dem Menschen darstellen – ein Plan, der als solcher niemals verwirklicht wurde.

Etwas später als der Jahwist hat der Prophet Jesaja die gleichen Bilder verwandt, sie aber in die Endzeit projiziert. Eines Tages wird Gott das Paradies, den Frieden zwischen allen Geschöpfen, heraufführen (Jes 11,1–9). Der Jahwist und Jesaja wollen uns das gleiche sagen: Das Paradies liegt nicht hinter uns wie ein schöner, für immer vergangener Traum. Es liegt vor uns als eine Aufgabe, die sich jeder Zeit neu stellt.

Welcher Gott? Welcher Mensch?

Wir haben vorhin gesagt, der Jahwist versuche, auf die großen Menschheitsfragen eine Antwort zu geben. Nun überlegen Sie sich bitte zum Schluß selbst, welches Gottesbild und welches Menschenbild in Gen 2–3 zum Vorschein kommen.

4. Propheten des Königreichs Juda

Natan

Dieser Prophet hat nichts Schriftliches hinterlassen. Am Hof Davids aber hat er eine bedeutende Rolle gespielt.

2 Sam 7,1-11: Hintergrund dieses Textes ist die religiöse und politische Situation des davidischen Königtums (vgl. S. 43-44).

Achten Sie auf die Gegensätze: wohnen / umherziehen; Haus (als Gebäude) / Haus (als Dynastie); mein Name / dein Name. Finden Sie hier die beiden Vorstellungen von Gott wieder, von denen wir S. 44 gesprochen haben? Können Sie das genauer erläutern?

Wie ist die Rolle des Königs? Welche Titel werden David gegeben? Knecht, Hirt, Fürst, König...

Sehr aufschlußreich ist ein Vergleich mit 1 Chr 17,1-15, ein Text, der einige Jahrhunderte später in nachexilischer Zeit geschrieben wurde. In 1 Chr 17,13 kann man sich – im Unterschied zu 2 Sam 7,14 – nicht mehr vorstellen, daß ein Sohn Davids sündigt. Gegenüber 2 Sam 7,16 haben in 1 Chr 17,14 die besitzanzeigenden Fürwörter gewechselt. Die Gestalt des Davidssohns hat also in nachexilischer Zeit an Bedeutung gewonnen. Am deutlichsten zeigt sich dies in Psalm 2. Dort wird dem davidischen König sogar die Weltherrschaft verheißen! Dies erklärt auch den messianischen Gebrauch des Titels „Davidssohn" im Neuen Testament.

Der Prophet Natan tritt dann noch in 2 Sam 12 auf, um David wegen seiner Sünde, dem Ehebruch mit Batseba und der Beseitigung ihres Mannes, zurechtzuweisen. Die Art, wie Natan dies tut, ist ein Meisterstück prophetischer Kritik am König. Schließlich hat sich der Prophet in den Wirren um die Nachfolge Davids für Salomo eingesetzt (1 Kön 1).

Jesaja

Jesaja wirkte in Jerusalem zwischen 740 und 700. Er war mit dem Königshaus verwandt und übte schon deshalb einen großen Einfluß aus. Als Dichter und wortgewaltiger Prophet gehört er zu den bedeutendsten Persönlichkeiten des Alten Testaments. Das seinen Namen tragende Buch stammt allerdings nur zum Teil von ihm selbst (Jes 1-39). Der zweite Teil des Buches ist das Werk eines unbekannten Dichters aus der Zeit des Exils, der „Deuterojesaja" genannt wird (Jes 40-55). Von einem „Tritojesaja", der nach dem Exil gelebt haben muß, stammt dann der Rest (Jes 56-66).

Die politische Situation zur Zeit des Jesaja war sehr schwierig. In Juda wie in Israel herrschten Wohlstand und Überfluß, zumindest für die Reichen, aber die bedrohliche Macht Assyriens rückte immer näher. Um 734 wird Jerusalem von Damaskus und Samaria bedrängt, in eine Koalition gegen Assyrien einzutreten. Dieser syro-efraimitische Krieg war der politische Hintergrund für die meisten Worte des Propheten.

Wer sich genauer für die sozialen, wirtschaftlichen und politischen Verhältnisse, die zur Zeit des Jesaja herrschten, interessiert, sei auf eine „Geschichte Israels" verwiesen. Eine erste Orientierung bietet die Lektüre von Jes 6-12,28 und 29.

Die *Berufungsgeschichte* (Jes 6) läßt tief in das Herz des Propheten blicken. Im Tempel erfährt er die Gegenwart des dreimal heiligen Gottes. Da wird ihm bewußt, daß er nur ein Mensch und zudem noch ein Sünder ist. Er fühlt sich verloren. Aber Gott reinigt ihn von der Sünde und macht ihn zum Propheten. Jesaja erkennt, daß der Stolz die Hauptsünde ist, die Illusion, aus sich selbst leben zu können und wie Gott zu sein. Das Heil liegt im Glauben, in der vollkommenen, vertrauensvollen Hingabe an Gott.

Jesaja forderte sein Volk auf, die gleiche Erfahrung mit Gott zu machen: Gott ist wie ein gewaltiger Stein, der auf dem Weg liegt. Das Volk soll sich entscheiden, ob es den Stolz oder den Glauben wählen will. Stolz bedeutet, an den Stein zu stoßen (Jes 8,14) und dadurch zu Tode kommen. Glauben heißt, sich auf den Stein stützen (10,20), und dieser Stein offenbart sich schließlich als „Grundstein" von Zion, als ein harter und kostbarer „Eckstein" (28,16).

„Niemand kann Gott schauen, ohne zu sterben ..."

Diese Erfahrung des Jesaja im Tempel wird in der Bibel mehrmals reflektiert. Heißt das, Gott sei ein dämonisches, bösartiges Wesen? Keineswegs, er ist nur ganz anders als wir. Der elektrische Strom ist eine gute Sache, aber wer eine Hochspannungsleitung berührt, muß sterben. Einer solchen Kraft ist unsere menschliche Natur nicht gewachsen. Ähnlich ist unser Verhältnis zu Gott. Wir können uns mit ihm nicht messen. Er ist das Leben, wir haben nur etwas davon, ein klein wenig aus dieser gewaltigen schöpferischen Fülle. Deshalb verhüllt Gott, wenn er sich offenbart, seine Herrlichkeit. Schon Mose durfte nur den „Rücken" Gottes sehen, aber nicht sein Angesicht (Ex 33,23).

Hinzu kommt, daß wir Sünder sind und deshalb vor Gott, dem dreimal Heiligen, nicht bestehen können. Gott muß uns erst reinigen, muß uns die Kraft geben, daß wir seine lebensbedrohliche Gegenwart ertragen können. Erst sein Sohn Jesus hat uns dann den Geist geschenkt, in dem wir es „wagen" dürfen, Gott „Vater" zu nennen.

Gewiß führte die Predigt des Jesaja nur zur Verstockung der Mehrheit des Volkes, aber es bildete sich auch ein kleiner Rest von Gläubigen (6,9–11).

Jesaja ist Judäer. Für ihn ist der *König* Davidssohn und Gottessohn. Der König bürgt für den Glauben des Volkes und vertritt es vor Gott. So leidet Jesaja schwer unter der Glaubenslosigkeit des Königs Ahas. Der König läßt sich sogar durch das Bündnis mit Damaskus und Samaria dazu verleiten, seinen Sohn den Götzen zu opfern (2 Kön 16,3). Damit setzt er die Davidsverheißung aufs Spiel. Jesaja kündigt ihm an, daß Gott trotz allem zu seiner Verheißung steht und bereits ein anderes Kind auf den Weg geschickt hat, das „die junge Frau" (die Frau des Ahas) gebären wird. Auf dieses Kind, den kleinen Hiskija, den „Immanuel" (Gott mit uns), setzt Jesaja seine ganze Hoff-

nung (Jes 7). Als Hiskija König, Gottes Sohn, geworden war, singt der Prophet das Lied von der künftigen Friedenszeit (Jes 9) und feiert im voraus die Ankunft des wahren Davidssohnes, der eines Tages kommen wird, um das ewige Reich des Friedens zu errichten (Jes 11).

Micha

Jesaja gehörte zur herrschenden Klasse. Micha dagegen war ein Bauer. Er hatte am eigenen Leib die Politik der Großen gespürt, den Krieg und die Ungerechtigkeit der Reichen. Eines Tages zog er nach Jerusalem, um dort das Zorngericht Gottes anzukündigen.

Prophet

Der Prophet ist kein Mann, der die Zukunft vorhersagt, sondern einer, der im Namen Gottes redet, der in den Plan Gottes eingeweiht ist (Am 3,7) und seitdem alles mit Gottes Augen sieht.

Muß man an außergewöhnliche Offenbarungen denken? Das ist nicht ausgeschlossen, in der Regel aber erfahren die Propheten Gottes Wort in gewöhnlichen Dingen des Alltags. Gott spricht zu ihnen aus einem blühenden Mandelbaumzweig oder aus einem Kochtopf (Jer 1,11–19), aus den erschütternden Erlebnissen einer zerbrochenen Ehe (Hos 1–3) oder einer feindlichen Invasion (Jer 6,1–8). Damit lehren die Propheten auch uns, auf die Zeichen Gottes im Alltag zu achten und seine leise Stimme im Lärm der Welt nicht zu überhören.

Die Propheten wirkten hauptsächlich durch das gesprochene Wort (Orakel, Mahn- und Drohreden, Gleichnisse, Gebote, Sprüche). Gelegentlich werden die Worte auch von symbolischen Handlungen begleitet, wie dies bei Jeremia und Ezechiel der Fall ist. Als „Schriftpropheten" bezeichnet man jene, die ihre Worte entweder selbst oder mit Hilfe eines Sekretärs der Nachwelt überliefert haben.

Man sollte sich von Micha wenigstens einen Vers merken:

„Es ist dir gesagt worden, Mensch, was gut ist und was der Herr von dir erwartet:
Nichts anderes als dies: Recht tun,
Güte und Treue lieben,
in Ehrfurcht den Weg gehen mit deinem Gott" (Mich 6,8).

An diesem Vers läßt sich auch die Botschaft der drei großen Propheten dieser Epoche festmachen: des Amos, der im Nordreich soziale Gerechtigkeit fordert, des Hosea, der von der Güte und Treue Gottes kündet, und des Jesaja, der Jerusalem zu lebendigem Glauben aufruft.

Man kann auch noch die Drohworte Michas gegen die soziale Ungerechtigkeit lesen (Mich 2,1–5; 3,1–12; 7,1–7), und seine Ankündigung eines Messias, der nicht so sehr David, dem König von Jerusalem, gleicht, sondern eher die Züge Davids, des Hirten von Betlehem, trägt (5,1–5; vgl. Mt 2,6).

III. Das Nordreich Israel (931–722)

Zwischen Jerusalem und Samaria liegen nur fünfzig Kilometer. Und trotzdem unterschied sich das Nordreich Israel in vielfacher Hinsicht vom feindlichen Bruderreich Juda.

Geographische Lage

Ein Blick auf die Karte kann mehr sagen als seitenlange Ausführungen. Jerusalem liegt, umgeben von Hügeln, nahe der Wüste Juda. Der steinige Boden bringt einige Getreidearten hervor, erlaubt den Anbau von Ölbäumen und Weinstöcken. Auch Schafzucht ist möglich. Das Südreich hat keinen Zugang zum Meer. Die fruchtbare Ebene der Schefela war von den Philistern besetzt. Nach Osten hin wird Juda vom Jordantal und dem Toten Meer begrenzt.

Das Nordreich hat dagegen die Hügel und Täler von Samaria wie die Ebenen von Scharon und Jesreel in Besitz. An der Verlegung der Hauptstadt von Tirza nach Samaria läßt sich erkennen, wie das Reich sich entwickelt hat. Jerobeam, der erste König, residierte noch in Tirza, einer Stadt, die nach dem Jordantal ausgerichtet war. Erst einer seiner Nachfolger, Omri, kaufte für zwei Talente Silber den Berg Samaria und erbaute auf ihm seine Hauptstadt (1 Kön 16,24). Damit verlagerte sich der Schwerpunkt des Nordreiches nach dem Meer hin. Mit den kanaanäischen Fürstenhäusern im Norden werden enge Beziehungen geknüpft. Dies erklärt zum Teil die wirtschaftliche und religiöse Situation des Nordreiches.

Die wirtschaftliche Situation

Man muß nur einmal lesen, wie der Prophet Amos die Wohnungen der Reichen in Samaria beschreibt, mit ihren Elfenbeinbetten und weichen Polstern (Am 3,12; 5,11; 6,4), um den Wohlstand des Landes zu ermessen. Neben Luxus und Prachtentfaltung aber herrschte bitterste Armut, die Folge sozialer Ungerechtigkeit. In Tirza, der ersten Hauptstadt, hat man gut gebaute Häuser ausgegraben und daneben einen Platz gefunden, wo ärmliche Hütten gestanden haben müssen.

Religiöse Situation

Mehr als Juda stand das Nordreich Israel in Kontakt mit der kanaanäischen Bevölkerung und den Fürstentümern von Tyrus, Sidon und Damaskus. Die kanaanäische Religion übte auf ein Volk von Bauern und Viehzüchtern eine große Anziehungskraft aus. Die unter dem Namen Baal und Astarte verehrten Gottheiten versprachen, dem Ackerboden, den Herden und dem Menschen Fruchtbarkeit zu verleihen. Israel war in Gefahr, nach „zwei Seiten zu schwanken", wie Elija sagt (1 Kön 18,21), Jahwe anzubeten und den Baalen zu dienen. Um das Volk an den Wallfahrten zum Jerusalemer Tempel zu hindern, hatte Jerobeam zwei Stiere aufstellen lassen (zwei „Kälber", höhnten die Propheten), und zwar an den beiden religiösen Brennpunkten seines Reiches, in Bet-El und in Dan (1 Kön 12,29). Diese Stierbilder waren wohl nur als Sockel für Jahwe, den wahren Gott, gedacht, ähnlich wie die Bundeslade in Jerusalem den Ort anzeigte, an dem Gott gegenwärtig war. Da der Stier aber auch als Symbol des Baal galt, war die Gefahr des Götzendienstes groß.

Politische Situation

Das von David und Salomo begründete System der Monarchie wurde auch von Israel weitergeführt. Doch waren hier die Könige nicht mehr legitime Nachkommen Davids. Acht von neunzehn Königen starben durch Mörderhand, und die Herrscherhäuser wechselten rasch. Wenn aber der König nicht mehr der Sohn Davids ist, kann er auch nicht mehr Gottes Sohn sein. „Sie setzen Könige ein, aber gegen meinen Willen", klagt Gott (Hos 8,4). Der König galt also nicht wie in Juda als Garant der nationalen Einheit und als Repräsentant des Volkes vor Gott. Diese Aufgabe hatte in Israel der Prophet übernommen, und er stand oft in Opposition zum Königtum.

Übrigens waren die Könige von Israel nicht besser und nicht schlechter als die von Jerusalem. Manche von ihnen verdienen sogar, „groß" genannt zu werden.

Auswärtige Politik

Das Nordreich Israel war in die politischen Auseinandersetzungen seiner Zeit schwer verstrickt.

Ägypten erlebte damals eine langanhaltende Schwächeperiode. Das mächtige Assyrien fiel mehrmals in Kanaan ein.

Im Norden stieß Israel an das kleine aramäische Königreich von Damaskus, das gerade eine Blütezeit erlebte. Aufgrund seines semitischen Ursprungs und seiner Stärke war es mit Israel und Juda mal verbündet, mal wieder im Kriegszustand. Aus einem assyrischen Dokument geht zum Beispiel hervor, daß im Jahr 853 Assyrien einer Koalition von aramäischen Königreichen gegenüberstand, zu denen auch Ahab von Israel mit 2000 Streitwagen und 10 000 Soldaten gehörte.

Um 750 standen die beiden Königreiche Israel und Juda auf dem Gipfel der Macht. Aber auch Assyrien war von einem starken Expansionsdrang erfaßt und strebte nach dem Mittelmeer. Das erste Hindernis auf diesem Weg war Damaskus. Israel und Juda empfanden dies zunächst als wunderbare Hilfe. Damaskus war an seiner Ost- und Nordfront so in Anspruch genommen, daß es zu anderen Aktionen nicht mehr fähig war. Es diente ihnen als regelrechter Schild gegen Assyrien. Man muß aber kein großer Politiker sein, um einzu-

sehen, daß dieser Zustand nicht allzulange dauern konnte. Für den Augenblick nur profitierten die beiden Königreiche von dieser Situation. Sie konnten sich ihres friedlichen Wohlstands um so mehr erfreuen, als in beiden Reichen tüchtige Könige herrschten, und jeder von ihnen vierzig Jahre lang. In dieser Zeit predigten die Propheten Amos und Hosea in Israel.

Im Jahr 732 eroberten die Assyrer Damaskus, und 722 fiel Samaria. Ein Teil der Bevölkerung wurde nach Assyrien deportiert, wo sich ihre Spur verlor. Das Ende des Nordreichs war gekommen.

Die Bevölkerung Samariens nach 722

Nicht alle Bewohner wurden verschleppt, manche blieben im Land wohnen. Die Assyrer besiedelten Samarien mit Menschen, die sie aus verschiedenen Provinzen ihres Reiches heranführten. Diese Neusiedler brachten ihre Götter und Gewohnheiten mit.

So entstand eine Mischbevölkerung, die auf religiösem Gebiet den Jahweglauben mit der Verehrung fremder Gottheiten vermengte. (Vgl. die polemische Darstellung in 2 Kön 17,24–41).

Literarische Aktivitäten

Die legendären Erzählungen um Elija (1 Kön 17–19; 21; 2 Kön 1–2) und Elischa (2 Kön 3–9) haben wohl erst später ihre literarische Form gefunden. Dagegen könnten die sehr anschaulichen Berichte über die Revolution des Jehu (2 Kön 9–10) schon aus seiner Zeit stammen (um 830).

Auch die Predigten und Sprüche der beiden großen Propheten *Amos* und *Hosea* sind sehr bald schriftlich weitergegeben worden.

Um 750 ist wohl die Entstehung der sogenannten *elohistischen* Tradition zu denken.

Im Nordreich wurden allmählich auch die alten *Gesetze* gesammelt und der neuen sozialen Situation angepaßt. Diese von der prophetischen Botschaft vor allem des Hosea stark beeinflußten Sammlungen bildeten schließlich den Kern des Deuteronomiums.

1. Propheten des Nordreichs

Im Nordreich war nicht der König, sondern der Prophet Garant und Hüter des Glaubens. Kein Wunder also, daß die eindrucksvollsten Schilderungen eines Prophetenlebens aus Israel stammen.

Elija

Wie Natan in Jerusalem, so hat auch Elija keine Schriften hinterlassen. Seine Person ist aber, im Unterschied zu Natan, historisch gesehen kaum faßbar, sondern ganz von der Legendenbildung überlagert. Gleichwohl sind Elija und Mose – bei dem sich das Problem der Historizität ähnlich stellt – die beiden großen Gestalten des jüdischen Glaubens. Das Neue Testament, vor allem Lukas, hat dann Jesus als neuen Elija dargestellt.

Elijas Name ist ein Programm. Er ist eine Abkürzung von Eli-Jahu = Mein Gott ist Jahwe. Elija soll im 9. Jahrhundert aufgetreten sein, unter der Regierung des Ahab, der eine sidonische Prinzessin zur Frau hatte. Das Bündnis mit Sidon brachte Israel große wirtschaftliche Vorteile, doch kamen mit Isebel auch ihre Götter, die Baale, samt deren Priestern und Propheten ins Land. Das Volk trug auf beiden Schultern, es verehrte Jahwe und diente den Baalen. Elija jedoch hatte seine Wahl getroffen.

Lesen Sie einige Texte, die den Propheten in Aktion zeigen: 1 Kön 17–19; 21; 2 Kön 1–2. Aus ihnen ergibt sich etwa folgendes Bild.

Opfer des Elija auf dem Karmel. Relief von Otto Münch auf dem Bronzeportal am Großmünster Zürich.

Der Gottesmann. Die übliche Bezeichnung „Gottesmann" gewinnt bei Elija ihren eigentlichen tiefen Sinn. Er ist wahrhaft ein Mann, von dem Gott Besitz ergriffen hat. Und auch Elija hat sich vorbehaltlos für Gott entschieden. Er versucht alles, um das Volk wieder zu einem ungeteilten Jahweglauben zurückzuführen.

Vom Geist getrieben (1 Kön 18,12), Elija verdankt seine Seelenstärke und innere Freiheit dem Geist Gottes.

Vorbehaltloser Glaube. Beim Opfer auf dem Karmel (1 Kön 18) drängt Elija das Volk, es solle zwischen dem lebendigen, persönlichen Gott, der die Geschichte beherrscht, und den Naturgottheiten, den Baalen, wählen. Wie wir, muß auch Elija glauben, ohne zu sehen. Weil Gott es ihm befiehlt, kündigt er baldigen Regen an, kann aber von ihm noch nichts sehen (1 Kön 18,41–45).

Jesus – ein neuer Elija?

Das Lukasevangelium bezieht sich mehrmals ausdrücklich auf die Elijageschichten: Lk 4,26 (Nazaretpredigt); 7,12.15 (Auferweckung des Jünglings von Nain); 9,42 (Heilung des besessenen Knaben); 9,51.54.57.61.62 (Jesus zieht nach Jerusalem); 22,43.45 (Ölberg: Stärkung durch einen Engel). Auffällig ist, daß bei Lukas die Gleichsetzung zwischen Johannes dem Täufer und Elija fehlt (Mt 11,14; 17,10–13).

Hat Lukas sein Jesusbild mit Zügen der Elijagestalt ausgestaltet? Gewiß lassen sich alle Punkte, die wir bei Elija gefunden haben, auch auf Jesus anwenden, und dies in einem weit vollkommeneren Maß: die Vertrautheit mit Gott, seinem Vater; sein einzigartiger Glaube; seine innere Freiheit und charismatische Geisterfülltheit; seine Liebe zu Sündern und Armen; sein Umgang mit Frauen und Heiden; die Heilungswunder und Totenerweckungen. Alle diese Züge sind aber nicht nur bei Elija zu finden, so daß man mit Vergleichen vorsichtig sein muß. Wo Lukas ausdrücklich eine Beziehung zu Elija herstellt, handelt Jesus gerade nicht wie der das Strafgericht Gottes herabrufende Prophet (Lk 9,54–55; vgl. 2 Kön 1).

Vertrautheit mit Gott. Für die christliche Mystik ist die Vision am Horeb (1 Kön 19), zusammen mit der Sinaivision des Mose (Ex 33,18–23), zum Urbild aller Gottesbegegnung geworden. Höheres kann ein Mensch nicht erreichen. Gleichwohl bleibt Elija ein Mensch wie wir, mutlos, voll Angst (1 Kön 19,1–4). Gott ist nicht in den Naturgewalten, er ist ein geheimnisvoller Gott, dessen Gegenwart man in der Stille und in der Leere spürt, ein verborgener Gott. In seinen Gebeten ergeht sich Elija (wie Mose) nicht in mystischen Ergüssen. Er spricht zu Gott von seiner Sendung.

Gott der Geschichte oder Götter der Natur?

Israel glaubt an einen Gott, der in seine Geschichte eingegriffen hat. Es ist der Gott Abrahams, Isaaks und Jakobs, der Gott, der sein Volk aus dem Sklavenhaus Ägypten herausgeführt hat. Dieser Gott hat dann Israel durch die Wüste geleitet, und er hat es in das Land Kanaan gebracht.

Nun aber ist Israel seßhaft geworden; es besitzt Felder, Weinberge, Städte. Da richtet die Landbevölkerung ihr Interesse vor allem auf folgende Anliegen: Wie ist Fruchtbarkeit für den Ackerboden und das Vieh zu erlangen? An wen soll man sich wenden, damit der Regen zur rechten Zeit fällt? Auf diese Fragen weiß die Religion der Kanaaniter längst eine Antwort: Es sind die Gewitter- und Regengottheiten, die unter dem Namen Baal angerufen werden, und die Fruchtbarkeitsgöttin des Astartekults.

Jahwe hat gewiß in die Geschichte eingegriffen, vor langer Zeit. Aber was ist jetzt? Man muß leben, und ist es da nicht sicherer, dem Baal und der Astarte zu dienen?

Man meine nicht, der Konflikt zwischen Jahwe und Baal gehöre einer fernen Vergangenheit an. Der Baal hat nur seinen Namen gewechselt. Christen glauben wohl auch an einen Gott, der in seinem Sohn Jesus die Geschichte verändert hat, aber was soll dieser Gott, wenn es um harte wirtschaftliche Auseinandersetzungen geht? Ist es da nicht viel sicherer, sich auch bei den „Gewalten" dieser Welt zu „versichern", dem Geld, dem Staat, der herrschenden Ideologie?

Helfer der Armen. Gegenüber dem König und den Mächtigen verteidigt Elija die Armen und Entrechteten (1 Kön 21).

Heilsuniversalismus. Aufgrund seines vorbehaltlosen Gottesglaubens und seiner Geistverbundenheit ist Elija bereit, zu den Heiden zu gehen (1 Kön 17). Aber auch von ihnen fordert er bedingungslosen Glauben (17,13).

Wundertäter. Neben den Wundern, mit denen Elija zur Zeit der Hungersnot hilft (1 Kön 17), wird auch noch ein Strafwunder erzählt. Elija ruft Feuer vom Himmel über den Hauptmann und seine Fünfzig herab (2 Kön 1).

Die Himmelfahrt des Elija (2 Kön 2). Die Geschichte von der wunderbaren Aufnahme des Elija in den Himmel ist wahrscheinlich entstanden, weil man sein Grab nicht kannte. Zum lukanischen Himmelfahrtsbericht (Apg 1,6–11) besteht eine gewisse Verwandtschaft. Wie Elischa den Geist des Elija empfing, weil er Zeuge seiner Aufnahme war, so empfangen auch die Jünger, die Jesus zum Himmel auffahren sehen, seinen Geist.

Amos

Amos, ein Schafzüchter aus Tekoa, nahe bei Betlehem, wurde von Gott in das Nordreich geschickt, als Samaria unter Jerobeam II. seine

„Ich bin ein Viehzüchter und ziehe Feigen. Aber der Herr hat mich von meiner Herde weggeholt und zu mir gesagt: Geh und rede als Prophet zu meinem Volk Israel!" Amos 7,14–15.

größte Blütezeit erlebte. Mit scharfen Worten und kräftigen Bildern geißelte er den Luxus der Reichen und ihre Ungerechtigkeit (3,13–4,3; 8,4–8; vgl. 2,6–16).

Amos ist ein *Prophet*. Zweimal spricht er von seiner Berufung (3,3–8; 7,10–17). Als Prophet ist er in Gottes Pläne eingeweiht, er sieht alles in diesem Licht und kann deshalb auch den Sinn des Lebens und seine rätselhaften Ereignisse deuten.

Die Forderung nach sozialer Gerechtigkeit gründet sich auf die Auserwählung, die Gott seinem Volk zuteil werden ließ. Diese Erwählung ist kein Freibrief für moralische Ungebundenheit, sie ruft in die Verantwortung: „Nur euch habe ich erwählt aus allen Stämmen der Erde; darum ziehe ich euch zur Rechenschaft für alle eure Vergehen" (Am 3,2).

Wenn Gott straft, will er zur Umkehr erziehen. Amos sieht voraus, daß ein kleiner „Rest" von Geretteten übrigbleiben wird (3,12), und das läßt hoffen (8,11–12; 9,11–15).

Der Gott des Amos ist nicht mehr nur eine nationale Gottheit Israels. Er wacht über die Gerechtigkeit auch bei anderen Völkern (1,3–2,3). Dies kann Gott tun, weil er der Schöpfer ist, wie eine spätere Redaktion hinzufügt. Es wird ein Gedicht zitiert, das vielleicht von einem kanaanäischen Hymnus inspiriert ist (4,13 + 5,8.9 + 9,5–6).

Hosea

Der Prophet stammt aus dem Nordreich, und er predigt zur gleichen Zeit wie Amos. Zu seiner Berufung gelangt Hosea aufgrund eines schweren persönlichen Schicksals. Er liebt eine Frau, die sich – wie viele Exegeten es verstehen – der kultischen Prostitution ergeben hat. Durch seine Liebe kann er das Herz des jungen Mädchens gewinnen. So gelangt Hosea zu seinen tiefen Einsichten in das Wesen göttlicher Liebe. Gott liebt uns nicht, weil wir gut sind, sondern damit wir es werden (Hos 1–3). Er liebt uns, wie ein Bräutigam seine Braut liebt – ein Thema, das in der Bibel wiederholt begegnet und dem Glauben einen neuen Sinn verleiht. Das Gesetz vom Sinai wird zu einem Liebesbund, einem Ehevertrag, und die Sünde erscheint als Ehebruch, als Unzucht und Verstoß gegen die Liebe.

In der Verurteilung seines Volkes ist Hosea nicht weniger schroff als Amos. Es gibt keine Treue mehr unter den Menschen, keine Liebe zum Nächsten, keine Gotteserkenntnis und Liebe zu Gott.

Zur Lektüre sind besonders zu empfehlen: Hos 1–3 (Gottes bräutliche Liebe); 11 (Gottes väterliche Liebe); 4,1–3; 6,4–6 (Forderungen göttlicher Liebe); 4,4–10; 5,1–7; 7,1–2 (die Sünde Israels). Hos 6,6 wird von Matthäus gleich zweimal zitiert: „Barmherzigkeit will ich, nicht Opfer" (Mt 9,13; 12,7).

Wenn man sich für die Einstellung des Propheten zu wichtigen Themen interessiert, kann man seine Schrift unter folgenden Rücksichten lesen: Gesetz – Kult – Land – Propheten – König – Älteste. Bei Hosea erscheint das Leben in der Wüste, die alte Zeit des Exodus unter der Führung des Mose, als erstrebenswertes Ideal.

2. Studium von Hos 2,4–25

Lesen Sie bitte zunächst den Text, ohne auf die Randbemerkungen zu achten. Worüber spricht der Text? Mit welchen Bildern? Notieren Sie, was Ihnen gefällt, was Sie erstaunt, wo Sie Fragen stellen möchten.

Wer sind die Akteure? Unter welchen Gestalten treten sie auf? Was tun sie? Welche Werte, Anliegen, Ziele verfolgen sie? Achten Sie auf wiederkehrende Ausdrücke, auf Begriffe, die Ihnen wichtig erscheinen, auf den Wechsel des Possessivpronomens (z. B. *das* Korn, *mein* Korn).

Diese *Scheidungsklage,* die wie ein Ultimatum vorgetragen wird, stützt sich auf drei

4 Verklagt eure Mutter, verklagt sie!   *Wer sind die Kinder?*
   Denn sie ist nicht meine Frau,   *Wer ist die Frau?*
   und ich bin nicht ihr Mann.   *Wer ihr Mann gewesen?*
   Sie soll von ihrem Gesicht
   das Dirnenzeichen entfernen
   und von ihren Brüsten die Male des Ehebruchs.

5 Sonst ziehe ich sie nackt aus
   und stelle sie hin wie am Tag ihrer Geburt;
   ich mache sie der Wüste gleich,
   wie verdorrtes Land mache ich sie
   und lasse sie verdursten.

6 Auch mit ihren Kindern habe ich kein Erbarmen;
   denn es sind Dirnenkinder.

7 Ja, ihre Mutter war eine Dirne,   *Erste Anklage*
   die Frau, die sie gebar, trieb schändliche Dinge.
   Sie sagte: Ich will meinen Liebhabern folgen;
   sie geben mir Brot und Wasser,
   Wolle und Leinen, Öl und Getränke.

8 Darum versperre ich ihr den Weg   *Strafe*
   mit Dornengestrüpp
   und verbaue ihn mit einer Mauer,
   so daß sie ihren Pfad nicht mehr findet.

9 Dann rennt sie ihren Liebhabern nach,
   holt sie aber nicht ein.
   Sie sucht nach ihnen, findet sie aber nicht.
   Dann wird sie sagen: Ich kehre um
   und gehe wieder zu meinem ersten Mann;
   denn damals ging es mir besser als jetzt.

10 Aber sie hat nicht erkannt, daß ich es war,   *Zweite Anklage*
   der ihr das Korn und den Wein und das Öl gab,
   der sie mit Silber überhäufte
   und mit Gold, aus dem man dann Baalsbilder machte.

11 Darum hole ich mir mein Korn zurück,   *Strafe*
   wenn es Zeit dafür ist,
   und auch meinen Wein, wenn es Zeit ist;
   ich nehme mir meine Wolle und mein Leinen,
   die ihre Blöße verhüllen sollten.

12 Dann entblöße ich ihre Scham   *Dritte Anklage*
   vor den Augen ihrer Liebhaber.
   Niemand kann sie meiner Gewalt entreißen.

13 Ich mache all ihren Freuden ein Ende,
   ihren Feiern und Neumondfesten,
   ihren Sabbaten und den anderen festlichen Tagen.

14 Ich verwüste ihre Reben und Feigenbäume,
   von denen sie sagte: Das ist mein Lohn,
   den mir meine Liebhaber gaben.
   Ich mache ihre Weingärten zur Wildnis;
   die wilden Tiere fressen sie kahl.

15 Ich bestrafe sie für all die Feste,
   an denen sie den Baalen

Rauchopfer dargebracht hat;
sie hat ihre Ringe und ihren Schmuck angelegt
und ist ihren Liebhabern gefolgt,
mich aber hat sie vergessen – Spruch des Herrn.

16 Darum will ich selbst sie verlocken.   *„Strafe"*
Ich will sie in die Wüste hinausführen
und sie umwerben.

17 Dann gebe ich ihr dort ihre Weinberge wieder,
und das Achor-Tal mache ich für sie
zum Tor der Hoffnung.
Sie wird mir dorthin bereitwillig folgen
wie in den Tagen ihrer Jugend,
wie damals, als sie aus Ägypten heraufzog.   *Exodus*

18 An jenem Tag – Spruch des Herrn –
wirst du zu mir sagen: Mein Mann!,   *Gen 2,23*
und nicht mehr: Mein Baal!

19 Ich lasse die Namen der Baale
aus ihrem Mund verschwinden,
so daß niemand mehr ihre Namen anruft.

20 Ich schließe für Israel an jenem Tag einen Bund
mit den Tieren des Feldes   *Paradies*
und den Vögeln des Himmels   *Gen 2,18–23*
und mit allem, was auf dem Erdboden kriecht. *Jes 11,6–8*
Ich zerbreche Bogen und Schwert,
es gibt keinen Krieg mehr im Land,
Ich lasse sie Ruhe und Sicherheit finden.

21 Ich traue dich mir an auf ewig;
ich traue dich mir an
um den Brautpreis von Gerechtigkeit und Recht,
von Liebe und Erbarmen,

22 ich traue dich mir an
um den Brautpreis meiner Treue:
Dann wirst du den Herrn erkennen.

23 An jenem Tag – Spruch des Herrn –
will ich erhören:
Ich will den Himmel erhören,
und der Himmel wird die Erde erhören,

24 und die Erde erhört das Korn,
den Wein und das Öl,
und diese erhören Jesreel.

25 Ich säe sie aus in meinem Land.
Ich habe Erbarmen mit Lo-Ruhama (Kein Erbarmen), *vgl. Hos 1,8*
und zu Lo-Ammi (Nicht mein Volk) sage ich:
Du bist mein Volk!,
und er wird sagen: (Du bist) mein Gott!

Lo-Ruhama (Kein Erbarmen) und Lo-Ammi (Nicht mein Volk) hatte der Prophet Hosea seine Kinder genannt, aus Protest gegen den Götzendienst in Israel. (vgl. Hos 1,6–9).

Punkte (welche?) und Strafandrohungen (wie lautet die letzte?).

Lesen Sie den Text auf dem Hintergrund des zeitgeschichtlichen Denkens. Die Frage ist, wer dem Land Fruchtbarkeit und Segen verleiht, die Götter der Naturgewalten (Baale) oder der Gott der Geschichte, Jahwe. Vergleichen Sie jetzt die Randbemerkungen mit dem Text.

Welches Gottesbild liegt hier zugrunde? Ist Gott ein Teil der Natur? Jahwe herrscht gewiß über alles und gibt allem seinen Sinn, aber die Natur folgt ihren Gesetzen, die von der Wissenschaft zu erforschen sind.

Was erwartet Gott vom Menschen? Achten Sie auf die Worte, die eine Antwort des Menschen ausdrücken.

Der Wortschatz der Liebe

‚Chesed' ist ein Lieblings- und Schlüsselwort des Propheten Hosea. Das hebräische Wort ist schwer wiederzugeben: Zuneigung, Zärtlichkeit, Erbarmen, Liebe, Gnade – alles, was die Beziehung zwischen zwei Partnern menschlich, angenehm, freundlich gestaltet.

‚Rahamin' (Liebe) ist ein Wort, das Hosea für die Liebe Gottes reserviert. Es handelt sich um den Plural (der im Hebräischen gleichbedeutend ist mit dem Superlativ!) des Wortes „Mutterschoß". Gottes Liebe ist also Mütterlichkeit, ein Annehmen und Aufnehmen, ein Bewahren und Bergen.

‚Ehmet' (emuna, amen) drückt die Treue, Beständigkeit, Zuverlässigkeit aus. Aufgrund dieser Eigenschaften können die Partner des Gottesbundes einander vollkommen vertrauen.

‚Jadah' heißt „erkennen", ein Wort, das sich im Hebräischen nicht auf den Intellekt beschränkt, sondern auch Herz und Leib miteinschließt. So kann „erkennen" auch heißen: „miteinander schlafen".

‚Hanan' meint ursprünglich die Haltung der Mutter, die sich über ihr Kind beugt. Von daher erlangt es dann die Bedeutung „Gnade erweisen" (Johanan = Gott erweist Gnade).

Das sind die Namen und Titel, die Gott auf seine „Visitenkarte" schreibt: „Jahwe ist ein barmherziger und gnädiger Gott, langmütig, reich an Huld und Treue" (Ex 34,6).

---

3. Die Überlieferungsgeschichte des Elohisten

Die Nordstämme hatten sich von Jerusalem und seinem König, dem Nachfolger Davids, getrennt. Ihre Überlieferungen waren aber weithin die gleichen. Im Südreich wurden diese Traditionen sehr bald gesammelt und zu einem theologischen Geschichtswerk ausgestaltet. Ähnliches geschah im Nordreich. Hier spricht man von einer „elohistischen" Tradition (E), weil Gott gewöhnlich ‚Elohim' genannt wird.

Es handelt sich also zum großen Teil um dieselben Erzählungen, die im Süden wie im Norden zusammengestellt wurden. Da aber der zeitgeschichtliche Rahmen und Hintergrund verschieden war, verfolgten die Autoren und Redaktoren jeweils andere Absichten. In Israel war die Gefahr des Abfalls vom Gottesglauben groß, viele Israeliten, auch die Könige, waren versucht, die Jahweverehrung mit dem Baalsdienst zu vermischen. So mußten die Propheten ihre Stimme erheben, um Gott als den Einzigen in Erinnerung zu rufen, der keine Götter neben sich dulde. Von dieser prophetischen Gottesverkündigung ist auch das Werk des Elohisten geprägt.

65

So beginnt der Elohist nicht mit einer Urgeschichte, sondern mit der Darstellung des Bundes, den Gott mit Abraham schließt. Was das Volk braucht, um dem Bund treu zu bleiben, ist die *Gottesfurcht*. Das ist keine Angst vor Gott, sondern ein Gefühl ehrfürchtiger, vertrauensvoller Scheu.

Eigentümlichkeiten des Elohisten

Zum Vergleich erinnern Sie sich an das, was wir vom Jahwisten gesagt haben (S. 46).

Der Elohist ist kein sehr anschaulicher Erzähler, er schreibt weniger konkret.

Gott – der ganz Andere. Der Elohist vermeidet gewöhnlich alle Anthropomorphismen. Gott bleibt unsichtbar und unzugänglich, er teilt sich hauptsächlich durch *Träume* mit. Wenn Gott in Theophanien erscheint, dann nicht in menschlicher Gestalt, sondern nur im Wort. Es ist unmöglich, sich ein Bild von Gott zu machen.

Moralisches Interesse. Der Elohist beschäftigt sich stark mit Fragen der Moral, und er hat ein ausgeprägtes Sündenbewußtsein. So bemüht er sich zum Beispiel um den Nachweis, daß Abraham nicht gelogen hat (vgl. Gen 12,10–11 J mit Gen 20 E).

In seiner Gesetzessammlung überwiegen die sittlichen Gebote, die Pflichten gegenüber Gott und dem Nächsten, während kultische und rituelle Vorschriften nur eine geringe Rolle spielen.

Spiritualisierung des Kults. Der Elohist sieht das Wesen des Kults nicht in materiellen Opfern. Gott zu gehorchen und den Bund mit ihm zu beachten, das ist der wahre Gottesdienst. Deshalb muß auch jedes Bündnis mit den falschen Göttern abgelehnt werden.

Vorrang des Propheten. Die eigentlichen Gottesmänner sind weder Könige noch Priester, sondern die Propheten: Abraham, Mose, Elija, Elischa ... Der größte unter ihnen ist Mose.

Die Theologie des Elohisten wurzelt in der prophetischen Bewegung und den Reflexionen der Weisheitslehrer.

Wir lesen zunächst zwei Texte, in denen der Elohist seine Grundüberzeugungen zum Ausdruck bringt: die Geschichte vom *Bundesschluß am Sinai* (Ex 19–20) und die Geschichte von der *Opferung Isaaks* durch Abraham (Gen 22).

Anschließend geben wir Ihnen einen Überblick über das Gesamtwerk des Elohisten, wobei uns immer wieder zwei Leitmotive begegnen, der *Bundesgedanke* und die *Gottesfurcht*.

➡ Der Bundesschluß am Sinai (Ex 19–24)

Versuchen Sie, in diesem Text das wiederzufinden, was Sie eben über die Eigentümlichkeiten des Elohisten gehört haben.

Zunächst geben wir Ihnen die Verse an, die dem Elohisten zugeschrieben werden:

19 2 Sie ... kamen in die Wüste Sinai. Sie schlugen in der Wüste das Lager auf. Dort lagerte Israel gegenüber dem Berg. Mose stieg zu Gott hinauf.

9 Der Herr sprach zu Mose: Ich werde zu dir in einer dichten Wolke kommen.

12 Zieh um das Volk eine Grenze, und sag: Hütet euch, auf den Berg zu steigen oder auch nur seinen Fuß zu berühren. Jeder, der den Berg berührt, wird mit dem Tod bestraft.

13 Keine Hand soll den Berg berühren. Wer es aber tut, soll gesteinigt oder mit Pfeilen erschossen werden; ob Tier oder Mensch, niemand darf am Leben bleiben.

16 Das ganze Volk im Lager begann zu zittern.

17 Mose führte es aus dem Lager hinaus Gott entgegen. Unten am Berg blieben sie stehen.

19 Mose redete, und Gott antwortete im Donner.

[20,1–17 Die Zehn Gebote, der Dekalog, sind ebenfalls elohistisch.]

20 18 Das ganze Volk erlebte, wie es donnerte und blitzte, wie Hörner erklangen und der Berg rauchte. Da bekam das Volk Angst, es zitterte und hielt sich in der Ferne.

19 Sie sagten zu Mose: Rede du mit uns, dann wollen wir hören. Gott soll nicht mit uns reden, sonst sterben wir.

20 Da sagte Mose zum Volk: Fürchtet euch nicht! Gott ist gekommen, um euch auf die Probe zu stellen. Die Furcht vor ihm soll über euch kommen, damit ihr nicht sündigt.

21 Das Volk hielt sich in der Ferne, und Mose näherte sich der dunklen Wolke, in der Gott war.

[20,22–23,33: Das Bundesbuch (elohistisch)]

24 3 Mose kam und übermittelte dem Volk alle Worte und Rechtsvorschriften des Herrn. Das ganze Volk antwortete einstimmig und sagte: Alles, was der Herr gesagt hat, wollen wir tun.

4 Mose schrieb alle Worte des Herrn auf. Am nächsten Morgen stand er zeitig auf und errichtete am Fuß des Berges einen Altar und zwölf Steinmale für die zwölf Stämme Israels.

5 Er schickte die jungen Männer Israels aus. Sie brachten Brandopfer dar und schlachteten junge Stiere als Heilsopfer für den Herrn.

6 Mose nahm die Hälfte des Blutes und goß es in eine Schüssel, mit der anderen Hälfte besprengte er den Altar.

7 Darauf nahm er die Urkunde des Bundes und verlas sie vor dem Volk. Sie antworteten: Alles, was der Herr gesagt hat, wollen wir tun; wir wollen gehorchen.

8 Da nahm Mose das Blut, besprengte damit das Volk und sagte: Das ist das Blut des Bundes, den der Herr aufgrund all dieser Worte mit euch geschlossen hat.

Welche Rolle wird Mose zugeschrieben? Achten Sie auf die verschiedenen Aspekte: Prophet, Mittler, Priester . . .

Die Furcht. Um welches Gefühl handelt es sich? Worum geht es? Gott schreckt das Volk, um seine Treue auf die Probe zu stellen und es vor der Sünde zu bewahren.

Der Bund. Achten Sie auf den Ritus des Bundesschlusses. Hier handelt es sich um einen zweiseitigen Vertrag. Gott erläßt sein Gesetz, das Volk verpflichtet sich zum Gehorsam. Das Blut wird auf beide Bundespartner gesprengt, auf den Altar, das Symbol Gottes, und auf das Volk. Der Ritus soll zweierlei deutlich machen: Wenn einer der beiden Partner den Bund bricht, lädt er Blutschuld auf sich. Vor allem aber bekundet der Ritus, daß beide Partner von nun an „blutsverwandt" sind.

➡ Das Opfer Abrahams (Gen 22,1–13.19)

Lesen Sie bitte den Text in der Einheitsbibel. Die VV. 14–18 können Sie weglassen, sie stammen vom Jahwisten.

Der Geschichte liegt wahrscheinlich eine alte Erzählung zugrunde, in der das Verbot des Kinderopfers ausgesprochen wurde. Der Elohist benutzte diesen Text, um die Gestalt Abrahams als besonders vorbildlich herauszustellen.

Achten Sie auf die elohistischen Eigentümlichkeiten.

Welche Empfindungen mögen einen Israeliten bewegt haben, wenn er diese Geschichte hörte? In welcher Hinsicht konnte ihm Abraham als Vorbild erscheinen?

Welche Probleme wirft die Geschichte für einen heutigen Leser auf?

Menschenopfer

Die ersten Früchte galten meist als die besten. Zu jeder Zeit hat man der Gottheit von den Erstlingsfrüchten geopfert.

Bei den semitischen Ureinwohnern Kanaans war das Opfer der menschlichen Erstgeburt ein verbreiteter Brauch. In Notzeiten, Katastrophen und Kriegen versuchte man, die Götter durch Kinderopfer gnädig zu stimmen. Die Völker Mesopotamiens scheinen einen solchen Brauch nicht gekannt zu haben.

Die Bibel verabscheut das Opfer der Erstgeburt sowie alle Menschenopfer. Der Erstgeborene wird „ausgelöst", und an seiner Stelle wird ein Tier dargebracht (Gen 22,13; Ex 13,15; Lev 18,21).

Die Tradition des Elohisten. Ein Überblick

Von der elohistischen Geschichtsschreibung haben wir nur noch Fragmente. Als man nach dem Exil die beiden Paralleltraditionen zusammenfügte, fielen gewöhnlich die Überlieferungen aus dem Norden der Redaktion zum Opfer. Wir beschränken uns deshalb auf einige Texte, die relativ sicher als elohistisch gelten.

Abraham-Zyklus

Das elohistische Geschichtswerk begann wahrscheinlich nicht mit der Schöpfung und Urgeschichte, sondern mit Abraham. Am Anfang stand der Bericht vom Gottesbund mit Abraham (Gen 15). Da der vorliegende Text aber sehr stark mit J vermischt ist, lesen wir ihn später (S. 77–78).

Abraham und Abimelech (Gen 20). Wir finden hier einen der bemerkenswertesten Züge des Elohisten, seine Sorge um die Moral. Abraham spielt in diesem Stück keine gute Rolle, aber nach E hat er nicht gelogen! Abraham ist als Prophet (V. 7) sogar der einzige, der für den König bei Gott Fürsprache einlegen kann (V. 17) Auch der heidnische König ist von Gottesfurcht erfüllt (V. 11), und er hat ebenfalls nicht gesündigt. Gott hat ihn durch einen Traum daran gehindert (V. 3–4).

Hagar und Ismael (Gen 21,9–21). Gott greift ein, um der verstoßenen Hagar und ihrem kleinen Kind zu helfen.

Abraham und Isaak (Gen 22,1–14). In der jüdischen Überlieferung spielt die „Fesselung" (Akeda) des Isaak auf dem Holzstoß eine bedeutende Rolle. Der Targum zu Gen 22,10 ist auch für den christlichen Opfergedanken nicht uninteressant.

Jakob-Zyklus

Die Erzählung vom *Traum Jakobs* (Gen 28,10–22) stammt teilweise vom Elohisten: der Traum (V. 11–12), die Furcht vor Gott, dem Ganz-Anderen (V. 17–18), der Schutz des Schwachen durch Gott (V. 20–22).

Die *Reisen Jakobs* (Gen 29–35). Jakob besucht auf seinen Reisen die wichtigsten Heiligtümer des Nordreiches. So wird der Ursprung dieser Kultstätten mit der Patriarchengeschichte verknüpft.

Die Josefsgeschichte

Auch hier ist es schwer, den Elohisten vom Jahwisten zu unterscheiden. Josef galt als Vater von zwei nördlichen Stämmen (Efraim und Manasse), und er wurde in Sichem beerdigt

---

Targum zu Gen 22,10: Abraham und Isaak

Die Juden lasen die Bibel beim Synagogengottesdienst in Hebräisch, der heiligen Sprache. Das aramäisch sprechende Volk verstand aber die Lesungen kaum mehr, und deshalb wurden die Texte übersetzt. Es handelte sich aber nicht um eine wörtliche Wiedergabe, sondern um eine Art Kommentar oder eine ausschmückende Nacherzählung, die man „Targum" nannte (vgl. S. 104). Diese aramäischen „Übersetzungen" zeigen uns also, wie man zur Zeit Christi die Bibel verstand. Manchmal handelt es sich nur um geringfügige Abweichungen, dann wieder werden längere Zusätze eingeschoben. So fügt der Targum von Gen 22,10 noch hinzu:

Isaak nahm das Wort und sprach zu Abraham, seinem Vater: „Mein Vater, binde mich fest, damit ich dir nicht Fußtritte versetze, die dein Opfer ungültig machen . . .". Die Augen Abrahams waren fest auf die Augen Isaaks gerichtet, und die Augen Isaaks schauten unverwandt zu den Engeln in der Höhe hinauf. Isaak sah sie, doch Abraham sah sie nicht. In diesem Augenblick erscholl eine Stimme vom Himmel herab: „Kommt und seht, die zwei Einzigartigen in meiner Welt. Der eine opfert, und der andere wird geopfert. Der Opfernde zögert nicht, und das Opfer bietet die Kehle dar."

Die „Bindung" oder „Fesselung", die Isaak von seinem Vater erbittet, ist Ausdruck seiner inneren Opferbereitschaft. Er will keine Verletzung erfahren, denn sonst wäre er keine wohlgefällige Opfergabe mehr.

In Augenblicken der Angst beteten die Juden zu Gott, er möge sich dieser „Akeda" erinnern und ihnen aufgrund der Opferung Isaaks ihre Sünden vergeben und sie retten.

68

(Jos 24,32). Dadurch erklärt sich das Interesse an der Gestalt des Josef.

In der Josefsgeschichte verrät sich der Elohist durch folgende Züge: das Motiv der *Prüfung* (Gen 42,16), der *Gottesfurcht* (Gen 42,18), die *Fürsorge* Gottes für die Schwachen (Gen 45,5; 50,20). Auch Unglück und Sünde können Gott nicht hindern, seinen Heilsplan für die Menschen durchzuführen.

Mose

Anders als beim Jahwisten (S. 48) spielt Mose als Führer des Volkes eine größere Rolle. Er verfügt über die Macht, Wunder zu wirken, er ist Mittler zwischen Gott und dem Volk, ein Prophet, dessen Gebet wirksam ist. Mose amtiert sogar als Priester.

Geburtslegende des Sargon

Ich bin Sargon, der starke König, der König von Akkad ... Meine Mutter empfing mich und gebar mich insgeheim. Legte mich in einen Binsenkorb, machte meine Tür (den Deckel) mit Asphalt dicht und setzte mich im Fluß aus, der mich nicht überspülte. Der Fluß trug mich zu Akki, dem Wasserschöpfer. Akki, der Wasserschöpfer, holte mich heraus.

Beyerlin, S. 123–124

Die Hebammen und die Geburt des Mose (Ex 1,15–2,10). Die Hebammen *fürchten* Gott und *gehorchen* lieber Gott als dem Pharao. Gott *rettet* das kleine, schwache Mosekind. Der Elohist kennt wahrscheinlich die in Ägypten verbreitete Geburtslegende des Sargon, der um 2300 v. Chr. in Mesopotamien lebte.

Der brennende Dornbusch (Ex 3–4). Gott offenbart sich auf außergewöhnliche Weise. Er gibt in einem Satz, der schwer zu deuten ist, seinen Namen preis. Die Einheitsbibel übersetzt: Ich bin der „Ich-bin-da" (Ex 3,14). Das Volk wird aus der ägyptischen Knechtschaft befreit, damit es Gott dienen kann (Ex 4,23 u. ö.). Hier wird Israel der Erstgeborene Gottes genannt, ein Ehrentitel, den der Jahwist für den jahwistischen König reserviert.

Mose und Jitro (Ex 18). Der Schwiegervater des Mose tritt als Berater bei der Organisation des Volkes auf. Auf seine Weisung hin werden Älteste und Vorsteher eingesetzt, damit Mose – von alltäglichen Geschäften befreit – das Volk vor Gott vertreten kann. Die Ältesten des Volkes sollen sich durch *Gottesfurcht* auszeichnen.

Das Goldene Kalb und die Sinaitheophanie (Ex 32–34). In diesen Berichten sind die jahwistische und die elohistische Tradition miteinander vermengt. Die Sünde des Volkes bestand wahrscheinlich nicht im Abfall von Jahwe, und das Goldene Kalb war wohl nicht als Götzenbild gedacht, sondern als Sockel für den wahren Gott. Damit wollte das Volk Gott gleichsam zwingen, auf dem angebotenen Thron gegenwärtig zu werden und sich zur Verfügung zu halten.

Mose betätigt sich als Fürsprecher (Ex 32,30–32). Er soll das Volk zur Begegnung mit Gott führen (Ex 33,7–11).

Wie später Elija am Horeb, so wird Mose der höchsten Vertrautheit mit Gott gewürdigt. Aber auch er darf nur den „Rücken" Gottes sehen (Ex 33,23).

Geistbegabung der Ältesten (Num 11,16–17.24–30). Im Nordreich ist der Prophet verantwortlich für den Glauben des Volkes, und Mose ist der erste und größte unter allen Propheten. Der Elohist wünscht aber, daß alle Israeliten, zumindest die Ältesten, mit dem Geist der Prophetie begabt werden.

69

IV. Letzte Periode des Königreichs Juda (722–587)

Im Jahr 722 war das Schicksal des Nordreiches besiegelt. Von da an dauerte es noch 135 Jahre, bis auch Jerusalem vom Unheil eingeholt wurde.

Juda von 933–722

Erinnern wir uns: Juda, das kleine Königreich, eingeengt zwischen dem Nordreich und den Philistern, erstreckt sich über das Bergland um Jerusalem und die Wüste Negeb. Die Menschen leben vom Ackerbau, der Vieh-, besonders der Schafzucht, aber auch vom Handel zwischen Arabien und Ägypten.

Auf politischer Ebene spürte Juda immer wieder die Auswirkungen der internationalen Lage. Die Großmächte Assyrien und Ägypten waren lange Zeit geschwächt – eine Gelegenheit, die eigenen Aktivitäten auf das Land Kanaan zu konzentrieren. Zwischen Israel, Juda, Damaskus und anderen Kleinstaaten des syro-palästinensischen Raums kam es zu Kämpfen und Bündnissen, zu Siegen und Niederlagen.

Von 745 ab änderte sich die Situation, da das wiedererstarkte Assyrien eine expansive Westpolitik betrieb. Damaskus und Israel schlossen sich zu einem Abwehrbündnis zusammen, und sie drängten Juda zur Teilnahme. Doch der junge judäische König Ahas rief lieber die Assyrer zu Hilfe. Sie kamen, eroberten 732 das Königreich Damaskus und nahmen zehn Jahre später Samaria ein.

Der Fall Samarias wirkte auf Juda wie ein Schock. Die politischen wie psychologischen Rückwirkungen waren gewaltig.

Juda zwischen 722 und 587

Das ganze Gebiet nördlich von Jerusalem, das ehemalige Königreich Israel, wurde assyrische Provinz. König Ahas, der durch seinen Hilferuf an Assyrien mitverantwortlich war für die Zerstörung des Nordreichs, blieb bis zu seinem Tod ein treuer Anhänger Assyriens.

Sein Sohn Hiskija herrschte nach einer zwölfjährigen Mitregentschaft mit seinem Vater noch dreißig Jahre allein über Juda. Gegen den Rat Jesajas betrieb er eine komplizierte Bündnispolitik mal mit Ägypten, mal mit einem babylonischen König, der sich eines Tages vom assyrischen Joch befreite.

Im Jahr 701 führte der neue assyrische König Sanherib einen Feldzug gegen Juda. Hiskija befestigte Jerusalem und legte die berühmte, nach ihm benannte Wasserleitung an, von der Gihonquelle zum Teich Schiloach, der innerhalb der Mauern lag. Sanherib aber schloß Hiskija in Jerusalem ein, und es bestand nur noch wenig Hoffnung auf Rettung. Da brach im Heer Sanheribs die Pest aus, und er mußte die Belagerung abbrechen. Er zog ab und begnügte sich mit einer Tributzahlung von seiten Hiskijas.

Manasse, der Sohn und Nachfolger Hiskijas, regierte 45 Jahre lang als treuer Vasall Assyriens. Dort herrschte Assurbanipal, ein sehr gebildeter und kunstliebender König, der eine Bibliothek von 20 000 Tontafeln errichten ließ. Alle großen literarischen Werke des Mittleren Orients und die Annalen des assyrischen Reiches waren dort verzeichnet. Gegen Ende seiner Herrschaft begannen sich aber die politischen Kräfteverhältnisse zu ändern. In Babylon erstarkte eine neue Dynastie. Im Gebiet des heutigen Iran kamen die Meder zu Macht und Ansehen, und das alte Ägypten erwachte aus seinem jahrhundertelangen Schlaf.

In dieser neuen weltgeschichtlichen Situation trat in Juda der König Joschija seine dreißigjährige Herrschaft an. Nach zwei Königen, die einen religiösen Synkretismus geduldet hatten, wurde das Auftreten des frommen und jahwetreuen Joschija mit Freuden begrüßt, zumal es ihm gelang, einen Teil der Gebiete, die zum Nordreich gehört hatten, wiederzugewinnen. Sollte Joschija ein neuer David werden? In seiner Regierungszeit, im Jahr 622, entdeckte man bei Renovierungsarbeiten im Tempel eine Gesetzessammlung, die vielleicht aus dem Nordreich stammte. Aus dieser Sammlung wurde später, mit vielen Zusätzen versehen, das Deuteronomium. Die Entdeckung geschah gerade im rechten Augenblick. Sie sollte der großen Reform des Königs als Grundlage dienen (2 Kön 22–23).

Zu dieser Zeit wirkte eine neue Generation von Propheten: Zefanja, Nahum, Habakuk und vor allem Jeremia.

Im Jahr 612 ging eine Eilnachricht um die Welt: Ninive, die Hauptstadt des assyrischen Reiches, war gefallen. Alle Völker des Mittleren Orients jubelten über den Sturz des gefürchteten Feindes. Die Menschen hatten noch nicht begriffen, daß sich nur der Name des Tyrannen ändern sollte. Der siegreiche babylonische General hieß Nebukadnezzar, und er zögerte nicht lange, auch gegen Ägypten zu Felde zu ziehen.

König Joschija ist nach einer alten, aber recht unwahrscheinlichen Deutung dem Pharao Necho, der die Babylonier außerhalb seines Landes schlagen wollte, bei Megiddo entgegengetreten. Dieses militärische Eingreifen habe ihm das Leben gekostet. Wahrscheinlicher ist die Annahme, daß Joschija mit Necho zusammengetroffen ist, um mit ihm zu verhandeln. Bei dieser Gelegenheit ließ ihn dann Necho kaltblütig umbringen. Wie immer aber auch Joschija zu Tode gekommen sein mag, sein tragisches Ende war ein schmerzlicher Verlust für das ganze Land. Die kaum begonnenen Reformen wurden nicht weitergeführt, und die Gläubigen fragten sich ratlos, warum gerade ein so frommer und gesetzestreuer König habe vorzeitig sterben müssen.

Der Sieg bei Karkemisch (605) öffnete Nebukadnezzar den Weg nach Palästina. Er nahm 597 Jerusalem ein und verschleppte den König mit einem Teil der Bewohner. Unter den Deportierten war ein Priester, der spätere Prophet *Ezechiel*. In Jerusalem hatte Nebukadnezzar einen Vasallenkönig aus dem Hause Davids eingesetzt. Sobald die Babylonier abgezogen waren, verbündete sich der judäische Vasall mit Ägypten. Wutentbrannt kehrte Nebukadnezzar zurück. Am 9. Juli 587 (oder 586) bemächtigte er sich der Stadt, zerstörte sie, steckte den Tempel mitsamt der Bundeslade in Brand und deportierte die Einwohner nach Babylon. Das war das Ende des Königreiches Juda.

Der Fall Jerusalems traf die gläubigen Israeliten wie ein ungeheurer Schock. Wir werden im nächsten Kapitel noch davon sprechen. Zunächst aber müssen wir noch einmal auf den Untergang des Nordreiches zurückkommen und auf seine Auswirkungen auf Juda.

Literarische Tätigkeit

Man nimmt an, daß aus dem Norden fliehende Leviten die literarischen Werke ihrer Heimat nach Jerusalem gebracht haben: elohistische Traditionen, Gesetzessammlungen, Reden und Sprüche ihrer Propheten.

Eine weitere Vermutung geht dahin, daß es zwischen der jahwistischen und elohistischen Tradition zu einer Verbindung gekommen ist, die gewöhnlich als „Jehowist" (JE) bezeichnet wird. Daß sich die Reform des Joschija auch auf aus dem Nordreich stammende Gesetzessammlungen stützte, haben wir schon erwähnt, ebenso die Annahme, daß aus diesen Sammlungen das *Deuteronomium* hervorgegangen ist.

Unter dem Einfluß der deuteronomistischen Theologie begann man auch, die Überlieferungen von *Josua*, den *Richtern*, von *Samuel* und den *Königen* zusammenzustellen. In diesen Büchern wurde konkret vor Augen geführt, was die Reden des Deuteronomiums in mehr abstrakter Form ausdrückten.

Schließlich wurden auch die Reden und Aussprüche der Propheten – eines Zefanja, Nahum, Habakuk, Jeremia – schriftlich niedergelegt (vgl. Jer 36). Auch viele Psalmen sind sicher in dieser Zeit entstanden. Und die Weisheitslehrer hörten nicht auf, Erfahrungen zu sammeln und im Licht des Jahweglaubens zu deuten.

Der Fall Samarias und seine Rückwirkung auf Juda

Die Trennung einer Nation in zwei voneinander unabhängige staatliche Gebilde ist uns Deutschen seit dem Zweiten Weltkrieg vertraut, ebenso wie die Hoffnung auf eine vielleicht doch einmal mögliche Wiedervereinigung.

Ähnlich haben schon die Bewohner Judas und Israels unter der politischen und auch religiösen Spaltung gelitten. Als dann das Nordreich erobert und eine assyrische Provinz wurde, empfanden die Gläubigen noch stärker das Unglück einer zerrissenen und gedemütigten Nation. Die israelitischen Brüder hatten doch an denselben Gott geglaubt; sie hatten auf dieselben Verheißungen, die den Vätern von Gott gegeben worden waren, vertraut; auch sie waren sich bewußt gewesen, „Gottes Volk" zu sein und das „Gelobte Land" zu bewohnen. Die Ereignisse von 722 rüttelten an den Fundamenten des Jahweglaubens. Wo war nun das auserwählte Volk? Durfte sich Juda allein als Erbe der Verheißungen fühlen? Gottlob sorgten die Propheten und Weisheitslehrer dafür, daß die Hoffnung auf eine Wiedervereinigung des Volkes lebendig blieb: Juda und Israel würden neu erstehen und zu einem Reich zusammenfinden.

In einer politisch wie religiös so aufgewühlten Zeit herrschte verständlicherweise auch eine rege literarische Tätigkeit, konzentriert in Gesetzessammlung und Geschichtsschreibung.

1. Das Deuteronomium

Jerusalem im Jahr 622. Der König Joschija hat angeordnet, daß im Tempel Renovierungsarbeiten durchgeführt werden. Da entdeckt der Hohepriester ein „Gesetzbuch" (2 Kön 22), und Joschija legt seiner Reform dieses „Bundesbuch" (2 Kön 23,2) zugrunde. Es handelte sich ohne Zweifel um den Kern des Buches, das später zum Deuteronomium werden sollte.

In seiner vorliegenden Form hat das Deuteronomium eine lange Geschichte. Es dauerte mehrere Jahrhunderte, bis das Buch seine endgültige Gestalt gefunden hatte. Das Deuteronomium vertritt eine geistige Strömung, die das israelitische Denken entscheidend geprägt hat. In vielen Büchern der Bibel haben sich deuteronomistische Formeln und Überlegungen niedergeschlagen.

Entstehungsgeschichte des Deuteronomiums

Das Deuteronomium stellt sich dem Leser als eine Folge von Mosereden dar. Vor seinem Tod versammelt der große Prophet das Volk noch einmal um sich und gibt ihm letzte Weisungen, wie es sich in dem zu erobernden Land verhalten soll.

Die einzelnen Etappen der langen Entwicklungsgeschichte des Deuteronomiums lassen sich etwa so zusammenfassen:

Im Nordreich war man sich schon lange vor der Katastrophe von 722 bewußt geworden, daß die Wirklichkeit mit dem einst durch Mose gegebenen Gesetz nicht mehr übereinstimmte. Dieses Gesetz hatte die Verhältnisse eines Nomadenvolkes regeln wollen. Nun war ein Staat mit einer seßhaften, zum Teil städtischen Bevölkerung entstanden. Neue Probleme drängten sich auf, große und kleinere. Wie war die Einberufung der wehrfähigen Männer zum Kriegsdienst durchzuführen? Was sollte man tun, um die Gefahr des heidnischen Götzendienstes abzuwehren? Durfte man die zunehmenden sozialen Ungerechtigkeiten hinnehmen und die Armen der Willkür reicher Grundbesitzer überlassen? Es war also notwendig, das Gesetz den veränderten Verhältnissen anzupassen, gleichsam eine „zweite Auflage" herauszubringen. So entstanden nach und nach die Regeln und Bestimmungen, die eines Tages im Deuteronomium zusammengefaßt werden sollten.

Ohne die prophetische Predigt, vor allem eines Hosea, wäre die Entwicklung unmöglich gewesen. Das Gesetz des Mose war eben keine beliebige Rechtssammlung, sondern ein Bund zwischen Gott und seinem Volk, eine Beziehung, die der ehelichen Liebe zwischen Mann und Frau ähnelte (Hos 1–3).

Eigentümlichkeiten des Deuteronomiums

In *formaler* Hinsicht ist das Deuteronomium unverkennbar:
– durch einen sehr gefühlsbetonten Stil. Der Autor will nicht nur informieren, sondern vor allem überzeugen und die Herzen der Menschen zum liebenden Gehorsam gegenüber Gott bewegen.
– durch seine zahlreichen formelhaften Wiederholungen: „Der Herr, dein Gott ..."; „Höre Israel ..."; „Nimm dich in acht!"
– durch einen ständigen Wechsel zwischen „Du" und „Ihr". Man darf darin kein Anzeichen für verschiedene Stufen der Bearbeitung sehen, sondern einfach den Ausdruck einer theologischen Grundüberlegung. Das Volk ist als Ansprechpartner Gottes ein „Du", eine Einheit, aber es besteht aus vielen einzelnen, die – jeder für sich und alle zusammen – das Gesetz beobachten müssen.

Was die *Hauptgedanken* und *Anliegen* betrifft, können Sie sich merken:
– Jahwe ist der *einzige* Gott Israels.
– Gott hat sich ein *Volk* erwählt. Zum Dank dafür soll Israel Gott lieben.
– Gott hat dem Volk ein *Land* gegeben. Es wird aber nur im Land wohnen bleiben, wenn es Gott die Treue hält und sich täglich, „heute", an den Bund erinnert.
– Diese Erinnerung vollzieht sich vor allem in der *Liturgie,* wenn das von Gott zusammengerufene Volk – wie am Horeb – seinen Gott hört und den Bund erneuert.

Nach dem Fall von Samaria (722) suchten viele Israeliten in Jerusalem Zuflucht. Sie brachten ihre Überlieferungen mit und verglichen sie mit den jahwistischen. Sie dachten auch über die Ursachen nach, die zum Untergang des Nordreiches geführt hatten. Wie mußte eine Ordnung aussehen, die es dem Volk

ermöglichte, Gott treu zu bleiben? Die gesetzlichen Vorschriften des Deuteronomiums sind deshalb manchmal rein theoretischer Natur, sie zeigen ein Ideal auf, das sich gar nicht in die Wirklichkeit übertragen ließ. Dazu gehören zum Beispiel die Bestimmungen, daß alle sieben Jahre die Schulden nachgelassen und die Sklaven befreit werden (Dtn 15), daß nach der Eroberung einer Stadt alle Einwohner zu töten seien, um der Ansteckung zum Götzendienst vorzubeugen (Dtn 13), daß man dreimal im Jahr zu den großen Wallfahrtsfesten nach Jerusalem pilgern müsse (Dtn 16) und noch manches mehr.

Namentlich das Gesetz über die Wallfahrten ist für die Stellung des Deuteronomiums kennzeichnend: Um die Einheit des Volkes wiederherzustellen, wird der Tempel von Jerusalem zum einzigen Ort erklärt, an dem Gott gegenwärtig ist. Damit verloren alle anderen alten Heiligtümer ihre Legitimation als Stätten wahren Jahweglaubens.

Die Geschichte von der Auffindung des „Deuteronomiums" im Tempel wird in der biblischen Wissenschaft unterschiedlich beurteilt. Es ist durchaus möglich, daß engagierte priesterliche Kreise die Gesetzessammlung vorbereitet hatten, um den frommen König Joschija zur Reform anzuspornen. Jerusalem sollte auch theologisch zum Mittelpunkt eines religiös erneuerten und politisch wiedervereinten Volkes werden.

Das ganze Deuteronomium, das später (um 400) als fünftes Buch Mose in den Pentateuch aufgenommen wurde, ist in der literarischen Gattung der Abschiedsrede geschrieben, die Mose vor seinem Tod noch hält. Ihm werden Vorschriften in den Mund gelegt, wie sie erst in der Königszeit möglich waren. Und auch die bitteren Erfahrungen des Exils klingen schon an.

Eine geistige Strömung

Das Deuteronomium ist nicht nur ein Buch. Man spricht von einer *deuteronomistischen Tradition* (D). Es handelt sich um eine geistige Strömung, eine literarische und theologische Methode, Geschichte aus der Vergangenheit heraufzuholen und in die Gegenwart zu versetzen.

Im Jahr 587 wurde auch das Südreich zerstört. Wieder wurde die Katastrophe zum Anlaß, die Vergangenheit zu überdenken. Wie hätte das Volk leben müssen, um sich Gottes Segen für immer im Land zu erhalten und vor seinen Feinden geschützt zu sein? Die Bücher Josua, Richter, Samuel und Könige haben diese offensichtlich zu spät gekommenen und doch jederzeit lebensnotwendigen Einsichten in ihre geschichtlichen Darstellungen eingefügt.

„Du hättest doch ..."

Es ist leicht, im Nachhinein zu sagen: „Das hättest du tun sollen", „So hättest du dich verhalten sollen". Dann möchte man antworten: „Ich hätte dich gern an meiner Stelle sehen wollen ...". Wenn aber Gott es ist, der uns im Nachhinein diese Ratschläge gibt?

In der Versuchungsgeschichte der Evangelien sehen wir, wie Gott in Jesus an unserer Stelle gehandelt hätte. Der Teufel versucht Jesus auf ähnliche Weise, wie Gott das Volk in der Wüste auf die Probe gestellt hatte. Jesus aber antwortet mit Worten aus dem Deuteronomium, Worten, die das israelitische Volk damals hätte sprechen sollen. So kommt die Geschichte Israels und auch unsere eigene Geschichte in Jesus schließlich zu ihrem geglückten Ende.

Ist es möglich, Gott zu lieben?, fragt der Deuteronomist. Das Neue Testament antwortet: Ja, aber nur in Jesus, in ihm ist alles möglich.

Einige Texte aus dem Deuteronomium

Man müßte das ganze Buch lesen, um einen Eindruck zu gewinnen, wie sehr Gott sein Volk liebt und es vor tödlichen Gefahren zu schützen sucht. Dabei darf man jedoch nicht vergessen, daß die Bibel – bis auf wenige Ausnahmen – keinen romantischen, sentimentalen Liebesbegriff kennt, sondern das Wort „Liebe" mit Treue,

Gehorsam, Gesetzeserfüllung und tätigem Gutsein verbindet.

Die Erwählung (4,32–40). Gott hat sein Volk erwählt, weil er es liebt. Für Israel aber bedeutet das Erwähltsein kein Vorrecht, sondern eine Sendung, die allen Völkern zugute kommen soll.

„Schema Israel ..." (6,4). Der Vers ist später zum Glaubensbekenntnis eines jeden Juden geworden. „Höre (gehorche), Israel! Jahwe, unser Gott, Jahwe ist einzig." Aus dieser Grundüberzeugung erwächst die Forderung: „Darum sollst du den Herrn, deinen Gott, lieben ..." (V. 5).

Das *tägliche Leben* als ständige Prüfung (8,1–5). Gott prüft uns, ob wir immer und überall unser Vertrauen nur auf ihn setzen. Dieser Text bildet die Grundlage der neutestamentlichen Versuchungsgeschichte.

Das *Gesetz* beruht nicht auf äußerem Zwang, sondern auf der Forderung, Liebe mit Liebe zu beantworten (10,12–15).

Der *Tempel* ist der einzige Ort, an dem Gott für sein Volk gegenwärtig ist (12,2–28). Dreimal im Jahr müssen die Israeliten nach Jerusalem wallfahren (16,1–17).

Der *wahre Prophet* (18,15–22). Mose sagt das Kommen eines letzten Propheten voraus, den Gott „wie mich" erstehen lassen wird. Die ersten Christen haben diesen endzeitlichen Propheten in Jesus erkannt.

„... ein Gehenkter ist ein von Gott Verfluchter" (21,23). Mit diesem Satz wird die Vorschrift begründet, einen am Pfahl Hingerichteten noch am gleichen Tag zu begraben. In der paulinischen Kreuzestheologie lautet der Vers: „Verflucht ist jeder, der am Pfahl hängt" (Gal 3,13).

Soziale Gesinnung (24,14–22). Hier wie an vielen anderen Stellen des Dtn tritt der Geist brüderlicher Gemeinschaft und Verantwortung für den sozial Schwächeren deutlich zu Tage.

Das *Wort Gottes* (30,11–20). Im Dtn werden die Grundlagen einer Wort-Gottes-Theologie entfaltet, die durch das Neue Testament noch nicht überholt sind. Seine Kraft und Nähe, seine Lebensnotwendigkeit und Übereinstimmung mit den wahren Absichten des menschlichen Herzens – das alles und noch vieles mehr kommt hier zum Ausdruck.

→ **Textauslegung: Die „Eucharistie" der Erstlingsgaben (Dtn 26,1–11)**

Israel wohnte schon seit Jahrhunderten im Lande Kanaan. Es verehrte einen Gott, der ihm in seiner Geschichte begegnet war. Zu ihm bekannte es sich in dem „Credo", das den Mittelpunkt unseres Textes bildet. Nun aber war Israel zu einem Volk von Bauern und Handelstreibenden geworden. Was die Menschen inter-

---

1 Wenn du in das Land, das der Herr, dein Gott,
dir als Erbbesitz gibt, hineinziehst,
es in Besitz nimmst und darin wohnst,
2 dann sollst du von den ersten Erträgen
aller Feldfrüchte, die du in dem Land,
das der Herr, dein Gott, dir gibt, eingebracht hast,
etwas nehmen und in einen Korb legen.
Dann sollst du zu der Stätte ziehen,   [Jerusalemer Tempel]
die der Herr, dein Gott, auswählt,
indem er dort seinen Namen wohnen läßt.
3 Du sollst vor den Priester treten,
der dann amtiert, und sollst zu ihm sagen:
Heute bestätige ich vor dem Herrn, deinem Gott,
daß ich in das Land gekommen bin, von dem ich weiß:
Er hat unseren Vätern geschworen, es uns zu geben.
4 Dann soll der Priester den Korb aus deiner Hand
entgegennehmen und ihn vor den Altar
des Herrn, deines Gottes stellen.
5 Du aber sollst vor dem Herrn, deinem Gott,
folgendes Bekenntnis ablegen:

Mein Vater war ein heimatloser Aramäer.
Er zog nach Ägypten,
lebte dort als Fremder mit wenigen Leuten
und wurde dort zu einem großen, mächtigen und zahlreichen Volk.
6 Die Ägypter behandelten uns schlecht,
machten uns rechtlos
und legten uns harte Fronarbeit auf.
7 Wir schrien zum Herrn, dem Gott unserer Väter,
und der Herr hörte unser Schreien
und sah unsere Rechtlosigkeit,
unsere Arbeitslast und unsere Bedrängnis.
8 Der Herr führte uns mit starker Hand und hoch erhobenem Arm,
unter großem Schrecken, unter Zeichen und Wundern aus Ägypten,
9 er brachte uns an diese Stätte und gab uns dieses Land,
ein Land, in dem Milch und Honig fließen.
10 Und siehe, nun bringe ich hier die ersten Erträge
von den Früchten des Landes,
das du mir gegeben hast, Herr.

Wenn du den Korb vor den Herrn, deinen Gott, gestellt hast,
sollst du dich vor dem Herrn, deinem Gott, niederwerfen.
11 Dann sollst du fröhlich sein und dich freuen über alles Gute,
das der Herr, dein Gott, dir und deiner Familie gegeben hat:
du, die Leviten und die Fremden in deiner Mitte.

75

essierte, war die Fruchtbarkeit der Felder und des Viehs. Zur Ernte feierte man ein Fest, an dem Gott die Erstlingsgaben dargebracht wurden.

Selbst auf die Gefahr hin, anachronistisch zu werden, möchten wir auf die Analogie mit dem Schema des eucharistischen Hochgebets hinweisen: Opferung – Abendmahlsbericht (das eine Geschichte erzählende „Credo") – Anbetung und Gemeinschaftsmahl. Wie ist es möglich, daß die Erzählung einer Geschichte, die von unseren Gaben, unserem Leben berichtet, eine Veränderung, eine Wandlung bewirkt?

Wer sind die Akteure? Was tun sie? Welche Objekte geben bzw. bringen sie? Wie sind die Raumvorstellungen des Rahmentextes und des „Credo" zu ordnen? In welcher Zeit spielen sich die einzelnen Vorgänge ab? Denken Sie

daran, daß der Text wahrscheinlich aus der Exilszeit stammt, wo ein Theologe den Versuch unternommen hat, ein neues Ritual für den Erntedank zu schreiben.

Achten Sie auf formelhafte, öfters wiederkehrende Ausdrücke und den Wechsel der Personen: „ich"/„du" – „wir".

Am Anfang des Textes handelt es sich nur um eine Person, die mit „du" angeredet wird. Am Ende erscheinen neben dem „du" noch „die Leviten" und „die Fremden". Sie bilden eine Gruppe, die offensichtlich etwas gemeinsam haben müssen: das Land. Der mit „du" angeredete Israelit ist nicht der einzige Besitzer seines Landes.

Eine Geschichte beginnt meist mit der Feststellung, daß etwas fehlt. Wenn der Mangel behoben ist, hat die Geschichte ihr Ende gefunden. Man kann in dem Text drei „Schichten" erkennen, die ineinander verflochten sind.

„Frühere Propheten"

Die von uns als historisch bezeichneten Bücher Josua, Richter, Samuel, Könige nennen die Juden die „früheren Propheten". Sie werden so mit den anderen Prophetenbüchern (Jesaja, Jeremia, Ezechiel . . .) auf die gleiche Stufe gestellt.

Es geht gewiß um mehr als um eine rein äußerliche Etikettierung. Wenn ein Autor heutzutage sein Buch in einer historischen oder philosophischen Reihe veröffentlicht, weiß der Leser ziemlich genau, was ihn erwartet.

Die Bücher Josua, Richter, Samuel, Könige sind also keine historischen Werke im strengen Sinn. Sie beschreiben nicht die Vorgänge mit wissenschaftlicher Genauigkeit, wie es zum Beispiel die Archäologie tut, die uns lehrt, daß Jericho zur Zeit Josuas schon längst in Schutt und Asche lag. Der Autor ist kein Reporter oder Kriegsberichterstatter, sondern ein Prophet, der den tieferen Sinn der Ereignisse zu ergründen suchte.

Prophetische Bücher, das bedeutet auch, daß die Autoren über die von ihnen gesammelten Traditionen nachgedacht haben, um

zu entdecken, welche Botschaft Gott in den Ereignissen verkünden wollte. Wenn sich im Lauf der Zeit die Verhältnisse änderten, mußte auch anders erzählt und andere Gesichtspunkte hervorgehoben werden. Nur so konnte Gottes Wort immer aktuell bleiben.

Im Deuteronomium haben wir vor allem eine geistige Strömung, eine neue Art theologischen Denkens festgestellt. Die Bücher der „früheren Propheten" sind von dieser Strömung stark beeinflußt worden. Zumindest die letzten Bearbeiter haben die ihnen vorliegenden Traditionen noch einmal überarbeitet und „deuteronomisch" kommentiert. Nach 587 mußte jeder Bericht von einer Niederlage, einem Versagen in einen Aufruf zur Umkehr einmünden. Gott bleibt seiner Verheißung treu, das Land Kanaan wird dauernder Erbbesitz Israels, aber nur, wenn das Volk Gott treu bleibt. Gott wohnt inmitten seines Volkes, wie er vor 587 im Tempel gewohnt hat, aber nur, wenn das Volk zu ihm zurückkehrt. In dieser Meditation über die Vergangenheit Israels suchen die Propheten die Gegenwart zu bewältigen, ihr einen Sinn zu geben, damit die Hoffnung auf eine von Gott geschenkte Zukunft nicht erlischt.

V. 5b: Der Mangel an Landbesitz, ein bedrängendes Thema der Exilszeit, wird wettgemacht, indem die Hebräer in Ägypten zu einem großen und mächtigen Volk geworden sind. Aber das reicht nicht aus. Was den Israeliten verheißen ist, ist das eigene Land, in dem sie in Freiheit wohnen können. Es scheint übrigens gewollt zu sein, daß nur in diesem Abschnitt des Textes Gott nicht genannt wird – als ob er in Ägypten abwesend gewesen sei.

V. 6–9: Während die Ägypter den Hebräern die Knechtschaft geben, gibt ihnen Gott ein eigenes Land. Damit scheint aber Gott seinem Volk in ähnlicher Weise dienstbar zu sein, wie es die heidnischen Götter gegenüber ihren Verehrern sind.

V. 10–11: Der Anfang des Textes (V. 1–4) wird wiederaufgenommen. Die Früchte der Erde verändern ihre Bedeutung, weil man ihre Geschichte erzählt. Was zu Beginn als Darbringung eigener Erstlingsgaben erscheint, wird jetzt deutlich als Frucht des Landes erkannt, „das du mir gegeben hast, Herr". Indem sich der Israelit niederwirft, huldigt er Gott als dem Herrn der Geschichte.

Auch die Beziehung zum Landbesitz hat sich geändert. Der Levit und der Fremde genießen die Früchte eines Landes, das ihnen nicht gehört. Ähnliches erfährt der mit „du" Angeredete. Seine Güter sind der willkürlichen Verfügung entzogen. Er soll sich seines Wohlstands freuen, aber auch an die anderen Menschen denken, die wirtschaftlich nicht so gut gestellt sind.

Die jehowistische Tradition (JE)

Die Verbindung zwischen der jahwistischen Tradition (J), die im Südreich gesammelt wurde, und der wohl im Nordreich entstandenen elohistischen Überlieferung (E) wird gewöhnlich als „jehowistisch" bezeichnet. Es handelt sich freilich nicht um eine bloß literarische Zusammenfügung, sondern weit mehr um eine durch den Untergang des Nordreichs ausgelöste Neubesinnung auf die Grundlagen israelitischen Glaubens.

Wir befinden uns in Jerusalem. Dort herrscht der König Hiskija, unterstützt vom Propheten Jesaja. Hiskija ist Nachfolger Davids und Salomos, denen Gott ein Land, ein Volk, eine Dynastie versprochen hatte. Nun aber war schon seit zwei Jahrhunderten die Einheit des Großreichs zerbrochen. Israel im Norden und Juda im Süden wissen sich gleichwohl immer noch als ein Volk, als jenes Volk, mit dem Gott am Sinai einen Bund geschlossen hat und das sich als Erbe der Abrahamsverheißungen fühlen durfte.

Jetzt war das Nordreich durch Assyrien zerstört worden (722). Dies hatte den israelitischen Glauben in seinen Grundfesten erschüttert. In das einst dem David gegebene Land war der Feind eingedrungen, hielt es besetzt und stand schon vor den Toren Jerusalems.

Und das Volk? Sollte es sich fortan auf die beiden Stämme Juda und Benjamin, die Bewohner des Südreichs, beschränken?

Gläubige Israeliten, die dem Massaker entronnen waren, flüchteten nach Juda und brachten ihre Überlieferungen mit. Als König Hiskija seine religiösen Reformen in Gang setzte, wurden auch die aus dem Nordreich stammenden Traditionen mitberücksichtigt. Es kam zu einer regen theologischen und literarischen Aktivität, als deren Ergebnis man den Jehowismus bezeichnen mag.

Die vermutete Einigung von Jahwismus und elohistischer Überlieferung war ein schwieriges Unternehmen, weil beide Traditionen oft um denselben Gegenstand kreisten und sich nur in Kleinigkeiten unterschieden. Es bleibt deshalb umstritten, wie weit der Einfluß von E reicht, so daß man das Feld getrost den Spezialisten überlassen darf. Allgemein betrachtet, können wir uns mit der Feststellung begnügen, daß die sittlichen und religiösen Forderungen des Elohisten in die vorliegenden Texte Eingang gefunden haben.

➜ Der Bund mit Abraham (Gen 15)

Mit dieser Erzählung begann wahrscheinlich das elohistische Geschichtswerk. Im vorliegenden Text haben sich jedoch J und E so stark miteinander vermischt, daß eine glaubhafte Quellenscheidung unmöglich ist. Man kann nur zeigen, wie die beiden Traditionen ihre jeweiligen Anliegen in den Text eingebracht haben.

So verbindet sich die Verheißung der Nachkommenschaft und des Landbesitzes mit dem Segensspruch von Gen 12,2 und 13,14, der zur jahwistischen Tradition gehört. Dagegen ist der Bund wieder ein Lieblingsthema des Elohisten.

Der Ritus des Bundesschlusses ist eine Symbolhandlung. Gewöhnlich schritten die beiden Partner des Bundes zwischen den geteilten Tierhälften hindurch. Damit wollten sie anzeigen, daß den, der den Bund breche, das gleiche Schicksal ereilen werde wie das geschlachtete Tier. Hier jedoch schreitet nur Gott zwischen den Hälften hindurch, er allein verpflichtet sich, den Bund zu halten.

Diese bedingungslose Verheißung Gottes ist eine wesentliche Grundlage des israelitischen und später auch des christlichen Gottesglaubens. Auch wenn der Mensch sündigt und den Bund mit Gott bricht, auch wenn er mit Recht für seine Sünde bestraft wird, Gott bleibt seiner Verheißung treu, auf ihn kann der Mensch sich immer verlassen.

→ Das Bundesbuch (Ex 20,22–23,19)

Dieser Text stammt wohl aus alter Zeit, er geht auf die Anfänge Israels zurück. Man nimmt an, daß er in der Richterzeit entstanden ist, als es noch keinen König und keine Priester gab. Die Bevölkerung bestand aus Halbnomaden, die hauptsächlich von der Viehzucht lebten und nur ein wenig Ackerbau betrieben. Das Bundesbuch war wohl im Nordreich aufbewahrt worden. Typisch für seine Denkweise ist die enge Bindung aller, auch der gewöhnlichsten Lebensbereiche an das Gottesrecht.

Bei der jehowistischen Redaktion ist das Bundesbuch in die geschichtliche Darstellung des Buches Exodus aufgenommen worden. Hier unterbricht es zwar den Erzählfluß, prägt aber gerade dadurch allen geschichtlichen Überlieferungen den Charakter des Bundesschlusses auf – nur daß diesmal beide Partner sich ausdrücklich zur Einhaltung der Gesetze verpflichten.

2. Judäische Propheten des 6. Jahrhunderts

Die Stimme des Jesaja war verstummt, man weiß nicht wann. Nach einer frühjüdischen Legende soll er unter Manasse, der später als Urbild eines gottlosen und verruchten Herrschers galt, den Martertod erlitten haben. Anstelle Jesajas erhob sich eine andere Generation von Propheten, deren Botschaft wir kurz hören wollen.

Zefanja

Als Zefanja das Wort ergriff, neigte sich die Herrschaft des Manasse ihrem Ende zu. Der junge König Joschija, der 640 den Thron bestieg, hatte mit seiner großen religiösen Reform noch nicht begonnen.

Der erste Teil des Buches (1,1–3,8) beklagt die unheilvollen Zustände in Jerusalem und Juda. Im Volk gibt es keinen Gerechten mehr. Gott allein ist gerecht, niemand hält ihm mehr die Treue. „(Jerusalem) will nicht hören und nimmt sich keine Warnung zu Herzen" (Zef 3,2). Deshalb ist der große Tag des Zornes nahegekommen (1,14–18).

Da die Mächtigen, die Könige, Propheten und Priester versagt haben, wendet sich der Prophet an die Armen und von Herzen Demütigen, die nicht auf die eigene Kraft bauen, sondern ihre Hoffnung ganz auf Gott setzen

(Zef 2,3). Zefanja läßt damit das Thema der „Armut im Geist" anklingen, das in der späteren Frömmigkeitsgeschichte eine so große Bedeutung erlangen sollte.

Stärker als das menschliche Versagen ist jedoch die Liebe Gottes. Einmal wird es eine Zeit geben, da der Herr wieder in der Mitte seines Volkes, der „Tochter Zion", wohnen wird. Auch alle anderen Völker werden durch Gottes Liebe entsühnt werden, und im Gedanken an dieses zukünftige Heil jubelt Gott schon jetzt vor Freude (3,17). Diese Gedanken scheinen jedoch erst in nachexilischer Zeit angefügt zu sein.

Tochter Zion

In vielen Kulturen ist es üblich, ein Volk durch eine weibliche Figur zu symbolisieren. *Hosea* hatte das Volk mit einer ungetreuen Ehefrau verglichen, der Gott durch seine Liebe wieder das Herz einer unberührten Braut schenkt.

Bei *Micha* begegnet der Ausdruck „Tochter Zion" zum ersten Mal. Er bezeichnet wahrscheinlich den nördlichen Bezirk Jerusalems, wo sich auf dem Zionshügel Flüchtlinge aus dem Nordreich niedergelassen hatten. Gemeint ist also jener kleine *Rest,* der durch Leid und Drangsal geläutert wird. In diesem Rest Israels wird Gott, so sieht es *Zefanja* voraus, einmal wieder Wohnung nehmen. Auch andere Völker werden sich der „Tochter Zion" anschließen (Zef 3,9). Es handelt sich um ein eschatologisches Bild, das vom Volk der Endzeit gilt.

Jeremia betont mehr den schmerzhaften Prozeß der notwendigen Läuterung (Jer 4,11; 6,23), ebenso die Klagelieder. Schließlich aber muß diese „Frau" wieder Gott suchen, ihren Ehemann (Jer 31,22).

Das *zweite und dritte Jesajabuch* preisen die Jungfrau Zion als Braut des Herrn, die ihm zahlreiche Söhne gebiert (Jes 54,1; 60; 62,11: „Sagt der Tochter Zion: Sieh her, jetzt kommt deine Rettung ..."). Zion wird die Mutter des neuen Gottesvolks werden (Jes 66,6–10) – ein Bild, das im Neuen Testament so vielfache und oft schwer zu deutende Verwendung gefunden hat.

Nahum

Der um 660 predigende Prophet kündigte den Untergang Ninives an. Damals befand sich Assyrien noch auf dem Gipfel seiner Macht.

Habakuk

Der Prophet hat wohl um 600 gewirkt, als die Babylonier mit ihren Vorstößen Palästina zu beunruhigen begannen. Er sieht in den Babyloniern ein Instrument, mit dem Gott die Assyrier bestraft, weil sie Israel unterdrückt haben. Wie aber – so fragt Habakuk – kann sich Gott so unreiner Instrumente bedienen? Warum haben die Bösen immer Erfolg? Habakuk fragt nach dem Bösen auf politischer Ebene, bezogen auf das Verhalten der Völker. Die Antwort, die Gott ihm gibt, wird später von Paulus zum Hauptthema seines Römerbriefes gemacht (Hab 2,4 = Röm 1,17).

Das „Gebet des Habakuk" (Hab 3) ist eine großartige Dichtung, erfüllt von Staunen, Jubel und Freude über die Großtaten Gottes. Der Prophet hofft, daß Gott wie in alter Zeit wieder erscheint und seine Herrlichkeit entfaltet.

Jeremia

„Ohne diese außergewöhnliche Persönlichkeit hätte die religiöse Geschichte der Menschheit einen anderen Verlauf genommen ..." (Renan).

Jeremia hat das furchtbare Drama der Jahre 597 und 587 am eigenen Leib erfahren. Mehr noch, er hat die Katastrophe vorausgesehen, er hat versucht, sein sorgloses Volk darauf vorzubereiten, und er ist deswegen verfolgt worden.

Das Wirken Jeremias begann noch zur Zeit des frommen Joschija. Damals unterschied sich seine Predigt nicht von der seiner Vorgänger. Er wollte dem Volk bewußt machen, daß es in die Irre ging, daß sein Weg unrettbar in die Katastrophe führte. In den ersten sechs Kapiteln, die wohl seine früheste Verkündigung wiedergeben, begegnen immer wieder zwei Begriffe: das Volk hat Gott *verlassen* – es muß zu ihm zurückkehren, sich *bekehren*.

Merkwürdigerweise hat Jeremia während der großen Reform des Joschija, die er sicher mit allen Kräften unterstützte, geschwiegen.

Im Jahr 605 schlug der babylonische König Nebukadnezzar die Ägypter bei Karkemisch in Nordsyrien und rückte dann 603 auf Jerusalem vor, das sich rechtzeitig unterwarf. Jeremia hatte erkannt, daß der Feind vom Norden her, von Babylon zu erwarten sei. Er sah das Unheil kommen und wollte ihm im voraus einen Sinn geben. Gewöhnlich aber verstehen wir – wenn überhaupt – erst im Nachhinein, was geschehen ist. Dies haben Ezechiel und die anderen Propheten des babylonischen Exils getan. Jeremia aber hat das Verdienst, vor dem Eintritt der Katastrophe eine Sinndeutung versucht zu haben. Gewiß, das Volk hörte nicht auf ihn, er wurde als Schwarzseher und Vaterlandsverräter ins Gefängnis geworfen, und man lief lieber den falschen Propheten nach, die Heil und Sieg verkündeten. Als aber Jeremia durch den Gang der Ereignisse recht bekommen sollte, erinnerte man sich an seine Botschaft. So schöpfte das Volk, als es – politisch gesehen – schon zu spät war, aus seinen Worten wieder Trost und Zuversicht. Damit entging es der Gefahr, neben Heimat, Tempel und Königtum im Exil auch noch den Glauben zu verlieren.

Ein assyrischer Krieger schlägt einem Gefangenen den Kopf ab.

„Gott wird euch strafen ..."

Die Botschaft der Propheten klingt uns heutigen Menschen höchst befremdlich. Wir hören immer wieder von einem Gott, der sein Volk mit Strafen bedroht, weil es gesündigt hat. Naturkatastrophen, Kriege, soziale Ungerechtigkeiten – sind das alles Strafen Gottes? Dieses Bild eines zürnenden, rächenden Gottes scheint uns unerträglich.

Nehmen wir ein Beispiel. Ein junger Mann, leichtsinnig und auf Abwege geraten, hat mit seinem Motorrad einen schweren Unfall gehabt und ist gerade noch mit seinem Leben davongekommen. Wie oft hatten ihm Eltern, Seelsorger und Lehrherren schon gesagt: „Wenn du so weitermachst, wird Gott dich noch einmal strafen." Nun aber lassen die schweren Leiden den jungen Mann selbst über sich nachdenken. Er erkennt die Hohlheit seines bisherigen Treibens und beschließt, sich zu ändern und ein neues Leben zu beginnen.

Könnte es nicht sein, daß dieser junge Mensch eines Tages zu Gott sagt: „Du hast gut daran getan, den Unfall zuzulassen, denn so habe ich zu einem sinnvollen Leben zurückgefunden"?

So ähnlich muß man sich die Straf- und Drohreden der Propheten erklären. Sie wollen das Volk warnen, bevor es zu spät ist. Nachdem aber die Katastrophe, das Strafgericht Gottes eingetreten ist, sollen die Menschen wissen: Auch im Unglück läßt Gott sein Volk nicht allein; Untergang, Verbannung und Tod waren die letzten Mittel seiner Liebe, um einen Neubeginn zu ermöglichen.

Unser pseudo-humanitäres Zeitalter hat leider das Gespür dafür verloren, daß Liebe oft hart sein muß. Ein Gott, der die Menschen einfach gewähren läßt, dem die sittliche Ordnung gleichgültig ist und der nicht mit Vergeltung droht, wäre kein liebender Vater, sondern ein Fremder, dem wir nichts bedeuten. Die Predigt der Propheten hat – trotz mancher zeitbedingter Bilder und Redewendungen – noch nichts von ihrer Aktualität verloren.

Themen der Botschaft des Jeremia

● *Die wahre Religion.* Das Volk beteiligte sich wohl eifrig an den vorgeschriebenen religiösen Übungen. Es verehrte die Bundeslade, ging in den Tempel, brachte Opfer dar, hielt den Sabbat und ließ die Kinder beschneiden. Es tat dies alles, aber sein Herz war nicht dabei. Schlimmer noch, das Volk meinte, Gott müsse Jerusalem, die heilige Stadt, und den Tempel beschützen, wenn es nur die Riten beobachtete. Es hatte aus seiner Religion eine Heilsversicherung gemacht und dünkte sich von innerem Gehorsam und wahrer Liebe entbunden. Gott aber, so verkündete Jeremia, werde alle diese falschen Sicherheiten zerschlagen: die Bundeslade (Jer 3,16), den Tempel (7,1–5; 26), Jerusalem (19). Denn was Gott fordere, sei nicht die äußere Beschneidung am Fleisch, sondern das Beschnittensein am Herzen (4,4; 9,24–25). Diese Angriffe auf die geheiligten Güter der Nation klangen so blasphemisch, daß Jeremia nur knapp dem Tod entging.

● *Der neue Bund.* In Jer 31 stoßen wir auf das Herzstück seiner Botschaft. Allem Unheil zum Trotz gibt es noch Hoffnung. Gott verzeiht und schließt einen Neuen Bund.

Worauf beruht diese Hoffnung? Lesen Sie Jer 31,20.

In diesem Zusammenhang taucht auch das Motiv der persönlichen Verantwortung auf (V. 29–30). Ezechiel hat sich ausführlich mit dieser Frage beschäftigt (Ez 18).

Welche Züge machen den Bund zu einem „neuen" (Jer 31,31–34)? Welche Rolle spielt der Neue Bund im Neuen Testament? Vgl. Lk 22,20; 1 Kor 11,25; Hebr 8,13; 9,15; 12,24.

● *Symbolische Handlungen.* Mehr als andere Propheten hat Jeremia durch Symbolhandlungen und Demonstrationen gewirkt. Diese „Zeichen" wollten die künftigen Ereignisse nicht nur ankündigen, sondern in gewisser Weise vorausdarstellen und gegenwärtigsetzen. Es handelte sich also um eine wirksame Tatverkündigung des Gotteswortes. In diesem Sinn kann man auch den Ritus der Eucharistie als prophetische Symbolhandlung verstehen.

● *Das Tagebuch des Jeremia.* Jeremia ist neben Paulus die am besten bekannte Persönlichkeit der Bibel. In seinen „Bekenntnissen" hat der Prophet von seinen ganz persönlichen Empfindungen, seinem Glauben und seiner Verzweiflung, seinen körperlichen und seelischen Leiden berichtet (vgl. besonders 12,1–5; 20,7–18). Wie können uns diese „Gebete" helfen, Gott zu begreifen? Uns selbst? Unsere Beziehung zu Gott?

● *Die Berufung* (1,4–19). Die Art, wie ein Prophet seine Berufung darstellt, ist oft sehr erhellend, was seine Botschaft betrifft. Wir sehen Jeremia von Anfang an im Zwiegespräch mit Gott, wir hören von seinen Zweifeln an sich selbst und der Sicherheit, die er durch Gottes Zusage gewinnt. Die beiden anschließenden Visionen (V. 11–19) zeigen uns beispielhaft, wie ein Prophet Gott in alltäglichen Dingen „sieht".

V. Das Babylonische Exil (587–538)

Juli 587: Nach einjähriger Belagerung dringt das babylonische Heer in Jerusalem ein. Das Ende des Königreiches Juda ist gekommen.

Zehn Jahre Wahnsinn: 597–587

Im Jahr 597 hatte Nebukadnezzar schon einmal Jerusalem erobert. Damals war er mit einer Tributzahlung zufrieden gewesen, hatte nur einen Teil der Einwohnerschaft deportiert (unter ihnen den Propheten Ezechiel) und einen ihm genehmen König eingesetzt.

Man hätte hoffen können, daß das Volk aus diesen Ereignissen eine Lehre ziehen würde. Doch von falschen Propheten verführt, ließ es sich weiter von Illusionen und Wunschträumen leiten. Die babylonische Invasion war bald vergessen, man gab sich wieder sorglos und unbekümmert, schloß ein Bündnis mit Ägypten gegen Babylon.

In Jerusalem predigte Jeremia die Unterwerfung unter Babylon. Seiner Meinung nach kam es nicht darauf an, ob Juda politisch frei oder abhängig war. Die entscheidende Frage lautete vielmehr, ob das Volk seinem Gott dienen, die geistige Freiheit bewahren und die Gerechtigkeit, die Bundestreue, üben würde. Als „Vaterlandsverräter" wurde Jeremia in eine Zisterne geworfen, wo er halb verhungerte.

In Babylon empfahl auch Ezechiel den Verbannten, sich zu unterwerfen und Ruhe zu geben. Aber auch er fand keinen Glauben. Die Exilierten träumten lieber von baldiger Befreiung durch ein Entsatzheer aus Juda. Im Jahr 587 sahen sie dieses Heer heranrücken, aber nicht als Befreiungsarmee, sondern als geschlagenen Haufen von Gefangenen, die, aneinander gekettet, den fast 1800 km langen Weg zu Fuß zurückgelegt hatten. An der Spitze zog ein König, dessen geblendete Augen als letztes noch die Hinrichtung seiner Söhne gesehen hatten.

Das Wunder des Exils

Das Volk Israel hatte alles verloren, was seinem bisherigen Leben Inhalt und Sinn gegeben hatte:
– das *Land,* die greifbare Bestätigung göttlichen Segens;
– den *König,* das Symbol nationaler Einheit und seinen höchsten Repräsentanten vor Gott;
– den *Tempel,* den Ort göttlicher Gegenwart und Heilszuwendung.

Wird das Volk auch seinen *Gott* verlieren? Damals glaubte man, daß die Götter an ihr Land und Volk gebunden seien, daß ihre Kraft und Stärke an militärischen Siegen oder Niederlagen abzulesen sind. Hatte nun der babylonische Gott Marduk über Jahwe, den Gott Israels, gesiegt und sich als stärker erwiesen? Wer blieb dann schon gern auf Seiten eines geschlagenen Gottes?

Es war das große Wunder des Exils, daß Israel seinen Glauben nicht verlor, sondern im Gegenteil durch die Katastrophe geläutert und in seiner Treue zu Jahwe bestärkt wurde. Dieses Wunder haben einmal die Propheten mitgewirkt, ein Ezechiel und der große Unbekannte, den wir Deuterojesaja nennen. Nicht zu vergessen sind aber auch die *Priester,* die – vom Opferdienst befreit – sich dem Studium der alten Traditionen widmeten und zu einer neuen Sicht der israelitischen Geschichte gelangten. Der Glaube konnte auch ohne die bisherigen Stützen – Landbesitz, König, Tempel – bewahrt werden in einer freieren, geistigen Weite.

Es gab keinen Tempel und keine Opfer mehr? Man konnte auch in Bethäusern und Synagogen zusammenkommen, Gott ehren, sein Wort hören und ihm das Opfer des Gehorsams bringen. Es gab keinen König mehr? War nicht Jahwe der einzige, wahre König Israels? Man hatte die Heimat verloren und lebte in fremdem Land? War nicht die Beschneidung ein Zeichen,

82

das alle Israeliten, wo immer sie in der Welt verstreut lebten, zu einer Nation vereinte?

So lagen im Exil die Anfänge dessen, was man im Unterschied zur israelitischen Religion das *Judentum* nennt. Jude sein heißt demnach, den Glauben der Väter unter den Bedingungen der Fremde und Heimatlosigkeit zu leben. Auch als ein Teil der Deportierten wieder in die alte Heimat, das Land Israel, zurückkehrte und sich einen neuen, bescheidenen Tempel erbaute, blieb das Judentum fortan die Form, in der Israel sein religiöses Leben gestaltete.

An den Flüssen Babylons ...

Wie war die Situation der deportierten Juden? Das ist nicht so leicht zu sagen. Das Volk hatte einen furchtbaren Schock erlitten und schwere seelische Verletzungen davongetragen. Damals bedeutete die Eroberung einer Stadt, eines Landes: geschändete Frauen, hingemetzelte Säuglinge, verstümmelte Kriegsgefangene, Hungersnot und Seuchen. Wie die Stimmung bei den Verbannten war, kann man aus Ps 137 herauslesen: „Tochter Babel, du Zerstörerin! Wohl dem, der dir heimzahlt, was du uns getan hast!" Gleichwohl darf man sich nicht vorstellen, die Verbannten hätten in einer Art Kriegsgefangenenlager gelebt. Die Juden genossen eine relative Freiheit, was Zwangsarbeit nicht ausschloß. Ezechiel konnte seine Volksgenossen, die sich vom Ackerbau ernährten, ungehindert besuchen. Als das Exil zu Ende ging, blieben viele Juden freiwillig in Babylon zurück, wo sie später eine wohlhabende und einflußreiche Gruppe bildeten. Die Archive der Bank „Muraschu" in Nippur (Südbabylon) bezeugen noch heute, daß hundert Jahre nach dem Exil manche Juden über ein wohlgepolstertes Konto verfügten.

Die Hauptstadt Babel machte mit ihren Überlieferungen auf die Juden einen großen Eindruck. Babel war quadratisch angelegt und bedeckte eine Fläche von 13 km², die vom Eufrat durchflossen wurde. Die Heilige Straße führte vom Ischtartor, das mit bunten Kacheln geschmückt war, zu den Göttertempeln, über die sich der Stufenturm, die Ziggurat, erhob, der berühmte „Babylonische Turm". An jedem

Neujahrsfest hörten die Juden, wie die großen mythischen Dichtungen vorgelesen wurden (Enuma Elisch, Gilgameschepos). Sie erfuhren,

---

Literarische Aktivitäten

Die Juden hatten alles verloren – außer ihren Überlieferungen, die sie wie alle im Exil lebenden Menschen mit Hingabe pflegten.

Der Prophet *Ezechiel* wirkte am Anfang des Exils als Seelsorger unter den Verbannten. Gegen Ende trat der große *Deuterojesaja* auf, als die Hoffnung auf Heimkehr schon nahe schien.

Schriftgelehrte *Priester* ordneten die aus Jerusalem mitgenommenen Gesetzessammlungen zum „Heiligkeitsgesetz" (Lev 17–26). Nach der Rückkehr aus dem Exil sollte daraus das *Buch Levitikus* werden.

Als größte Leistung der im Exil lebenden Priesterschaft wird aber die Neuinterpretation der alten Überlieferungen angesehen, die sogenannte *„Priesterschrift"* (P). Sie führte bis an die Anfänge der Schöpfung zurück und betonte die Notwendigkeit von Kult und levitischer Reinheit. Mit P lagen dann auch alle Elemente des Pentateuch vor, und es bedurfte nur noch der Zusammenstellung zu einem großen fünfbändigen Werk, was wohl um 400 geschehen ist.

Das Unglück und die schier unerträglichen Leiden der einzelnen Menschen vertieften die Reflexionen der jüdischen *Weisheitslehrer*. Hinzu kam die Berührung mit babylonischer und altorientalischer Weisheit. Dies führte in der Zeit nach dem Exil zu literarischen Meisterwerken wie dem Buch *Ijob* und anderen poetischen Texten.

Einen neuen, bewegenden Ausdruck fand auch die Frömmigkeit der Verbannten. Manche *Psalmen* (wie Ps 44; 80; 89; 137) sind wohl damals entstanden. Die Klagen über das Schicksal werden übertönt vom Vertrauen auf den getreuen Gott.

In Jerusalem faßten einige von der Deportation verschonte Juden ihren Schmerz in die unsterblichen Verse der *Klagelieder,* die man fälschlicherweise dem Propheten Jeremia zugeschrieben hat.

daß der Gott Marduk die Welt geschaffen habe, daß der Gott Ea die Menschheit vor der Sintflut rettete und Gilgamesch das Lebenskraut suchte, um Unsterblichkeit zu erlangen. Geistig interessierte Juden beschäftigten sich auch mit der babylonischen Weisheit und ihrer meist pessimistischen Sicht des menschlichen Daseins. So weitete sich der Horizont, und das Staunen vor der Größe des eigenen Gottes, des Gottes Israels, nahm zu.

Der „Messias" Kyrus

Am 29. Oktober 539 fiel Babel kampflos dem Perser Kyrus in die Hände. Wahrscheinlich hatten Babylonier, die über die Unfähigkeit ihres eigenen Königs Nabonik emport waren, mit den Persern gemeinsame Sache gemacht.

Kyrus war zunächst ein unbedeutender König von Persien, das damals noch eine Provinz des Mederreiches bildete. Medien grenzte im Osten und Norden an Babylon. Von 550 an errang Kyrus schrittweise die Macht in Medien, er zog nach Kleinasien, um sich die sagenhaften Schätze des Königs Krösus anzueignen, und dann wandte er sich Babylon zu. Sein kometenhafter Aufstieg wurde von den verbannten Juden und ihrem Dichterpropheten Deuterojesaja mit stürmischer Bewunderung verfolgt. Sollte Kyrus nicht von Gott erwählt und gesalbt (hebräisch ‚meschiach') sein, um Israel aus dem Exil zu befreien?

Tatsächlich unterzeichnete Kyrus im Jahr 538 in seiner Sommerresidenz Ekbatana ein Edikt, das den Juden die Heimkehr gestattete. Das Edikt gewährte ihnen sogar eine beträchtliche Wiedergutmachung der Kriegsschäden, damit sie ihr Land wiederaufbauen konnten. Was war der Grund? Angeborene Gutmütigkeit, Gerechtigkeitssinn oder politische Berechnung? Kyrus hatte gewiß ein Interesse daran, daß die Juden als vorgeschobene Bastion seines Reiches ihm bedingungslos ergeben blieben. Was aber auch immer seine Gründe gewesen sein mögen, für die Juden war es das Ende eines Alptraums. Eine große Zahl von ihnen kehrte in das „Gelobte Land" zurück.

1. Die Propheten des Exils

Ezechiel

Ezechiel gehörte zur ersten Gruppe von Deportierten im Jahr 597. Zehn Jahre lang predigte er in Babylon, ähnlich wie es Jeremia in Jerusalem tat. Er warf allen Israeliten (Ez 3–24) und den anderen Nationen (Ez 25–32) vor, durch ihr Treiben den Zorn Gottes herausgefordert zu haben. Von 587 an, als die Katastrophe endgültig gekommen war und das Volk alle Hoffnung verloren hatte, machte seine Predigt den Verbannten Mut für die Zukunft: Gott werde sein Volk wiederherstellen (Ez 33–39). Der Prophet ist sich dessen so sehr bewußt, daß er in visionärer Weise das zukünftige neue Jerusalem und seinen Tempel beschreibt (Ez 40–48).

Eine außergewöhnliche Persönlichkeit
Ezechiel war ein außergewöhnlicher Mensch mit außergewöhnlichen visionären Erfahrun-
gen. Seine geistlichen Erlebnisse haben etwas Bizarres, Surrealistisches, wie schon die Berufungsvision (Kap. 1) zeigt. Ungewöhnlich sind auch die Reaktionen, unter denen er leidet. Er liegt oft wochenlang starr da, wie tot. Seine Zeichenhandlungen überschreiten manchmal die Grenzen des guten Geschmacks (Ez 4–5). Ähnliches gilt von einigen seiner Allegorien, die sich an Obszönität kaum überbieten lassen.

Den anstößigen Stellen stehen jedoch solche von zarter Innigkeit, leidenschaftlichem Pathos und großer lyrischer Ausdruckskraft gegenüber. Bemerkenswert ist sein Lied über den Fürsten von Tyrus (Ez 28), das eine andere, stärker mythologisch geprägte Variante der Paradiesgeschichte von Gen 2–3 bietet.

Der Vater des Judentums
Die Botschaft des Ezechiel war die Grundlage dessen, was man das „Judentum" genannt hat,

d. h. jene spezifische Form jüdischer Religionsausübung, wie sie nach dem Exil üblich wurde.

Ezechiel hatte ein starkes Gespür für die *Heiligkeit* Gottes. Deshalb sollte auch das ganze Volk heilig sein bis in die gewöhnlichsten Dinge des Alltags hinein. Als Priester legte er besonderen Wert auf die Einhaltung kultischer Vorschriften. Dabei ließ er sich vor allem vom „Heiligkeitsgesetz" (Lev 17–26) inspirieren, das von Jerusalemer Priestern während des Exils zusammengestellt wurde.

Jeremia hatte die innere Gesinnung, die Frömmigkeit des Herzens betont. Dadurch entstand aber die Gefahr, daß die äußeren Formen und Riten vernachlässigt wurden. Ezechiel legte dagegen großen Wert auf eine Verleiblichung des Glaubens in Kult und frommen Bräuchen. Seinem Religionsverständnis drohte ein Formalismus, dem die innere Überzeugung fehlte.

➡ Einige Texte des Ezechiel

Die heilschaffende Gegenwart Gottes

Gott wohnt in seinem Tempel. Aber schon Natan (2 Sam 7) und andere Propheten haben erkannt, daß Gott nicht ein Haus aus Steinen bewohnen, sondern in den Herzen seiner Gläubigen gegenwärtig sein will. Im Exil gewann diese Erkenntnis eine besondere Bedeutung (vgl. Ez 9,3; 10,4–5; 11,22–23; 37,26–28).

„Ich bin der gute Hirt" (Ez 34; 37,15–18)

Wer sind die Hirten des Volkes? Wie haben sie sich verhalten? Wer wird der wahre Hirt sein?

Die bekannten neutestamentlichen Texte (Mt 18,10–14; Lk 15,1–7; Joh 10) haben hier ihre Grundlage.

„Siehe, ich mache alles neu"

Die Vision von der Wiederbelebung der ausgedörrten Totengebeine (Ez 37,1–14) bezieht sich auf die Neuschöpfung des Volkes durch Gottes Wort und Geist. Hat diese Vision durch den christlichen Glauben an die individuelle Auferweckung der Toten ihren Sinn verloren? Müßten nicht auch wir auf ein neues Gottesvolk, eine neue Menschheit hoffen?

Ezechiel betont noch stärker als Jer 31,31–34 das Wirken des Heiligen Geistes (Ez 36,26–27; 47,1–12). Auch hier bereitet der Prophet neutestamentliche Aussagen vor (Joh 7,37–39; 19,34; Gal 5,22–25).

Deuterojesaja (Jes 40–55): „Die Stimme eines Rufenden"

Vergegenwärtigen wir uns noch einmal die Situation: das Volk im Exil, gedemütigt, verachtet, verstreut, ohne Hoffnung und vom Verlust seiner Identität bedroht. Und da erhebt sich eine Stimme und singt von Gott, dem Einzigen, der Wunderbares tut und seinem Volk bald Rettung schaffen wird, eine Stimme, so voll und klar und überzeugt, daß sie auch heute noch nicht ihren Klang eingebüßt hat. Wer war dieser Prophet, dessen Name niemand kennt und der oft zu Unrecht als Schüler des Jesaja bezeichnet wird, was schon wegen des zeitlichen Abstands unmöglich ist. Auf alle Fälle war er ein großer Dichter, ein von Gott Begeisterter, ein Theologe, wie die Religionsgeschichte nur wenige kennt.

Gott, der Schöpfer und Befreier

Die Kraft der Botschaft des Deuterojesaja liegt in der Intensität ihrer Gottesverkündigung. Zum ersten Mal wird Jahwe als Schöpfer der ganzen Welt in einer Weise gefeiert, die keinen Zweifel an seiner Überlegenheit über alle anderen Götter läßt. Weil Jahwe der Schöpfer ist und weil er sein Volk schon einmal aus der Sklaverei befreit hat, wird er es auch diesmal wieder erretten, und zwar bald.

Und bei all seiner unvergleichlichen Größe, Herrlichkeit und Kraft zeigt sich Gott seinem Volk gegenüber von einer so zärtlichen Liebe, wie sie nur eine Mutter haben kann (Jes 43,1–7; 49,14–16).

Das „Evangelium"

Dreimal verkündet der Prophet die Freudenbotschaft, daß Gott seine Herschaft in Jerusalem aufrichten, daß er sich als wahrer König Israels offenbaren wird. Vor allem aber wird er allem Bösen, jeder Ungerechtigkeit und den Leiden des Volkes ein Ende bereiten (Jes 40,9;

41,27; 52,7; vgl. 35,3–6, ein Text, der wohl aus derselben Zeit stammt). Mit Recht wird Deuterojesaja deshalb der „Evangelist" unter den alttestamentlichen Propheten genannt.

Der neue Exodus

Die Befreiung aus dem Exil wird noch viel wunderbarer sein als der erste Exodus aus Ägypten (Jes 40,3; 41,17–20; 43,16–23; 44,21–22; 48,17–22). Mit der Neuinterpretation der Exodusgeschichte hat Deuterojesaja ein hervorragendes Beispiel geliefert, wie alttestamentliche Motive auf veränderte Situationen angewandt und aktualisiert werden können. Die sogenannte „Befreiungstheologie" kann sich – wenn auch sehr begrenzt – auf dieses Vorgehen stützen.

Der „Messias" Kyrus

Kyrus hatte Babel eingenommen, um sein Reich zu vergrößern. Er selbst war der Meinung, daß der Schutzgott von Babylon, Marduk, ihn gerufen und seine Aktion unterstützt habe (vgl. den Kyruszylinder). Für Deuterojesaja aber war es Jahwe, der Gott Israels, der die Wende herbeigeführt und Kyrus zu seinem Gesalbten gemacht hatte (Jes 41,1–5.25–29; 42,5–7; 44,27–28; 45,1–6.11–13; 48,12–18). Wer hat die geschichtlichen Ereignisse richtiger gedeutet? Die politische Hoftheologie des Kyrus oder der Glaube des Propheten?

→ Der leidende Gottesknecht (Jes 52,13–53,12)

In diesem Text gipfelt die Botschaft des Propheten. Da die Deutung sehr umstritten ist, beschränken wir uns auf die unbezweifelbaren Aussagen des Textes.

- *Gott* kündet die *Verherrlichung* seines Knechtes an (Jes 52,13–15).
- Die *Völker,* die den Knecht verfolgt haben, gestehen erschüttert und staunend ihren Irrtum ein (Jes 53,1–6).
- Der *Prophet* meditiert über das Schicksal des unschuldig zum Tod verurteilten Gottesknechts (Jes 53,7–9).
- *Gott* rettet den Knecht, der sein Leben als *Sühnopfer* hingab, und verherrlicht ihn (Jes 53,10–12).

Wer ist dieser Gottesknecht? Es gibt viele Deutungen. Meist identifiziert man ihn mit dem gedemütigten, verachteten Volk Israel, das Gott nach all dem schweren Leid wiederherstellen und erhöhen wird. Es könnte aber auch an eine besondere prophetische Gruppe innerhalb Israels gedacht sein, die ihr Leben für das ganze Volk zur Sühne eingesetzt hat. Oder ist der Knecht nicht doch eine Einzelgestalt, ein Mensch, der das Schicksal Israels exemplarisch am eigenen Leib erfahren hat (wie etwa Jeremia)? Gleichviel, das Wichtigste an diesem Gottesknechtslied ist der Gedanke des Sühnetods oder Sühnopfers. Durch diesen Akt bringt der Gottesknecht denen Heil, für die er sein Leben hingegeben hat, und auch er selbst kommt zu höchster Macht und Herrlichkeit.

Kein Wunder, daß die geheimnisvolle Gestalt des Gottesknechts auch die Phantasie der ersten Christen bewegt hat. War nicht in Jesus dieser Gottesknecht erschienen? Hatte sich in seinem Tod nicht das Sühnopfer von Jes 53 erfüllt? Man erinnere sich an Texte, die darauf anspielen (Mk 10,45 par; 14,24 parr; Röm 4,25; Phil 2,6–11).

Der Kyruszylinder

Auf einem in Babylon gefundenen Tonzylinder gibt Kyrus seine Deutung der Ereignisse:

Marduk, der große Herr, der seine Menschen pflegt, blickte freudig auf seine [des Kyrus] guten Werke und sein gerechtes Herz. Er befahl ihm, nach seiner Stadt Babel zu ziehen, und er ließ ihn den Weg nach Babel einschlagen, indem er wie ein Freund und Genosse ihm zur Seite ging und seine zahlreichen Truppen, die so unzählbar waren wie das Wasser eines Stromes, waffengerüstet ihm zur Seite zogen. Ohne Kampf und Schlacht ließ er ihn in seine Stadt Babel einziehen, und er rettete Babel aus der Not.

Kurt Galling (Hrsg.), Textbuch zur Geschichte Israels. J. C. B. Mohr (Paul Siebeck) Tübingen ³1979. S. 83.

2. Das Buch Levitikus

Ein unheimliches Buch, triefend von Blut und voller sexueller Tabus! Es gehört Mut dazu, sich mit ihm zu befassen: ständige Wiederholungen, ein ermüdendes Einerlei, fremdartige und kleinliche Vorschriften, mit denen wir nichts mehr anfangen können. Und dennoch sollte man sich den Problemen, die das Buch grundsätzlich aufwirft, nicht entziehen.

Die Notwendigkeit von Riten

Als mit einem Leib ausgestattete Wesen müssen wir unsere Empfindungen durch Gesten ausdrücken. Wir tun dies zum Beispiel, wenn wir Gäste empfangen mit Formeln und Verhaltensweisen, die zum Teil schon seit Jahrhunderten festgelegt sind, aber auch rasch von Land zu Land wechseln können.

Sollte sich Israel anders verhalten, wenn es mit Gott zusammentraf? Für die Gläubigen war Gottes Erscheinen im Tempel, beim Opfer, beim Gebet das große Ereignis ihres Lebens, das Einzige, was wahrhaft Wert besaß. Mit der Skrupelhaftigkeit der rituellen Vorschriften wollten die Frommen ihr Überwältigtsein von der Heiligkeit Gottes ausdrücken und ihren Wunsch, immer in der Gegenwart des heiligen Gottes zu leben.

„Seid heilig, weil ich heilig bin"

Zahlreiche Vorschriften des Buches Levitikus stammen aus einer fremden, längst vergangenen Kultur, und es wäre widersinnig, sie heute noch anwenden zu wollen. Die Intention, die hinter diesen Tabus und Riten steht, bleibt aber nach wie vor aktuell: Gott ist gegenwärtig, und wir leben vor ihm. Unaufhörlich wird Gott genannt (mehr als 350mal), und das „vor ihm" klingt wie ein ständiger Refrain (mehr als 50mal). Lesen Sie Lev 19: Alle Weisungen, von der Ehrfurcht gegenüber den Eltern (V. 3) bis zur Schlußmahnung (V. 37), haben nur eine, gleichbleibende Begründung: „Ich bin der Herr, (euer Gott)". Der Gehorsam und die Treue zu Gott sind der einzige Maßstab, nach dem Israel sein Leben in der Welt einrichtet.

Der Kyruszylinder, vgl. Text S. 86.

Heilig – Priestertum – Opfer

Das *Heilige* ist in allen Religionen der Bereich der Gottheit, vollständig getrennt vom Profanen (pro-fanum: was *vor* dem heiligen Bezirk liegt). Israel teilt diese Auffassung mit anderen Religionen. Gott ist der Heilige, der „ganz andere".

Nun weiß Israel aber auch, daß es nur in Gemeinschaft mit seinem Gott leben kann, daß es fern von ihm verloren wäre. Wie aber kann die Grenze zwischen dem Heiligen und dem sündigen, sterblichen Menschen überwunden werden?

Diese Aufgabe fällt dem *Priester* zu. Er darf die Sphäre des Heiligen betreten, weil in seiner geweihten Person die Trennung zwischen Profan und Heilig aufgehoben ist. Der Priester wird vom Volk getrennt, um für den kultischen Dienst bereitzustehen, er ist von den alltäglichen Dingen geschieden, um im Tempel mit dem Heiligen Umgang zu haben.

Das höchste aber, was er tun kann, ist das *Opfer* (sacrificium). Dieses Wort bedeutet keinen Verzicht, keine schmerzliche Entbehrung, sondern eine Umformung, einen Wandel: sacrum facere = heilig machen. Der profane Gegenstand geht als Opfer in den heiligen Bezirk Gottes ein und wird selbst heilig. Wenn Gott die Gabe annimmt, darf der Priester wiederum dem Volk die Gabe Gottes überbringen: Versöhnung, Weisung, Segen.

Diese Konzeption hat sich mit Jesus Christus völlig verändert. In ihm wird das Heilige profan, weltlich. Von nun an ist keine Trennung zwischen beiden Bereichen mehr möglich. Durch Christus ist alles geheiligt. Er ist der einzige Priester, der vollkommene Mittler. Sein Opfer ist einzigartig und endgültig (vgl. den Hebräerbrief!). Die Kirche verfällt freilich immer wieder der Versuchung, ihre Vorstellungen von Opfer und Priestertum dem Alten Testament zu entnehmen. Viele Verständnisschwierigkeiten rühren daher.

Dieser Gott ist der heilige Gott, d. h. er ist ein ganz Anderer als wir. Er ist der lebendige Gott, das Leben selbst. Von daher erklärt sich der geheimnisvolle Schauer, mit dem alles umgeben wird, was mit Blut und Geschlechtlichkeit zusammenhängt.

„Das Blut ist das Leben" (vgl. Lev 17,11.14)

Das Blut ist heilig, weil in ihm das Leben ist, das Leben, das von Gott kommt und in unseren Adern strömt. Deshalb darf das Blut eines unschuldigen Menschen nicht vergossen werden. Man darf auch nicht das Blut eines Tieres trinken (schon gar nicht das Blut eines Menschen). Dies würde bedeuten, daß man sein Leben selbst mehren und stärken möchte, während doch Gott der Herr alles Lebens ist. Es handelt sich also nicht um eine Speisevorschrift, sondern um einen Akt der Ehrfurcht vor dem Leben. Dagegen ist der Blutritus bei den Opfern ein Ausdruck der dankbaren Anerkennung für die Gottesgabe des Lebens. In den Opfern bringt man ja nicht das geschlachtete Tier dar – das wäre nur ein Kadaver –, sondern das noch warme, lebendige Blut, d. h. das Leben des Opfertieres selbst.

Man sollte sich angewöhnen, beim Wort „Blut" sofort das sachliche Äquivalent „geopfertes Leben" hinzuzudenken. Dadurch bekämen die entsprechenden Texte des Levitikus und des Hebräerbriefs einen furchtbaren Ernst, der uns alle angeht.

Das gleiche gilt von den sexuellen Vorschriften. Gewiß werden hier viele alte Tabus weitergegeben, aber vorhanden ist auch das Empfinden, durch die Sexualität an der Weitergabe des von Gott kommenden Lebens teilzunehmen. Der Schauer vor dem Heiligen verbietet schrankenlose Lustbefriedigung.

Abfassung des Buches Levitikus

Zum „Heiligkeitsgesetz" (Lev 17–26) gab es vielleicht schon eine vorexilische Ausgabe. Die Jerusalemer Priester haben dann im Exil die Opferbräuche des Tempels kodifiziert und das Gespür für die Heiligkeit Gottes zu stärken gesucht.

Erst nach dem Exil sind die „Opfergesetze" (Lev 1–7) und das „Reinheitsgesetz" in die vorliegende Form gebracht worden.

Unrein – Rein – Heilig

Rein und unrein sind seit eh und je nicht nur moralische Begriffe. Es geht – auch abgesehen von der Waschmittelwerbung – um das, was unverfälscht, fleckenlos, vollkommen, unberührt und noch nicht gebraucht ist.

In der Bibel stehen, wie in vielen anderen Religionen, „Rein" und „Unrein" in enger Beziehung zu den Begriffen des Tabuisierten und Heiligen. Man wird unrein, wenn man ein Tabu bricht, d. h. einen verbotenen Machtbereich betritt. Dabei ist es unerheblich, ob eine gute oder böse Macht betroffen wird. In beiden Fällen muß der Unreingewordene sich durch mehr oder minder komplizierte Riten reinigen, um von der Berührung durch die fremde Macht frei zu werden.

Manche Reinheitsvorschriften beruhen einfach auf alten medizinischen Erfahrungen. Man fürchtete die Ansteckung durch einen Kranken, einen Toten, durch ein verdorbenes Nahrungsmittel. Später wurde dann die Erkrankung durch das Wirken schädlicher Dämonen erklärt.

Auch die Begegnung, der Kontakt mit Gott ist von Berührungsängsten belastet. Der Mensch fürchtet jedoch weniger, sich durch den Umgang mit Gott zu „verunreinigen", als wegen seiner Unreinheit der Heiligkeit Gottes nicht standhalten zu können. Deshalb bedarf es zahlreicher Vorsichtsmaßnahmen, um sich vor der übermäßigen, tödlich wirkenden Macht der Gottheit zu schützen.

Ein weites Feld ist der Bereich des Geschlechtlichen. Hier hat neben der rein körperlichen Verunreinigung durch Samen oder Blut auch die Scheu vor der als geheimnisvoll empfundenen Lebenskraft eine Rolle gespielt.

Ist die Frage der Reinheit schon im Alten Testament schwer zu durchschauen, so hat die spätere moralische Deutung der Begriffe das Problem vollends verwirrt. Dann wurden rein natürliche Vorgänge des Sexual- und Analbereiches als schwer sündhaft empfunden, was zu merkwürdigen Verirrungen geführt hat.

Das Neue Testament hat in seiner Streitrede über „Rein und Unrein" (Mk 7 par) die Maßstäbe wieder zurechtgerückt und die wahren Gründe einer „Unreinheit vor Gott" aufgedeckt. Gleichwohl braucht der Mensch ein Vorfeld der Reinheit bzw. Unreinheit – in Sitte, Anstand und Brauchtum –, um vor Sünde und Bosheit besser geschützt zu sein.

➡ **Einige Texte aus dem Buch Levitikus**

Wir muten Ihnen nicht zu, das ganze Buch zu lesen. Es wäre aber schade, wenn Sie nicht wenigstens die Haupttexte kennen würden.
Lev 19,1–17: Die Heiligkeit Gottes als Quelle brüderliche Liebe und des gesellschaftlichen Lebens.

Lev 16: Der *große Versöhnungstag* (Jom Kippur). Einmal im Jahr betrat der Hohepriester das Allerheiligste des Tempels, um die Sünden des ganzen Volks zu sühnen. In diesem Ritual findet sich auch ein alter magischer Brauch, die Auswahl und Verjagung des „Sündenbocks", ein Brauch, der im übertragenen Sinn bis heute überall praktiziert wird. Das einmalige Betreten des Allerheiligsten wird im Neuen Testament vom Hebräerbrief auf den Tod Jesu am Kreuz gedeutet.

Lev 23: Die Heiligung der Zeit durch den Sabbat und die großen Festtage.

Selbst unter Fachleuten ist es schwierig, die in Lev 1–7 genannten Opferarten genau zu unterscheiden.

3. Die Priesterschrift

Im Exil hatte das Volk fast alles verloren, was seine Identität ausmachte. Es war in Gefahr, von den Bewohnern Babylons aufgesogen zu werden und vom Schauplatz der Geschichte zu verschwinden, wie es 150 Jahre vorher mit der nach Assyrien deportierten Bevölkerung des Nordreichs geschehen war. Daß Israel seine Existenz in dieser schwersten Prüfung rettete, verdankte es neben den Propheten Ezechiel und Deuterojesaja vor allem der Priesterschaft. Die Jerusalemer Priester bildeten schon im Heimatland eine wohlorganisierte und gut ausgebildete Gruppe von tieffrommen Menschen. Jetzt im Exil sorgten sie dafür, daß sich die Verbannten ihrer alten Traditionen bewußt blieben und daß sie Gott und dem Gesetz die Treue hielten. Um diese Aufgabe zu bewältigen, mußten aber die Priester das Glaubensverständnis und die Religionsausübung der neuen Situation anpassen.

Als Mittel, die von der Priesterschaft empfohlen wurden, um die jüdische Identität zu wahren, sind vor allem zu nennen:

● Der *Sabbat* gewann als Ruhe- und Feiertag eine stärkere Bedeutung. An ihm gedachte das Volk seiner Erlösung aus ägyptischer Knechtschaft sowie der Schöpfertätigkeit Gottes.

● Die *Beschneidung* wurde zum Unterscheidungsmerkmal zwischen den Angehörigen des Judenvolkes und der heidnischen Bevölkerung. Da in Kanaan auch andere semitische Stämme die Beschneidung geübt hatten, konnte sie dort noch nicht zum exklusiven Zeichen des Bundes erklärt werden.

● Der *Synagogengottesdienst* trat an die Stelle des Tempelkults mit seinen blutigen Opfern. Schriftlesung, Predigt, Meditation und Gebet trugen entscheidend dazu bei, den Jahweglauben zu vergeistigen und in aller Welt heimisch zu machen.

Die *Priesterschrift* (P) versuchte, diese besonderen Merkmale des im Exil entstandenen Judentums in der Geschichte Israels und seinen Traditionen zu verankern. Damit wollte man zugleich die bedrängenden Fragen der Gegenwart beantworten und dem Volk eine neue Zukunft ermöglichen. Warum schweigt Gott? Wie soll man an Gott glauben in einem Land, das schon den Gott Marduk als Schöpfer der Welt verehrte? Was hat Gott mit den anderen Völkern vor? Sicher ist auch die Inspiration, die die Priesterschrift der Geschichte Israels gibt, zeit- und situationsbedingt. Das bedeutet aber keineswegs, daß wir ihr nur ein historisches Interesse entgegenzubringen bräuchten. Gott spricht immer nur in der Zeit, zu bestimmten Menschen und in konkreten Situationen. Das war damals nicht anders als heute.

➡ **Ein Schlüsseltext: Gen 1,28**

Gott segnete sie und sprach zu ihnen:
Seid fruchtbar und vermehrt euch,
bevölkert die Erde, unterwerft sie euch
und herrscht über die Fische des Meeres,
über die Vögel des Himmels
und über alle Tiere, die sich auf dem Land regen.

In diesem stolzen Segensspruch, der den Glauben der im Exil lebenden Priester ausdrückt, widerspricht so ziemlich alles der gegenwärtigen Situation. Statt fruchtbar zu sein und sich zu vermehren, ist das Volk zu einem kleinen Häuflein zusammengeschrumpft. Statt die Erde zu erfüllen, sie sich zu unterwerfen und zu beherrschen, sind die Verbannten auf die Orte ihrer Gefangenschaft beschränkt, selbst unterworfen und von einer fremden Macht beherrscht.

So kann der Segen nur eine Verheißung für die Zukunft enthalten: Einmal wird sich der gute Wille des Schöpfergottes auch an Israel erfüllen, dann werden Leid und Verbannung ein Ende haben.

Die priesterliche Segensverheißung durchzieht wie ein Leitmotiv das ganze Buch Genesis und verleiht den Geschichten einen tröstlichen, in die Zukunft weisenden Klang: Gen 8,17 und 9,1–7 (Sintflut); 17,20 (Abraham); 28,1–4 und 35,11 (Jakob); 47,27 (Josef). In Ex 1,7 handelt es sich nicht mehr um eine Verheißung, sondern bereits um eine schon geschehene Erfüllung, wie sie sich immer wieder im Lauf der Geschichte ereignet hat.

Die priesterliche Geschichtsschreibung.
Ein Überblick

Wie die jahwistische Tradition, so reicht auch die Priesterschrift von der Schöpfung bis zum Tod des Mose (Dtn 34,7). Den Schöpfungsbericht werden wir uns auf den folgenden Seiten näher ansehen, hier greifen wir einige andere charakteristische Texte heraus.

Der Noachbund und die Sintflut (Gen 6–9)

In der vorliegenden Sintflutgeschichte sind J und P miteinander vermischt. Beide Traditionen schließen sich eng an den im Gilgameschepos erzählten Flutmythos an. Die Priesterschrift beschreibt die Arche als dreistöckiges Fahrzeug, vielleicht um an den dreistöckigen Salomonischen Tempel zu erinnern: Im Heiligtum findet der Mensch sein Heil.

Der Bericht endet mit dem Noachbund, der die Nachkommen Noachs und die ganze Erde einschließt (Gen 9,8–17). So ist der Gott Israels ein alle Welt umfassender Gott, und der Bund mit ihm betrifft alle Menschen. Im Plan Gottes hat jedes Volk seinen Platz.

Wo aber ist der Platz Israels zu suchen?

Der Abrahamsbund (Gen 17)

Das Gesetz der *Beschneidung* gehört zu einem Bericht, der aus vier Gottesreden besteht. Versuchen Sie, den gedanklichen Fortschritt festzustellen. Was fordert Gott von Abraham? Wie soll er in seiner Gegenwart wandeln (denken Sie an das Buch Levitikus!), wie soll er vollkommen sein, ohne Fehler und Makel? Die Beschneidung wird zum Kennzeichen des Volkes.

Im Exil wird sich Israel bewußt, daß es gesündigt hat. Der zweiseitige Bund vom Sinai ist gebrochen worden. Nun hätte Gott sein Volk fallen lassen können. Die Autoren der Priesterschrift gehen deshalb rasch über den Sinaibund hinweg und kehren lieber zum Bündnis mit Abraham zurück. Da handelt es sich um eine Verheißung, bei der Gott allein seine Hand im Spiel hat. Was Israel auch immer gesündigt haben mag, Gottes Liebe kann es nicht verlieren.

Die priesterliche Tradition interessiert sich lebhaft für die Geschichte, daß Abraham in Hebron ein Grundstück gekauft hat, um Sara dort zu beerdigen (Gen 23). Das ist für die im Exil lebenden Juden eine wichtige Feststellung. Ihr Erzvater hatte im Heiligen Land Grundrecht erworben, er war neben seiner Frau dort

---

Eigentümlichkeiten der Priesterschrift

Der *Stil* ist trocken und nüchtern. Die Verfasser sind keine guten Erzähler. Sie haben eine Vorliebe für Zahlen, Formeln, Aufzählungen. Die gleichen Dinge werden oft zweimal gebracht, einmal als Befehl Gottes und dann in der wortgetreuen, wiederholenden Ausführung (z. B. Ex 25–31 und 35–40: Die Errichtung des Wüstenheiligtums).

Der *Wortschatz* besteht oft aus technischen Fachausdrücken der Priester- und Opfersprache. Typisch für P sind vor allem die häufigen Genealogien. Für ein in seiner Existenz bedrohtes Volk waren Abstammung, Reinheit des Blutes, Zugehörigkeit zu einem berühmten Clan hohe Güter.

Der *Kult* nimmt einen hervorragenden Platz ein. Schon Mose hat ihn angeordnet und in die Wege geleitet. Aaron und seine Nachkommen haben ihn dann weiter ausgestaltet. Hinzugekommen sind Wallfahrten, Festtage, Opfer und Tempeldienst am heiligen Ort der Gegenwart Gottes. Das Priestertum ist die Institution, die den Bestand des Volkes garantiert. Es ersetzt das Königtum des Jahwisten und das Prophetentum des Elohisten.

Die *Gesetze* werden gewöhnlich in Erzählungen eingefügt. Dadurch wird ihr Sinn erläutert und ihre Anwendung erleichtert. So ist das Fruchtbarkeitsgesetz (Gen 9,1) in die Sintflutgeschichte eingeordnet, und das Paschagesetz (Ex 12) folgt auf die zehnte ägyptische Plage.

Aufgrund dieser Eigentümlichkeiten lassen sich die zu P gehörenden Abschnitte am leichtesten im Pentateuch finden.

bestattet worden (Gen 25,9). Wie wollte man ihnen also das Recht am Boden ihres Landes verweigern?

Der Exodus

Für die Juden im Exil wird die harte Knechtschaft ihrer Väter in Ägypten zum Sinnbild. Sie bauen darauf, daß Gott seine Verheißung, die er dem Abraham gegeben hat, wahrmachen wird. Im Kult wird das Gedächtnis an die Befreiung aus Ägypten wach gehalten. Jede Generation muß Gott dafür danken, daß er sein Volk gerettet hat (Ex 12,1–20). Der Durchzug durch das Schilfmeer wird zu einem gewaltigen Akt der Schöpfungsmacht Gottes gestaltet (vgl. S. 34). Das ganze Volk kann an ihm teilnehmen.

Die Gabe des Manna soll das *Sabbatgebot* nicht beeinträchtigen. Das Volk darf an diesem Tag ohne Furcht vom Manna essen, es aber nicht sammeln (Ex 16,23–31). Gott wird es bestimmt nicht an Hunger sterben lassen!

Der Bund am Sinai

Der Sinaibund war für Israel zu wichtig, als daß die im Exil lebenden Priester ihn hätten übergehen können. Sie verschwiegen ihn nicht, änderten jedoch seinen Sinn. Es gibt keinen Bundesschluß (wie bei J und E: Ex 24), sondern Gott verkündet nur, daß er Israel zu einem „Reich von Priestern" und zu einem „heiligen Volk" machen will (Ex 19,5–6). Israel wird nicht wie die anderen Völker von Königen, sondern von Priestern geführt.

Gott gibt kein Gesetz für sein Volk, seine Anweisungen beziehen sich auf die Errichtung des *Heiligtums* (Ex 25–27), auf die Einsetzung von *Priestern* (Ex 28–29) und den *Kult*. Das einzige Gesetz ist das *Sabbatgebot* (Ex 31,12–17).

Da der Sinaibund gescheitert ist, wendet man sich wieder der Verheißung zu, die Gott dem Abraham gegeben hat. Und es gibt nur eine Institution, die dem Volk sagen kann, daß es trotz seiner Sünden auf Gottes Verheißung hoffen darf: die Priesterschaft.

Die heilige Gegenwart Gottes
(Ex 25,8–22; 40,34–38)

Von den Kapiteln Ex 25–31 und 35–40 sollte man wenigstens einen Abschnitt am Anfang und am Schluß lesen. „Macht mir ein Heiligtum! Dann werde ich in ihrer Mitte wohnen" (Ex 25,8). Im Anschluß an diese programmatische Aussage wird von der (Bundes)Lade und ihrer „Deckplatte aus purem Gold" gesprochen: „Dort werde ich mich dir zu erkennen geben" (V. 22). Das ist der Ort, an dem sich Gott „zwischen den beiden Kerubim" für sein Volk gegenwärtig macht. Einmal im Jahr besprengt der Hohepriester die Deckplatte mit Blut, um die Sünden des Volkes zu sühnen (Lev 16).

In den Schlußversen des Buches Exodus (40,34–38) ist noch einmal von der Gegenwart Gottes im Offenbarungszelt die Rede. Hier aber offenbart sich Gott in der „Wolke", die seine Herrlichkeit anzeigt. Das ganze Zelt wird zur Wohnstätte Gottes, so daß Mose es nicht betreten kann, wenn die „Wolke" darauf liegt.

4. Der Schöpfungsbericht (Gen 1,1–2,4)

Sie können den Text nach folgenden Gesichtspunkten betrachten:

● *Gott spricht*. Zehnmal wird Gott als Redender eingeführt. Wollten die Verfasser damit an die Zehn Gebote erinnern? Dann könnte man sagen, daß Gott die Welt schafft, wie er sein Volk am Sinai geschaffen hat.

● *Gott schafft*. Der Text zeigt nicht nur, wie die Welt durch Gottes Wort entsteht, sondern

auch wie Gott durch sein Handeln am Werk ist. Zur Beschreibung des göttlichen Schaffens werden verschiedene Verben gebraucht.

● *Gott ruht*. Das Sechstagewerk gipfelt in der Sabbatruhe Gottes. Der Text ist also liturgisch (und nicht wissenschaftlich) aufgebaut, um den Sabbat zu begründen.

Man vergißt zu leicht, daß der Schöpfungsbericht zur Zeit des Exils entstanden ist. Wie konnte man zu dieser Zeit sagen: „Gott sah alles an, was er gemacht hatte: Es war sehr gut" (Gen 1,31)? War das nicht Poesie, schön, aber lebensfremd? Tiefe und Kraft des israelitischen Glaubens sind nur an diesem Abstand zu messen zwischen der Dürftigkeit des Exils und dem Bekenntnis zu einem Gott, der die Welt gut und gerecht haben will.

Von Sonne und Mond wird nicht gesprochen, sondern nur von den „beiden großen Lichtern" (V. 16), die Gott am Himmelsgewölbe macht. Der Ausdruck „Lichter" gehört zum kultischen Vokabular der Priester. Mit ihm sind die „Leuchter" des Tempels gemeint (Ex 25,6; 27,20). Sonne und Mond sind also nicht Götter wie in Babylon, sondern Zeichen, die auf Gottes Gegenwart hinweisen (wie das „ewige Licht" in den katholischen Kirchen). Der Tempel von Jerusalem ist zerstört? Das ganze Universum ist doch Gottes Tempel!

Ein Vergleich mit den mythischen Texten der babylonischen Literatur ist sehr aufschlußreich. Gott schafft nicht aus dem Nichts, er schafft durch Trennung. Man erinnert sich an den alten Schöpfungsmythos, der in Babylon wie in Ägypten bekannt war (Text S. 50). Das Wort „Urflut" heißt im hebräischen ‚tehom', was an die babylonische ‚Tiamat' denken läßt. Doch fehlt in der Bibel ein Kampf mit den Chaosmächten. Gott ist der alleinige Herr.

In den folgenden Punkten vergleichen wir den Schöpfungsbericht mit anderen biblischen Texten und Themen.

– Die beiden Schöpfungsberichte (Gen 1 und 2)
Priesterschrift und Jahwist gehen von verschiedenen „naturwissenschaftlichen" Vorstellungen aus. In Gen 2 erscheint die Erde als eine Oase, die mitten in der Wüste liegt.

Hier, in Gen 1, wird die Erde als eine Insel gesehen, die überall vom Wasser umgeben ist. Durch wiederholte „Scheidungen" läßt Gott das trockene Land sichtbar werden, wo er schließlich den Menschen schafft.

In Gen 2 wird der Mann als erster geschaffen, damit er die Erde bebaue. Später erst kommt die Frau hinzu. Der priesterliche Schöpfungsbericht dagegen stellt die Erschaffung des Menschen an den Schluß des Sechstagewerks. Wie in einer liturgischen Prozession werden alle Geschöpfe vorgeführt, um als Höhepunkt und Krönung auf den Menschen, auf Mann und Frau zusammen, zu weisen. Der Geschlechts-

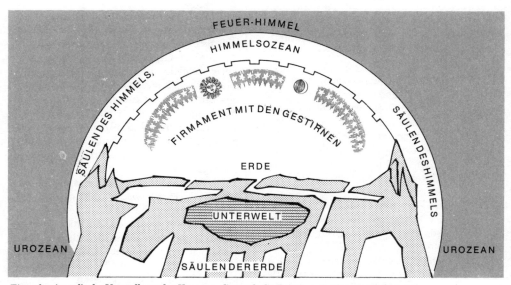

Eine altorientalische Vorstellung des Kosmos, die auch die Priesterschrift beeinflußt hat.

93

unterschied spielt nur eine untergeordnete Rolle.

– Schöpfung und Durchzug durch das Meer (Ex 14)

Wir haben schon auf die Ähnlichkeiten zwischen Ex 14 und Gen 1 hingewiesen (S. 34). Gott spricht und handelt (selbst oder durch Mose). Er „scheidet" das Wasser, damit das trockene Land sichtbar wird. So „spaltet" Gott auch das Meer, damit die Israeliten auf trockenem Boden hindurchziehen können. Die Befreiung des Volkes erscheint als Akt des allmächtigen Schöpfergottes, und umgekehrt die Schöpfung als Akt des befreienden Gottes, der nicht nur ein Volk, Israel, sondern alle Völker, die gesamte Menschheit, freimachen will.

– Ein liturgischer Text?

In Gen 1 sollte man nicht historische oder wissenschaftliche Belehrung suchen. Der Text ist gewissermaßen ein priesterliches Glaubensbekenntnis an Gott, den Schöpfer der Welt. Wenn auch über eine liturgische Verwendung von Gen 1 nichts bekannt ist, so dient der Text doch zumindest der Begründung des Sabbat. Gott selbst hat als erster den siebten Tag als Ruhetag gehalten, ihn gesegnet und für heilig erklärt. Höher und vollkommener könnte der Sabbat nicht ausgezeichnet werden.

– Vom befreienden Gott zum Schöpfergott

Zuerst hat Israel Gott als jene Macht entdeckt, der es seine Befreiung aus Ägypten verdankt. Es ist ein Gott, der in die menschliche Geschichte eingreift und sie nach seinen Plänen gestaltet. An diesen Gott wenden sich die Verbannten in Babylon und hoffen auf eine neue Befreiung. Wie ihnen aber der Schöpfungsbericht (neben Deuterojesaja!) bezeugt, ist dieser Gott fähig, in der Geschichte zu handeln, weil er die Welt mit ihrer Geschichte geschaffen hat.

– Der Mensch – ein Bild Gottes

Durch seine Herrschaft über alle Tiere und die ganze Erde zeigt der Mensch, daß er Gott ähnlich, sein Abbild ist (Gen 1,26.27). Über die „Ebenbildlichkeit" des Menschen mit Gott ist in der Theologie viel nachgedacht und geschrieben worden. Nicht alle Überlegungen geben den an sich einfachen Sinn der biblischen Aussage richtig wieder. So ist es gewiß übertrieben, wenn man von der Herrscherstellung des Menschen auch ein Schöpfertum ableitet. Die vielfältigen Aufgaben der Weltgestaltung, der Auftrag, die Erde zu ordnen und bewohnbar zu machen, all das ist im biblischen Wort vom „herrschen" enthalten.

Ein Gott, der keinen Namen hat

Jemand benennen, heißt eine Macht über ihn haben. Seinen Namen bekannt machen, bedeutet (wenigstens zum Teil) sich selbst weggeben. So hat Gott auch keinen Eigennamen. In Gen 32,23–33 weigert sich das göttliche Wesen, seinen Namen zu nennen.

El, Elohim. Schon im 3. Jahrtausend v. Chr. nannten die Semiten ihren obersten Gott „El". Die Anhänger des Islam sind diesem Brauch gefolgt. „Allah" kommt von al-Ilah (Gott). In der Bibel ist häufig vom „Gott Abrahams, Isaaks und Jakobs" die Rede. Damit wird zunächst betont, daß Gott unerkennbar bleibt. Was man über ihn sagen kann, bezieht sich allein auf seinen Umgang mit den Erzvätern Israels. – Der Plural „Elohim" drückt die Majestät und Würde Gottes aus.

JHWH. Vor Mose hat Gott seinen Namen kundgetan (S. 69). Tatsächlich handelt es sich weniger um einen Namen als um die Ansage der Gegenwart Gottes. Man weiß übrigens nicht, wie man JHWH aussprechen soll, weil die Juden den Gottesnamen aus Ehrfurcht nie ausgesprochen, sondern durch ein „Adonai" (Herr) ersetzt haben. Die Masoreten (vgl. S. 12) haben das Tetragramm JHWH mit den Vokalen von „Adonai" versehen, was zur veralteten Namensform „Jehova" geführt hat.

Die Septuaginta hat das Tetragramm mit „Kyrios" (Herr) wiedergegeben, und die ersten Christen sind ihr darin gefolgt. Aus Rücksicht auf die Juden, die über unseren Umgang mit dem unaussprechlichen Gottesnamen tief erschüttert sind, sollten wir lieber das geheimnisvolle JHWH stehen lassen und dafür „der Herr" lesen.

VI. Israel unter persischer Herrschaft (538–333)

Im Jahr 538 gestattete das Edikt des Kyrus den Juden, in ihre Heimat zurückzukehren und ihren Tempel wiederaufzubauen (vgl. Esra 1,2–4). Dieses Edikt entsprach sowohl der Toleranz des Kyrus als auch seinen politischen Absichten. Jerusalem, die letzte Bastion des Reiches gegenüber Ägypten, sollte in Treue erhalten werden. Zwei Jahrhunderte lang blieben die Juden dem persischen Reich treu ergeben, während im Westen die Macht der Griechen ständig zunahm. Aus dieser geschichtlichen Bewegung tragen wir im folgenden einige wichtige Punkte zusammen.

Das Persische Reich

Nach der Eroberung Babylons verfolgte Kyrus seine Ziele im Westen. Doch starb er im Jahr 530. Sein Sohn Kambyses eroberte Ägypten, erlitt aber in Äthiopien eine Niederlage. Darius I. (522–486) begann während seiner langen Regierungszeit, das Innere des großen Reichs zu organisieren. Er teilte das Reich in zwanzig Provinzen ein, die Satrapien genannt und von einem Satrapen, einem Kanzler und einem General geleitet wurden. Die Provinzen mußten schwere Abgaben leisten. Darius schuf auch ein bemerkenswertes Verkehrsnetz, dessen „Königsstraße" von Susa bis nach Ephesus ans Mittelmeer führte. Er eroberte Thrakien und Makedonien im Norden Griechenlands, doch bei Marathon scheiterte sein Heer (490). Nach Xerxes I., der auch von den Griechen bei Salamis geschlagen wurde (480), mußte Artaxerxes I. (464–424) zuerst in dem von Aufständen erschütterten Ägypten Ruhe schaffen. Der Jude *Nehemia,* ein königlicher Beamter am persischen Hof, wurde nach Jerusalem geschickt. Von da an wurden die Juden, die bislang von Samaria abhängig waren, eine selbständige Präfektur.

Griechenland erlebte damals sein „Goldenes Zeitalter" – die Zeit des Perikles –, in dem die Kunst (Parthenon), die Literatur (Sophokles, Euripides), die Philosophie (Sokrates, Plato) zu ungeahnter Blüte aufstiegen.

Darius II. (424–404) hatte in Ägypten schwere Kämpfe zu bestehen. Auf der Insel Elephantine, in der Nähe des heutigen Staudamms von Assuan, befand sich eine militärische Kolonie der Juden, die ihrem Gott Jahwe einen Tempel gebaut hatten. Sie korrespondierten auch mit den Autoritäten in Jerusalem und dem persischen Hof. Die Briefe verraten uns allerdings nur wenig über ihre religiöse Einstellung.

Als Artaxerxes II. König wurde (404–359), erlangte Ägypten seine Unabhängigkeit wieder. Die Provinz Jerusalem erfuhr damals, wie schwer und unangenehm die Rolle einer vorgeschobenen Bastion sein konnte. Im Jahr 398 kam vermutlich *Esra* nach Jerusalem. Er wollte vor allem die jüdischen Gemeinden organisieren und den ständigen Streitigkeiten mit den Bewohnern Samariens ein Ende bereiten. Seine Bemühungen hatten jedoch keinen dauernden Erfolg.

Die letzten persischen Könige mußten sich mit Aufständen innerhalb ihrer verschiedenen Satrapien auseinandersetzen, bis ihnen eine neue Macht den Untergang bereitete: Makedonien.

Im Jahr 338 vereinigte Philipp von Makedonien ganz Griechenland zu seinen Gunsten. Als sein Sohn Alexander zur Macht kam (336), begann für den Osten ein neuer Abschnitt der Geschichte.

Die Rückkehr aus dem Exil

Nach fünfzig Jahren hatte Kyrus das Exil der Juden in Babylon beendet. Man kann anneh-

95

men, daß sich etwa 50 000 Juden entschlossen, die Heimkehr anzutreten. Dies geschah aber in zwei Zügen, 538 und 520.

Im Jahr 538 führte ein von Scheschbazzar geleiteter Zug viele Priester, eine Anzahl Leviten und zahlreiche Tempeldiener nach Jerusalem zurück. Juden, die religiös weniger motiviert waren und sich in Babylon gut eingerichtet hatten, zogen es vor zu bleiben.

Die Wiedereinbürgerung in Juda war schwierig. Das Land gehörte nun den Samaritern, die sich gegen die alten Eigentümer zur Wehr setzten. Sie wollten beim Aufbau des Jerusalemer Tempels mithelfen, doch die Juden lehnten dies aus religiösen Gründen ab. Da widersetzten sich die Samariter dem Wiederaufbau der Stadtmauern. So kam es auch zur Unterbrechung der Arbeiten am Tempel. Wahrscheinlich hat zu dieser Zeit Tritojesaja gepredigt.

Im Jahr 520 traf, unter der Herrschaft des Darius, ein neuer Zug von Heimkehrern in Jerusalem ein. Er wurde vom davidischen Prinzen Serubbabel und dem Hohenpriester Jeschua geleitet. Nach kurzer Zeit wurde der Tempel wiederhergestellt (515), ein Werk, das die Propheten Haggai und Sacharja kräftig unterstützten.

Das Zeitalter des Zweiten Tempels

Wer noch von den alten Leuten die Herrlichkeit des Salomonischen Tempels in Erinnerung hatte, brach bei der Einweihung des neuen Gebäudes in Tränen aus (Esra 3,10–13; Hag 2,3). Das Bauwerk war doch zu armselig und dürftig. Erst Herodes begann im Jahr 19 v. Chr. mit seinen Erweiterungs- und Verschönerungsarbeiten, die bis 64 n. Chr. fortgesetzt wurden. Bald darauf wurde der Tempel von den Römern zerstört (70 n. Chr.).

Der Ausdruck „Zweiter Tempel" bezeichnet aber nicht nur das Gebäude, in dem die Juden ihren Gottesdienst feierten, sondern mehr noch eine Epoche: die Zeit vom Ende des Exils bis zum Jahr 70 n. Chr. Das ist die eigentliche Epoche des Judentums.

Nehemia hatte in seinen beiden Missionen (445 und 432) den Auftrag, den Bau der Stadtmauer in Jerusalem voranzutreiben und die Unabhängigkeit von Samarien zu erreichen. Um diese Zeit mag der Prophet Maleachi mit seiner Predigt den Glauben des Volkes gestärkt haben.

Im Jahr 398 (die Chronologie ist sehr verworren) kam wahrscheinlich *Esra* nach Jerusalem. Mit eiserner Faust versuchte er, den Glauben wiederherzustellen, die gemischten Ehen zwischen Juden und Nichtjuden auseinanderzubringen, das Gesetz des „Gottes des Himmels" einzuführen. Dieses Gesetz ist möglicherweise schon ein Vorläufer des Pentateuch gewesen, oder es handelte sich um das Deuteronomium. Der von Neh 8–10 beschriebene feierliche Kultakt gehört zu den Höhepunkten der Geschichte Israels. In ihm vollzog sich gleichsam die offizielle Geburt des Judentums. Die Versammlung fand nicht im Tempel statt, sondern auf einem öffentlichen Platz. Man bringt keine blutigen Opfer mehr dar, sondern liest das Gesetz vor und betet. Der Synagogengottesdienst ist geboren.

Wichtige Gesichtspunkte

Viele Einzelfragen der damaligen geschichtlichen Verhältnisse lassen sich nicht klären. Deshalb müssen wir uns darauf beschränken, die Entwicklung im allgemeinen kurz zu skizzieren.

Die Macht der Priester

In der Zeit nach dem Exil sind die Priester zu den wahren Führern des Volkes geworden. Neben ihren religiösen Verpflichtungen fielen ihnen auch organisatorische und politische Aufgaben zu. Der Hohepriester wurde immer mehr zum Repräsentanten des jüdischen Gemeinwesens.

Die Juden in der Welt. Die „Diaspora"

Zahlreiche Juden waren in Babylon geblieben und bildeten hier eine angesehene Gemeinde. Von den Juden, die im ägyptischen Elefantine lebten, haben wir schon gehört. Auch in Alexandria wuchs eine starke, wohlhabende und geistig interessierte Judenschaft heran. Überall in der westlichen wie östlichen Welt breiteten sich die Juden aus. Man spricht vom „Diasporajudentum" (griechisch „Zerstreuung"), das zwar in Jerusalem seinen religiösen Mittelpunkt besaß, aber über viele Zentren in den einzelnen Gebieten verfügte.

Eine gemeinsame Sprache: Das Aramäische
Das mit dem Hebräischen verwandte Aramäisch wurde damals zur Hauptsprache des persischen Reichs. Im Handel und in den internationalen Beziehungen bediente man sich des Aramäischen. Bei den Juden ersetzte diese Sprache nach und nach das gewohnte Hebräisch, das nur noch in der Liturgie Verwendung fand. Zur Zeit Christi sprach man im Volk nur noch aramäisch.

Was hatten die Juden also noch besonderes? Die gemeinsame Weltsprache und das (eingeschränkte) Zusammenleben mit Heiden in der Diaspora sorgten dafür, daß sich die Juden den Gedanken des Universalismus mehr und mehr öffneten.

Literarische Aktivitäten

Damals predigten Propheten wie Haggai, Sacharja, Maleachi, Obadja und vor allem der namentlich unbekannte „Tritojesaja".

Weit mehr aber als von Propheten war diese Zeit von Schriftgelehrten und Weisheitslehrern geprägt.

Schriftgelehrte wie *Esra* förderten die Kenntnis der Bibel beim Volk und stellten neue Ausgaben zusammen, die im *Pentateuch* ihren Abschluß fanden. Auch die Bücher der *Chronik, Esra* und *Nehemia* wurden ergänzt und fertiggestellt.

Die *Weisheitslehrer* sammelten alte Überlieferungen und brachten neue Werke wie das Buch der *Sprüche* und die große Dichtung des *Ijob* heraus.

Die *Psalmen* wurden allmählich gesammelt und zu einem Buch vereinigt.

---

1. Die Propheten der Heimkehr

Haggai

Im Jahr 520 richtete der Prophet Haggai an die Zurückgekehrten eine kurze, aber zündende Botschaft: „Ist etwa die Zeit gekommen, daß ihr in euren getäfelten Häusern wohnt, während dieses Haus in Trümmern liegt?" (Hag 1,4). Wollten die Juden ihr Leben fortan mit oder ohne Gott weiterführen? Die Frage nach dem Sinn eines Tempels, eines Gotteshauses stellt sich immer wieder.

Sacharja I

Die Kapitel 1–8 des Buches Sacharja stammen von einem Propheten, der zusammen mit Haggai für den Bau des Tempels eingetreten ist. Er tut dies aber schon in der Sprache der Apokalyptik, indem er seine meist nächtlichen Visionen beschreibt. (Zur Apokalyptik siehe S. 115) Die Kapitel 9–14 stammen aus einer noch späteren Zeit (siehe S. 109).

Maleachi

Als der Prophet – sein Name heißt vielleicht nur „mein Bote" – predigte, war der Tempel schon wiederhergestellt. Man hatte den Kult und die Opfer wiederaufgenommen, aber auch die schlechten Gewohnheiten, die schon vor dem Exil bestanden hatten. Die vorgeschriebenen Riten wurden erfüllt, aber auf die Form legte man keinen Wert. Zur gleichen Zeit herrschten Untreue und Ungerechtigkeit.

Maleachi reagierte heftig auf diese Mißstände, und seine Botschaft hatte einen großen Einfluß bis in neutestamentliche Zeit.

Sein Buch ist der Form nach ein Dialog zwischen Gott und seinem Volk. „Ich liebe euch, spricht der Herr. Doch ihr sagt: Worin zeigt sich deine Liebe?" (Mal 1,2). Immer wieder werden der Gottesrede die skeptischen, ausweichenden, unehrlichen Äußerungen der geschwätzigen Menge gegenübergestellt.

Folgende Texte verdienen, besonders beachtet zu werden:

– Mal 1,11: Die Vorhersage der „reinen Opfergabe", die „vom Aufgang der Sonne bis zu ihrem Niedergang" dargebracht wird, ist in der Kirche bald auf die Eucharistie gedeutet worden.

– Mal 2,10–16: Die eheliche Treue wird mit Worten eingeschärft, die das neutestamentliche Scheidungsverbot vorbereiten.

– Mal 3,23–24: Das Kommen des Propheten Elija vor dem Tag des Gerichts hat im Neuen Testament dazu geführt, Johannes den Täufer mit Elija zu identifizieren (vgl. Mk 9,11–13 par).

Joël

Wann dieser Prophet seine Botschaft verkündet hat, ist nicht genau bekannt. Die beiden ersten Kapitel geben einen Bußgottesdienst wieder, der wegen einer großen Heuschreckenplage gehalten wurde. Der zweite Teil des Buches handelt vom kommenden Heil, und hier findet sich die berühmte Stelle über die Ausgießung des Geistes, die in der Pfingstpredigt des Petrus zitiert wird (Joël 3,1–5 = Apg 2,17–21).

Tritojesaja (Jes 56–66)

Begeistert von den Verheißungen des Neuen Exodus, sind die Verbannten in ihr Heimatland zurückgekehrt. Aber die Morgenröte, die man kommen sah, wurde bald von dunklen Wolken verdrängt. Der Enthusiasmus brach zusammen. Man mußte sich in aller Armut einrichten. Wie aber sollte eine Nation wieder auferstehen, die nicht an ihre Zukunft glaubte? Der Verfasser des dritten Jesajabuches versuchte, dem Volk Glauben an seine Mission zu geben.

Die Aufgabe war schwierig, denn die Hörer des Propheten waren unter sich zerstritten.

Neben den Heimkehrern aus Babylon gab es die Juden, die im Land verblieben waren, und dazu Fremde, die sich in der Zwischenzeit niederge-

---

Wort Gottes

Manche Bibelleser werden bestürzt und verwundert sein. Sie schlagen die Bibel auf, um das „Wort Gottes" zu finden, und was sich ihnen darbietet, sind mehr oder minder Worte von Menschen.

Man macht sich manchmal eine zu magische Vorstellung vom Wort Gottes. Es müßte etwas sein, denkt man sich, das vom Himmel fällt. Nun offenbart sich Gott aber in der Geschichte, in den Ereignissen des menschlichen Lebens, und aus diesen Alltäglichkeiten gilt es seine Stimme herauszuhören.

Empfindet nicht jeder Christ Ähnliches, wenn er mit Jesus zu tun hat? Er erkennt in Jesus den Sohn Gottes, das ewige Wort des Vaters. Seine Zeitgenossen haben ihn aber nur als Menschen gesehen, und er ist auch wirklich ein Mensch gewesen. Erst wenn der Glaube unsere Augen öffnet, wird uns das Verhältnis Jesu zu Gott offenbar.

Gott hat im Alten Testament nicht anders gehandelt. Die Juden lebten in Umständen, wie sie auch bei anderen Völkern üblich waren. Aber die Gläubigen, vor allem die Propheten, hörten auch in den gewöhnlichsten Dingen, wie Gott zu ihnen sprach.

Sind wir aber auch sicher, daß sich die Propheten und die anderen Gläubigen nicht getäuscht haben? Hier gewinnt der Glaube an den Heiligen Geist, der den Gläubigen die Kraft zur Erkenntnis verleiht, seine volle Bedeutung: „Wenn aber jener kommt, der Geist der Wahrheit, wird er euch in die ganze Wahrheit führen" (Joh 16,13). Auf ein Gotteswort warten, das vom Himmel fällt, könnte auch heißen, nicht mehr an den Heiligen Geist glauben und auf Jesus verzichten. Mit einem solchen „Wort", das vorgibt, unmittelbar göttlichen Ursprungs zu sein, hätten wir Gott in der Hand und brauchten nicht mehr nach dem Wort zu suchen, das in aller Demut für uns fleischgeworden ist.

98

lassen hatten. Außerdem waren auch noch die Diasporajuden zu berücksichtigen. Die Unterschiede zwischen den einzelnen Gruppen steigerten sich bis zum Haß. Man verachtete die Fremden und trieb trotzdem Götzendienst. Der Prophet bemühte sich, mit allen Beteiligten ins Gespräch zu kommen und sie mit seiner Begeisterung zu erfüllen.

Das dritte Jesajabuch gliedert sich nach der Einheitsbibel folgendermaßen:

Jes 56,1–8: *Verheißung an die Fremden und Kinderlosen.* Die Fremden können zum Gottesvolk gehören, denn „mein Haus wird ein Haus des Gebets für alle Völker genannt" (V. 7).

Jes 56,9–57,13: *Eine Drohung gegen die Führer des Volkes.* Der Prophet klagt über die Blindheit und Habgierigkeit der „Hirten", die sich zudem hemmungslos dem Götzendienst hingeben.

Jes 58,1–14: *Die wahre Frömmigkeit.* Nicht äußerliche Übungen, sondern aufrichtiges soziales Verhalten verlangt Gott. Hier werden die Werke der Barmherzigkeit genannt (V. 6–7).

Jes 59,1–21: *Die Hindernisse für das kommende Heil.* Die Anklagen des Propheten führen zum Erfolg. Das Volk bekennt seine Sünden.

→ **Textauslegung: Jes 60–62**

In Jes 61 erreicht die Botschaft des Propheten ihren Höhepunkt. Mit Jes 60 und 62 bildet das Kapitel aber eine Einheit, die man überschreiben könnte: *Die künftige Herrlichkeit Zions.*

Tochter Zion, freue dich ... (Jes 60 und 62)

Lesen Sie die Kapitel, um festzustellen, wie die einzelnen Akteure dargestellt werden.

Gott. Welches Gottesbild tritt aus dem Text hervor? Welche Bilder werden gebraucht, um die Empfindungen und Gefühle Gottes auszudrücken?

(Die Tochter) Zion. Wer wird in Jes 60 angeredet? Mit welchen Bildern und Vergleichen wird die Veränderung beschrieben, die sich in Zion vollzogen hat?

Deine Söhne, deine Töchter. Wer ist gemeint? Woher kommen sie? Durch wen werden sie angelockt?

Die Kapitel bieten eine großartige Vision des Gottesvolkes. In ihm geht der Welt, die in Dunkel und Finsternis liegt, ein wunderbares Licht auf. Von allen Seiten strömen die Menschen herbei, bringen ihre Schätze und verkünden die ruhmreichen Taten des Herrn. Denn der Lichtglanz, in dem Zion erstrahlt, kommt von Gott, ist Gott selbst.

Die frohe Botschaft des Gesalbten Jahwes: Jes 61

Das Kapitel gliedert sich in drei Teile:

Jes 61,1–4: Der Prophet stellt sich vor: „Der Geist Gottes, des Herrn, ruht auf mir ..." Wie ist es zur Berufung gekommen? Was ist seine Mission? Zu wem ist er gesandt und wem soll er die frohe Botschaft verkünden? Notieren Sie die Bilder, die den Wechsel anzeigen.

Jes 61,5–9: Der Gesalbte Jahwes spricht zu seinen Hörern. Er spricht, und der Herr spricht durch ihn (V. 8). Es geht um die Zukunft. Was ist verheißen? Welche Rolle kommt dem Volk zu?

Jes 61,10–11: Prophet und Volk geben ihrer Freude Ausdruck. Wo liegen die Gründe für diesen Jubel?

Schauen wir uns jetzt noch einmal den ganzen Abschnitt Jes 60–62 an. Wie lautet die gute, frohe Botschaft, die den enttäuschten Heimkehrern wieder Mut geben kann?

Lesen Sie zum Abschluß Lk 4,16–21. Weshalb wird hier die Sendung Jesu mit Jes 61,1–2a gedeutet? Wie lassen sich von daher die Heilungswunder Jesu erklären und der Sinn seiner Seligpreisungen? Als Christen glauben wir, daß die Herrlichkeit Gottes keine rein zukünftige ist, sondern gegenwärtig in Christus.

2. Das Gesetz oder der Pentateuch

Als Esra in Jerusalem ankam (398?), hatte er die Aufgabe, die Gemeinde neu zu organisieren.

Das Gesetz

Das „Gesetz des Gottes des Himmels" (Esra 7,21) war die Ordnung, die Esra allen Juden auferlegte. Wahrscheinlich handelte es sich um eine Vorform des Pentateuch, zu der folgende Texte gehörten:
– die in Judäa beheimatete jahwistische Geschichte (S. 33 und 46);
– die im Nordreich gepflegte elohistische Tradition (S. 33 und 65–66);
[Diese beiden Überlieferungen waren bereits im Jehowismus zusammengearbeitet worden (S. 33 und 77–78).]
– das Deuteronomium (S. 33 und 72–73);
– die Priesterschrift und das Buch Levitikus (S. 33 und 87–92);
– unabhängige Überlieferungen, namentlich Gesetze über Feste und Feiertage, die von den Priestern nach der Rückkehr aus dem Exil zusammengestellt wurden (S. 95).

Mit diesen Texten gelang es Esra, ein Werk vorzubereiten, das später unser *Pentateuch* werden sollte.

Die Geschichte Israels beginnt mit der Schöpfung und endet mit dem Tod des Mose. Zwei Gestalten, Abraham und Mose, stehen jeweils im Mittelpunkt.

Nach der Urgeschichte (Gen 1–11) erzählt das Buch *Genesis* von den Patriarchen. Hauptfigur ist Abraham, der Vater der Gläubigen, der die Verheißungen Gottes, den Bund, entgegennimmt (Gen 15; 17). Abraham ist der große Fürbitter bei Gott (Gen 18); sein Vertrauen zu Gott ist unbegrenzt, als er zur Hingabe seines einzigen Sohnes bereit ist (Gen 22).

Mit dem Buch *Exodus* betritt Mose die Szene und verläßt sie nicht mehr bis zu seinem Tod. Zunächst wird an die ägyptische Knechtschaft und die Berufung des Mose erinnert (Ex 1–15), dann beherrscht der Sinaibund das übrige Buch. Eingerahmt von zwei Geschichten über die Wüstenzeit (Ex 16–18 und Num 11–12), wird vom Bundesangebot Gottes und den Zehn Geboten berichtet, worauf das „Bundesbuch" folgt (Ex 19–23). Es schließen sich die verschiedenen priesterlichen Gesetze an: Ex 25–31 und 35–40; das Buch *Levitikus* und *Numeri* 1–10. In diesem Zusammenhang erinnert die Geschichte vom „Goldenen Kalb" (Ex 32–34) an die immer mögliche Gefahr des Abfalls von Gott und des Bundesbruchs. Der letzte Teil des Pentateuch stellt den Zug hin zum Gelobten Land dar (Num 13–36), und das *Deuteronomium* enthält die Abschiedsreden des Mose auf dem Berg Nebo.

Mose erscheint in diesem Werk als der große Mittler. Er steht vollkommen auf Seiten Gottes, und sein Instrument, das Volk aus der Knechtschaft zu befreien und in den Dienst Gottes zu führen, ist das Gesetz, das ihm gegeben wird. Ebenso aber steht Mose auf Seiten des Volkes,

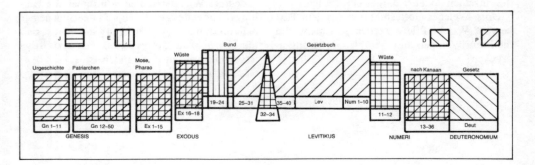

und zwar in einer so totalen Solidarität, daß er auf geheimnisvolle Weise sogar an seiner Sünde teilhat. Und mit dem Volk stirbt Mose in der Wüste, er stirbt, bevor er das Gelobte Land betreten hat, „wie es der Herr bestimmt hatte" (Dtn 34,5).

Die Thora

Für die Juden war Gottes Wort hauptsächlich im *Gesetz* (hebräisch ‚thora') zu finden, das Gott seinem Volk am Sinai gegeben hat. In *schriftlicher* Form war das Gesetz im Pentateuch niedergelegt. Die Rabbinen betonten jedoch mit allem Nachdruck, daß die Thora auch *mündlich* überliefert worden sei. Die mündlichen Traditionen waren für die Juden ebenso wichtig wie das schriftliche Gesetz des Pentateuchs.

Die Schriften der *Propheten* gelten zwar auch als Wort Gottes, aber sie gehören nicht unter dem gleichen Gesichtspunkt dazu. In der Liturgie haben sie oft die Aufgabe, das Gesetz Gottes zu erläutern.

Was die *Schriften* betrifft, so werden sie hochgeschätzt, doch nehmen sie nicht den gleichen Rang ein wie das Gesetz oder die Propheten.

Das Judentum hat Esra wegen seiner Beziehung zum Gesetz neben Mose gestellt. „Wenn das Gesetz nicht Mose gegeben worden wäre", sagte ein Rabbi, „wäre Esra würdig gewesen, es zu empfangen". Mose und Esra bleiben die beiden großen Gestalten des Judentums.

Die Samariter

Die Bewohner der nördlichen Gebiete wollten den Heimkehrern zunächst helfen, den Tempel wiederaufzubauen. Da sich die Jerusalemer Juden aber weigerten, mit der als kultisch unrein geltenden Bevölkerung Samariens zu-

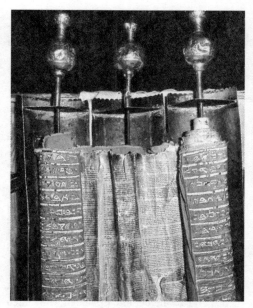

Eine Thorarolle, wie sie in Samaria verwendet wird. Sie enthält nur die fünf Bücher des Pentateuch.

sammenzuarbeiten, kam es zu Streitigkeiten. In der Folgezeit trennten sich die Bewohner Samariens vollständig von Jerusalem und bildeten eine eigene Religionsgemeinschaft, die Samariter. Sie erbauten sich sogar einen eigenen Tempel auf dem Berg Garizim. Als heilige Schrift erkannten sie nur den Pentateuch an, der bis auf einige wichtige Varianten mit dem jüdischen Text identisch war.

Die Beziehungen zwischen Juden und Samaritern blieben sehr gespannt. Wir kennen das Problem vor allem aus den Evangelien. Eine Gemeinde der Samariter hat übrigens bis in unsere Zeit überlebt, und man kann jedes Jahr zu Ostern das Paschamahl auf dem Garizim mitfeiern.

3. Die Bücher der Chronik – Esra – Nehemia

Die beiden Chronikbücher wurden wahrscheinlich zu Beginn der hellenistischen Zeit abgefaßt. Der Autor ist unbekannt. Man nennt ihn den „Chronisten". Sein Vorhaben, eine

Geschichte von Adam bis Esra zu schreiben, verdient Anerkennung. Dieser Gelehrte zitiert seine Quellen, etwa zwanzig Bücher, von denen einige bekannt sind (Samuel, Buch der Könige). Zu den zwei Bänden seines Werkes kommen noch die Bücher Esra und Nehemia hinzu.

Es wäre höchst interessant, bestimmte Abschnitte aus den Chronikbüchern mit den entsprechenden Texten aus Samuel und den Königsbüchern zu vergleichen. Daran könnte man erkennen, wie es zu einem „Midrasch" gekommen ist (vgl. S. 104).

Hier noch einige Hinweise zu charakteristischen Zügen der Chronikbücher:

Der Chronist bietet eine *Theologie der Geschichte.* Um zu zeigen, wie das Volk heute sein Leben gestalten müßte, idealisiert er eine Epoche der Vergangenheit, die Zeit Davids und Salamos. Von Adam bis David überspringt er die Zeiten schnell, meist mit Hilfe von Genealogien. Für David wählt er seine Quellen sorgfältig aus und vermeidet alle Episoden, die seinen Helden in ein schlechtes Licht rücken könnten (Ehebruch). David ist der König nach dem Herzen Gottes. Er hat seinem Reich eine Hauptstadt gegeben, er hat den Bau des Tempels vorbereitet und den Kult organisiert.

Mit Schweigen übergeht der Chronist die Geschichte des Nordreichs. Sein Interesse gilt vor allem der Geschichte des Tempels und des Kults. Priester und Leviten spielen bei ihm eine bedeutende Rolle.

Wenn Könige mit ihrem Volk Gott die Treue halten, sind sie glücklich. Wenn nicht, müssen sie Unglück und Leid erfahren. Auf stark vereinfachte Weise möchte der Chronist zeigen, wie das Reich Gottes auf Erden aussehen könnte.

➡ **Zur Lektüre empfohlen: Neh 8–9**

– *Neh 8.* Aus welchen Elementen besteht die hier beschriebene Volksversammlung? An welchem Ort findet sie statt? Wer ist ihr Leiter? Was geschieht hier Neues im Unterschied zum Tempelkult?
– *Neh 9.* Welche Punkte der Geschichte Israels werden in diesem Bußgebet besonders hervorgehoben? Auf welche Verdienste stützen sich die Beter? Welche Eigenschaften werden Gott zuerkannt? Was können wir für unser Gebet aus diesem Text lernen?

4. Die Weisheit

Was bei den Griechen die Philosophen, das haben im Orient und in Israel die Weisheitslehrer im Sinn gehabt: Die Rätsel des menschlichen Lebens zu lösen und nach den Maßstäben sittlichen Verhaltens zu fragen. So wurden in der Weisheitslehre die großen Probleme des Daseins überdacht, Leben und Tod, Liebe und Leid, Unglück und Not. Welchen Sinn hat die Welt überhaupt, was sollen all die Dinge, die man sieht und nicht begreift? Weit ausgeprägter aber ist das Bemühen der Weisheitslehrer, dem Menschen den rechten Weg zur Erfüllung seiner vielfältigen Aufgaben zu weisen.

Im Unterschied zur griechischen Philosophie zeigt sich aber die Weisheitslehre viel einfacher und lebensnäher. Sie schöpft ihre Erkenntnisse aus der alltäglichen Erfahrung, sie bleibt konkret und ist auch dem Nichtgebildeten verständlich. Außerdem hat vor allem die israelitische Weisheit von Anfang an eine religiöse Komponente. Als Quelle und Ziel aller Weisheit gilt Gott, der Herr der Geschichte und Schöpfer des Lebens.

Ihre „institutionelle" Form hat die Weisheit in Israel am Hof und im Kult gefunden. In diesen Schulen ging es um die Erziehung und Bildung des Nachwuchses für Beamte und Priester. Die Ergebnisse der Reflexion wurden in Sprichwörter und Lehrgedichte gefaßt, die leicht zu merken waren.

Man muß sich allerdings vor einer möglichen Gefahr, die im Aufbau unseres Buches liegt, hüten. In den vorhergehenden Kapiteln haben wir uns zunächst mit den Propheten beschäftigt und danach gefragt, wie der Pentateuch zustande kam. Jetzt erst beginnen wir, die Weisheitsliteratur zu lesen, und das könnte den falschen Eindruck erwecken, als habe Israel viele Jahrhunderte gebraucht, um zum Nachdenken zu kommen. Das ist gewiß nicht der Fall gewesen. Die Bücher, die meist erst nach dem Exil erschienen sind, haben alle eine lange Vorgeschichte und reichen weit in frühere Zeiten zurück.

Wer sind die Weisen in Israel?

Jeder Israelit. Die Weisheit ist eine Sache des Volkes. Viele Sprichwörter geben alltägliche Erfahrungen wieder und bestechen durch ihre gelungene, oft witzige Form.

Der König. Er muß das Volk regieren und unterscheiden lernen, was gut ist oder nicht. Man glaubte sogar, daß der König an der Weisheit Gottes teilhabe.

Die Schriftgelehrten. Die Weisheit ist volkstümlich, aber auch Sache der Schulen und Gelehrten. Die Schriftgelehrten, meist hohe Beamte am Hof, waren die ersten Weisheitslehrer, die sich auch durch ihre politische Klugheit an der Macht behaupteten. Zwischen dieser reichen und mächtigen Klasse von Schriftgelehrten und den Propheten, die als Anwälte der Armen auftraten, gab es oft Konflikte und Meinungsverschiedenheiten.

Die Weisheitslehrer nach dem Exil. Sie waren die Erben all dieser Strömungen. Ihnen war es gelungen, die alten Weisheitsüberlieferungen zu sammeln und niederzuschreiben. Ihre Weisheit beruhte auf menschlichem Nachdenken und Überlegen, aber sie waren wie schon ihre Vorfahren überzeugt, daß alle Weisheit von Gott stammt und in ihm ihre Quelle hat.

Das Buch Ijob

Während in Griechenland ein Aischylos, Sophokles und Euripides die Szene beherrsch-

---

Einige Merkmale der Weisheit

Die Weisheit ist „Lebenskunst". Sie will entdecken, was zum Leben führt und nicht zum Tod. In ihr vollzieht sich die Reflexion über die großen Menschheitsfragen: Leben, Tod, Liebe, Leid, das Böse, die Beziehung zu Gott und zum Nächsten, das Leben in der Gemeinschaft.

Die Weisheit ist universal und zeitlos. In den Fragen um Leben und Tod, Liebe und Leid gibt es keine Grenzen. Wer vor 3000 Jahren in Babylon oder Israel unter seinen Schmerzen stöhnte, verhielt sich nicht anders als ein Schwerverletzter in unseren Tagen.

Die israelitischen Weisheitslehrer haben ihre Erkenntnisse in reichlichem Maß aus den Quellen fremder Völker geschöpft: Ägypten, Babylon und später Griechenland. Dieses ganze Wissen wurde aber – und dies ist die Originalität Israels – im Glauben an den einen und einzigen Gott neu begründet. So ist Gott die erste und letzte Quelle der Weisheit, und sie zu finden, heißt Gott suchen. Dies aber muß in aller Ehrfurcht und voll Vertrauen geschehen, eine Haltung, die von der biblischen Weisheitsliteratur „Gottesfurcht" genannt wird.

---

ten, während man die Tragödien der Geschichte und des menschlichen Lebens in unvergänglichen Worten niederschrieb, hat die israelitische Dichtung versucht, das Drama des von Leiden gepeinigten Gläubigen vor Gott zu bringen.

Das Buch Ijob hat eine lange Geschichte. Am Anfang steht wohl die alte Erzählung vom Dulder Ijob, die jetzt den Rahmen des Buches bildet. Später kamen dann, wahrscheinlich im 5. Jahrhundert, die Streitgespräche zwischen Ijob und seinen Freunden hinzu. Andere Teile mögen erst nach dem Exil entstanden sein. Das Drama Ijobs ist das des ungewollt und unschuldig leidenden Menschen. Ijob glaubt an Gott, an einen gerechten und allmächtigen Gott. Gleichwohl muß er leiden, obwohl ihn sein Gewissen von allen Sünden freispricht.

Seine Freunde haben die Aufgabe, den traditionellen Rechtsstandpunkt zu verteidigen: Wer leidet, hat gesündigt. Wen Gott liebt, den züchtigt er. Das sei alles Unsinn, schreit Ijob. Er schreit, bäumt sich auf, lästert, während Gott schweigt.

Schließlich beginnt Gott zu reden. Um sich zu rechtfertigen oder um zu trösten? Beides nicht. Gott verweist nur auf die Herrlichkeit seiner Schöpfung und stellt Ijob eine einzige Frage: „Willst du wirklich mein Recht zerbrechen, mich schuldig sprechen, damit du recht behältst?" (Ijob 40,8). Und Ijob wirft sich nieder, betet an.

Am Schluß weiß man auch nicht mehr als am Anfang, warum die Welt vom Bösen beherrscht wird. Trotzdem ist es gut, daß es in der Bibel ein solches Buch gibt. Jetzt weiß man, wie selbst Aufbegehren und Lästerungen Gebet sein können. Fromme Überlegungen vermögen wenig; was zählt, ist allein das Vertrauen in Gott. Hinter Ijob wird Christus am Kreuz sichtbar, der unschuldig leidende Gerechte.

Wir empfehlen zur Lektüre:
- Die Verzweiflung Ijobs (3; 6–7; 29–30). Gott ist abwesend und schweigt.
- Das Gedicht über die Weisheit, deren Geheimnis Gott allein kennt (28).
- Die Gewissenserforschung Ijobs (31).
- Die „Antwort" Gottes (38).

Das Buch der Sprichwörter

Das Buch der Sprüche oder Sprichwörter zeigt uns vielleicht am deutlichsten, wie die Weisheitsliteratur entstanden ist und wie sie sich entwickelt hat.

Das Buch enthält neun Sammlungen von Sprichwörtern und Weisheitsreden, die aus verschiedenen Zeiten stammen und sich durch Länge und Stil unterscheiden. Die älteste Sammlung kommt wohl schon aus Salomonischer Zeit. Zwei Sammlungen (Spr 30–31) werden ausländischen Lehrern zugeschrieben, was die Universalität der Weisheit bezeugt. Mit

---

Midrasch und Targum

Den Juden stellte sich schon sehr bald die Frage, wie die Schrift zu aktualisieren sei. Das Wort Gottes war in Situationen gesprochen worden, die mit der Gegenwart wenig mehr zu tun hatten. Man mußte also die Schrift so lesen, daß sie wieder einen Sinn bekam.

‚Midrasch' (von der Wurzel ‚darasch' = suchen) heißt die Interpretationsmethode, die an die Schrift herangeht, um sie auf die Gegenwart zu beziehen. So heißen aber auch die Werke, die sich dieser Methode bedienen.

Man unterscheidet zwei Arten des Midrasch:
- die *Halacha* (von der Wurzel ‚halach' = Weg) sucht nach den Regeln der Lebensführung, den Gesetzen. Im Judentum ist der Plural ‚Halachot' ein Synonym für „Gesetze".
- die *Haggada* (von einer Wurzel, die „erzählen" bedeutet) befaßt sich mit „historischen" Texten und schmückt sie mit erbaulichen Zügen aus.

Mit der priesterschriftlichen Geschichtsschreibung, die den altisraelitischen Traditionen das Prinzip „Hoffnung" unterlegt, beginnt

schon der Midrasch sich auszuwirken. Noch mehr gilt dies von den Büchern der Chronik.

Der *Targum* ist ursprünglich die mündliche Übersetzung der Schrift ins Aramäische. Das Hebräische blieb die heilige Kultsprache. Als aber das Volk nicht mehr hebräisch verstand, mußte in der Liturgie eine aramäische Übersetzung nachgereicht werden. Anstelle der wörtlichen Übersetzung wählte man aber eine freie Wiedergabe, die das Verständnis erleichterte (vgl. die Beispiele S. 48 und 68).

Beim Gottesdienst, der Neh 8–9 beschrieben wird, erklärten die Leviten dem Volk das Gesetz. Vielleicht ist damit schon die Praxis des Targum gemeint.

Zu Beginn unserer Zeitrechnung wurden die wichtigsten Targume schriftlich niedergelegt. Aus den Texten läßt sich ersehen, wie man in neutestamentlicher Zeit manche Schriftstellen verstanden hat.

Die ersten Christen haben diese beiden Arten der Schriftauslegung übernommen. Sie lasen die Bibel oft im Licht der Targume und bildeten selbst oft midraschartige Texte (z. B. die Kindheitserzählungen des Mt).

der ägyptischen „Weisheit des Amenemope"
stimmt der Abschnitt Spr 22,17–24,22 überein.
Nach dem Exil ist das Buch wahrscheinlich
überarbeitet worden.

Eine solche Spruchsammlung kann man
kaum fortlaufend lesen. Nach homöopathi-
scher Art lassen sich nur einzelne Sprüche ver-
kosten. Sehr zu empfehlen ist es, sich eine kleine
Anthologie von Sprichwörtern nach Themen
geordnet, anzulegen:
- Die *Gottesfurcht*, Quelle der Weisheit
(Spr 1,7; 10,27; 14,2.26–27 . . .).
- *Gott, der Herr*, wird manchmal genannt.
Was tut er? (8,22; 10,22.29; 11,1; 12,2.22 . . .).
- Die *Kindererziehung* ist streng patriar-
chalisch ausgerichtet (1,8; 10,1.13; 13,1; 19,26–
27.29 . . .).
- *Tugenden* werden gelobt: Gerechtigkeit,
Liebe, Demut . . . (10,2; 11,2.30; 12,28 . . .).
- Die *Frauen*. Neben unfreundlichen Wor-
ten, die der Sittenlosigkeit und Zanksucht
von Frauen gelten (11,22; 12,4 b; 19,13; 27,15;
21,9.19), finden sich begeisterte Worte über die
Tüchtigkeit der Frau (18,22; 31,10–31).
- Verschiedene kleine *Sittenbilder* zeichnen
die *Ehebrecher* (7,6–27), die *Faulen* (19,24;
24,30–34; 26,13–16), den *Händler* (20,14), den
Trunkenbold (23,29–35).

Die personifizierte „Weisheit" (Spr 1–9)

Hier spricht ein Lehrer zu seinem Schüler, ein
Vater zu seinem Sohn. Er tut dies im Namen der
„Weisheit", jener Göttin der Schule und Er-
kenntnis, die später als Tochter Jahwes galt.
Diese Weisheit will den Menschen dazu führen,
sein Leben in Gottesfurcht und Nächstenliebe
zu verbringen und sich vor Unzucht zu hüten.
Dafür wird um so mehr die eheliche Liebe
gepriesen, und zwar mit Tönen, die an das
Hohelied erinnern (Spr 5,15–23).

In manchen Abschnitten erscheint die „Weisheit" als personifizierte Gestalt, als „Frau
Weisheit". Ihr gegenüber sitzt, wenn auch nur
kurz angedeutet, die „Frau Torheit" (9,13–18),
um die Vorübergehenden zu verführen. Die
„Frau Weisheit" ist Prophetin, sie predigt und
hält ihre Reden (1,20–33), sie ist Gastgeberin,
die zum Mahl einlädt (9,1–6), und sogar die

Sumerische Sprichwörter
(Ende des 2. Jahrtausends)

Für den Armen ist es besser,
tot zu sein, als zu leben;
wenn er Brot hat, fehlt ihm das Salz,
wenn er Salz hat, fehlt ihm das Brot.

Wer niemals Weib oder Kind ernährt,
hat niemals eine Leine an seiner Nase
    getragen.

Der Krug in der Wüste ist das Leben des
    Menschen.
Die Braut ist die Zukunft des Mannes.
Der Sohn ist die Zuflucht des Vaters.
Die Tochter bringt ihrem Vater Heil.
Aber die Schwiegertochter bringt ihm die
    Hölle.

„Tochter Gottes", ein Kind, das vor ihm spielt
(8,22–31). Diesen Text werden wir uns gleich
anschließend näher anschauen. Im nächsten
Kapitel werden wir dann sehen, wie dieses
Thema weiterentwickelt wurde. Die „Weisheit"
wird immer mehr zu einer göttlichen Person,
die aus Gott selbst hervorgeht. Es ist deshalb
leicht verständlich, daß die ersten Christen in
Jesus die „Weisheit Gottes" erkannt haben
(1 Kor 1,24).

→ **Textauslegung: Spr 8,22–31**

8 22 Der Herr hat mich geschaffen im Anfang
        seiner Wege,
        vor seinen Werken in der Urzeit;
   23 in frühester Zeit wurde ich gebildet,
        am Anfang, beim Ursprung der Erde.
   24 Als die Urmeere noch nicht waren,
        wurde ich geboren,
        als es die Quellen noch nicht gab, die
        wasserreichen.
   25 Ehe die Berge eingesenkt wurden,
        vor den Hügeln wurde ich geboren.
   26 Noch hatte er die Erde nicht gemacht und
        die Fluren
        und alle Schollen des Festlands.

105

27 Als er den Himmel baute, war ich dabei,
als er den Erdkreis abmaß über den Wassern,

28 als er droben die Wolken befestigte,
und Quellen strömen ließ aus dem Urmeer,

29 als er dem Wasser seine Satzung gab
und die Wasser nicht seinen Befehl über-
treten durften,

30 als er die Fundamente der Erde abmaß,
da war ich als geliebtes Kind bei ihm.
Ich war seine Freude Tag für Tag
und spielte vor ihm allezeit.

31 Ich spielte auf seinem Erdenrund,
und meine Freude war es, bei den Menschen zu sein.

Wer sind die Akteure? Wie treten sie im Text auf? Achten Sie auf Worte und Ausdrücke, die sich entsprechen.

Was tut Gott? Was tut die Weisheit? In welcher Beziehung steht sie zu Gott? Vor der Schöpfung und während der Schöpfung? Wie ist das Verhältnis der Weisheit zu den Menschen?

Bestimmen Sie die Zeitangaben, die im Text gemacht werden. Wie kann man die „Präexistenz" (= Vorzeitigkeit) der Weisheit feststellen?

Am Ende der Untersuchung können Sie sich fragen: Aus welchem Grund ist der Text geeignet, die Rolle Christi besser zu verstehen? Vgl. Kol 1,15–20, den berühmten Hymnus auf die kosmische Bedeutung Christi.

VII. Unter griechischer (333–63) und römischer (ab 63) Herrschaft

Wir beginnen mit einer Zeittafel:
333 Sieg Alexanders des Großen bei Issos (nördlich von Antochien). Der Weg nach dem Mittleren Orient liegt jetzt offen.
332 Alexander in Ägypten. Gründung der Stadt Alexandria.
331 Babylon, Susa, Persepolis werden genommen.
327 Alexander erreicht Indien.
323 Alexander stirbt mit 33 Jahren.

Der junge König hat in zehn Jahren Sieg auf Sieg an seine Fahnen geheftet und 18 000 Kilometer zurückgelegt. In seinem unermeßlich großen Reich hat er mehr als siebzig Städte gegründet, von denen die meisten seinen Namen trugen. Er hat die griechische Kultur mit ihrer Kunst, ihrer Philosophie, ihren Bädern und Stadien verbreitet und der Bevölkerung eine einheitliche Sprache gegeben: Die Koiné, das damals im griechischen Volk gesprochene Griechisch. Während vieler Jahrhunderte, bis etwa 500 n. Chr., war die Koiné Umgangssprache im Mittelmeerraum; dann wurde es durch das Lateinische ersetzt. In dieses Koiné-Griechisch ist auch das Alte Testament übersetzt worden (Septuaginta = LXX). Das Neue Testament wurde von vornherein griechisch geschrieben.

Israel unter den Lagiden (333–198)

Nach dem Tod Alexanders teilten sich seine Generäle das Reich in drei Teile. Die Dynastien wurden nach dem Namen ihres ersten Königs benannt: in Griechenland die *Antigoniden,* in Ägypten die *Lagiden* (oder *Ptolemäer*), in Syrien die *Seleukiden*. Das Herrschaftsgebiet der Seleukiden reichte vom Mittelmeer bis nach Indien.

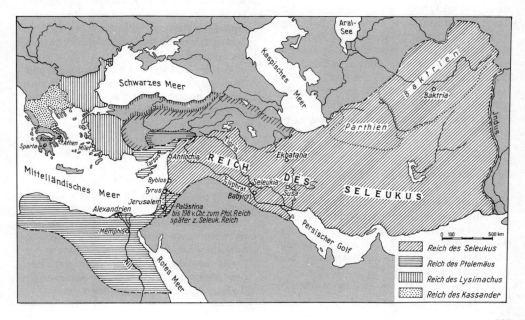

107

Mehr als hundert Jahre lang war Palästina unter der Herrschaft der ägyptischen Lagiden. Diese Könige, von denen die meisten „Ptolemäus" hießen, ließen die verschiedenen Völkerschaften im allgemeinen unbehelligt. So konnten auch die Juden in Frieden leben und sich nach dem Statut des Esra einer weitgehenden Autonomie erfreuen.

Während dieser Zeit begannen die drei Hauptzentren des Judentums sich auf verschiedene Weise zu entwickeln.

In *Babylon* lebte nach wie vor eine starke Gemeinde. Man weiß allerdings wenig von ihr. Erst nach Jahrhunderten wurde ihr Hauptwerk bekannt, der babylonische Talmud.

In *Ägypten* nahm die jüdische Gemeinde von Alexandrien einen raschen Aufschwung. Zur Zeit Christi war ein Fünftel der Bevölkerung jüdisch. Hier ging das Judentum eine enge Verbindung mit dem griechischen Denken ein. Zeugnisse dafür sind neben der Septuaginta das „Buch der Weisheit" und vor allem die Werke des Philosophen Philo, der seinen Väterglauben in ein ansprechendes griechisches Gewand gekleidet hat.

In *Palästina* war das Judentum gespalten. Eine einflußreiche Partei fühlte sich von der griechischen Kultur angezogen, man pflegte die sportlichen Veranstaltungen, kleidete sich entsprechend und suchte sogar, die Beschneidung durch eine chirurgische Operation rückgängig zu machen. Diesen hellenistischen Bestrebungen standen die überzeugten Juden kompromißlos gegenüber. Sie hielten um so entschiedener an den Bräuchen der Väter fest, übten die Beschneidung und erfüllten das Sabbatgebot mit einer fast übermenschlichen Treue. In dieser Zeit hat das Judentum, wie es sich später darstellte, Gestalt angenommen.

Israel unter den Seleukiden (198–63)

Im Jahr 198 schlug die syrische Armee mit Hilfe ihrer Elefantentruppe Ägypten. Für Israel zog eine schwere Zeit herauf. An den Quellen des Jordan, in Paneion, übernahm der Seleukidenkönig Antiochus III. die Herrschaft über Palästina von Ägypten.

Im Unterschied zu den Lagiden wollten die Seleudiken den Juden mit Gewalt die griechi-sche Kultur und Religion aufzwingen. Antiochus IV. hob im Jahr 167 die Sonderrechte der Juden auf, verbot den Sabbat und die Beschneidung, entweihte den Tempel, indem er dort den „unheilvollen Greuel" aufstellte, d. h. eine Statue des Zeus. Die Krise nahm um so größere Ausmaße an, als in der Priesterschaft Uneinigkeit herrschte und viele die Hellenisierung befürworteten.

Ein Priester namens Mattatias gab das Signal zum Aufstand. Anläßlich einer erzwungenen Opferfeier, bei der die Juden den Götzen opfern sollten, erstach er den königlichen Beamten und ging danach in den Untergrund. Sein fünfter Sohn Judas hat durch seinen Beinamen „Makkabäer" (Hammer) der ganzen Epoche ihre historische Bezeichnung gegeben. Judas gelang es auch, Jerusalem wiederzuerobern. Der Tempelkult wurde am 15. 12. 168 unter großer Anteilnahme des Volkes neu auf-

---

Literarische Aktivitäten

Das Zeitalter des Hellenismus hat unterschiedliche Werke hervorgebracht. Die einen verraten Sympathie für den Einfluß griechischer Kultur, die anderen sperren sich dagegen: *Kohelet, Jesus Sirach, Tobit,* das *Hohelied, Baruch, Weisheit.* Die Heiligen Schriften werden ins Griechische übersetzt: die *Septuaginta.*

Von der Verfolgung durch Antiochus und dem Zeitalter der Makkabäer handeln folgende Schriften: *Judit,* das erste und zweite *Makkabäerbuch.* Die literarische Gattung der Apokalyptik, die schon bei manchen exilischen und nachexilischen Propheten begegnete, findet im Buch *Daniel* ihren ersten großen Niederschlag. In der folgenden Zeit sind dann zahlreiche Apokalypsen – außerhalb des Alten Testaments – erschienen.

Das *Psalterium* wurde abgeschlossen, nachdem noch viele Lieder und Gedichte aus dieser Zeit hinzugekommen waren.

Als einer der letzten Propheten hat *Deutero-Sacharja,* der Verfasser des zweiten Teils im Buch Sacharja, gewirkt.

genommen. An diesen Tag erinnert seitdem das jüdische Fest der Tempelweihe. Zwei Brüder des Judas gründeten nach ihm die Dynastie der Makkabäer oder Hasmonäer (nach dem Stammvater der Familie des Mattatias). Als die Hasmonäer den Königstitel annahmen, war Israel wieder für eine Zeitlang ein Königreich.

Am Beginn der Makkabäerzeit war das Blut jüdischer Martyrer geflossen. An ihrem Ende wurden treugläubige Juden von den zur königlichen und hohepriesterlichen Würde aufgestiegenen hasmonäischen Fürsten grausam zu Tode gebracht. Es war ein schneller und trauriger Prozeß, der zum Untergang der Makkabäer führte.

Im Jahr 63 stritten sich zwei verschiedene Hasmonäerfürsten um den Königsthron. Da betrat Rom, in der Person des berühmten Pompejus, die Bühne des Mittleren Orients. Nach dreimonatiger Belagerung wurde Jerusalem erobert, einer der Hasmonäer durfte als Vasall weiterregieren. Ihm folgte der aus Edom stammende Herodes.

Die jüdischen Sekten

Obwohl das Wort „Sekte" heute oft in einem negativen und abwertenden Sinn gebraucht wird, bezeichnet es in der biblischen Wissenschaft ganz unvereingenommen die religiösen Gruppierungen des Judentums. Die meisten Sekten sind in der Makkabäerzeit entstanden.

Die *Pharisäer* waren zunächst eine kleine Gruppe von tieffrommen Juden, die sich hauptsächlich mit den Reinheitsregeln beschäftigten. Unter den Hasmonäern standen sie längere Zeit in Opposition, bildeten später aber die führende Partei. Doch trachteten sie im allgemeinen nicht nach politischer Macht, sondern sie bemühten sich ehrlich, dem Volk das Gesetz näherzubringen.

Die *Essener* sind eigentlich erst durch die Entdeckung der Handschriften am Toten Meer richtig bekannt geworden. Wahrscheinlich haben sich die Essener zur Zeit des Makkabäeraufstandes in die Wüste zurückgezogen und in der Nähe des Toten Meers eine Gemeinde des Neuen Bundes gegründet. Gebet und Meditation, Gütergemeinschaft und teilweise Ehelosigkeit waren die Kennzeichen dieser Sekte. Mit den Pharisäern und der Jerusalemer Priesterschaft gab es erbitterte Auseinandersetzungen.

Die *Sadduzäer* bildeten gewissermaßen die politische und wirtschaftliche Führungsschicht des jüdischen Volkes. Ihre Mitglieder stammten vor allem aus den hohepriesterlichen Familien, sie waren reiche Großgrundbesitzer und Geschäftsleute. Mit allen Mitteln verteidigten sie ihre Vormachtstellung. Zur römischen Besatzungsmacht standen sie in engen Beziehungen.

1. Ein Prophet der griechischen Zeit: Deutero-Sacharja

Während das Buch Jesaja in drei Teile zerfällt, unterscheidet man bei Sacharja zwei Teile. Die Kapitel Sach 9–14 werden einem Propheten aus der Zeit Alexanders zugeschrieben.

Das Auftreten des jungen Herrschers, der die Perser zurückdrängte und überwand, weckt die Hoffnung des Propheten: Endlich greift Gott ein! Der radikale Wandel kann aber nur durch Gott kommen. Der Prophet erneuert die messianische Hoffnung, die Erwartung eines von Gott gesalbten Herrschers, durch den Gott sein Reich aufrichten wird. Das Bild, das er vom Messias zeichnet, ist in der Bibel einzigartig. Es vereinigt die Züge königlicher, davidischer Herkunft mit der Gestalt des leidenden Gottesknechts. In drei Texten wird uns dieser messianische König vorgestellt, und alle diese Texte haben die ersten Christen auf Jesus gedeutet.

→ **Der Messiaskönig, demütig und friedfertig (Sach 9,9–10)**

Der Anfang des 9. Kapitels beschreibt wahrscheinlich das Auftreten Alexanders in Palä-

109

stina und Ägypten. Sollte er vielleicht der Messias sein? Nein, sagt der Prophet.

Lesen Sie jetzt Sach 9,9–10. Wie wird dieser König dargestellt? Auf wen stützt er sich? Auf seine Macht? Auf Gott? Was bringt er?

Vergleichen Sie nun Mt 21,5 mit der alttestamentlichen Vorlage.

➡ Der von seinem Volk verkaufte Hirt (Sach 11,4–17; vgl. 13,7)

Die verschiedenen Bilder dieses Textes sind nicht leicht zu entschlüsseln. Am einfachsten ist folgende Lösung:

die Schafe	= das jüdische Volk,
die Hirten	= Könige oder Hohepriester,
Verkäufer/Händler	= falsche Propheten oder schlechte Priester,
Käufer	= die Feinde,
„drei Hirten"	= drei Hohepriester, die in einem Monat verschwanden,
die zwei Ruten	= Erinnerung an frühere Katastrophen, vor allem die Trennung zwischen Juda und Israel.

Der Verfasser möchte die Gegenwart im Licht vergangener Ereignisse begreifen.

Der „Hirt" ist der Prophet, aber auch Gott (11,13). Um ihn loszuwerden, zahlen die Verräter des Volkes die Summe, die man für einen Sklaven entrichtet.

Lesen Sie abschließend Mt 26,31 und 27,3–10. Jesus wird mit dem guten Hirten und mit Gott gleichgesetzt.

➡ Der durchbohrte Gott (Sach 12,10)

Dieser Text ist wohl der geheimnisvollste. Im Bild dessen „den sie durchbohrt haben", scheint sich Gott selbst darzustellen.

Die unerwartete Folge dieses Ereignisses ist das Aufspringen der Tempelquelle (vgl. Ez 36,25; 47,1–12), die Sünde und Unrecht beseitigt.

Lesen Sie jetzt Joh 7,38 und 19,34 (Offb 1,7). Soll Jesus vielleicht als die wahre Tempelquelle vorgestellt werden, aus der Gottes Geist fließt? Die Öffnung seiner Seite beschreibt keinen medizinischen, sondern einen theologischen Vorgang.

Deuterokanonische Bücher oder Apokryphen

Zwischen den evangelischen und katholischen Bibelausgaben gibt es einen kleinen Unterschied. In den katholischen Bibeln finden sich sieben oder acht Bücher mehr, die sogenannten „deuterokanonischen" Schriften. Bei den Protestanten nennt man diese Bücher „Apokryphen" und bringt sie in manchen Ausgaben gesondert in einem Anhang unter.

Das Wort „Kanon" heißt Richtschnur, Regel oder Norm. Ein kanonisches Buch wird von den Gläubigen als Richtschnur anerkannt. Der Kanon der Heiligen Schrift enthält alle Bücher, die in der Glaubensgemeinschaft als verbindlich gelten.

Die Christen haben das Alte Testament von den Juden übernommen. Es gab jedoch zwei verschiedene Festlegungen des alttestamentlichen Kanons. Um das Jahr 90 haben die Schriftgelehrten Palästinas nur die hebräisch geschriebenen Bücher als kanonisch anerkannt. Dagegen nahmen die Juden von Alexandria auch noch andere Werke auf, die griechisch verfaßten Schriften, die wir heute „deuterokanonisch" nennen.

Da die Christen die griechische Bibel lasen, hielten sie sich an den weitergehenden alexandrinischen Kanon. Hieronymus aber, der Anfang des 5. Jahrhunderts die Bibel ins Lateinische übersetzte, sprach sich für den hebräischen Kanon aus.

Im 16. Jahrhundert folgten die Protestanten der Meinung des Hieronymus, während die Katholiken auf dem Konzil von Trient ihr Festhalten am griechischen Kanon bekräftigten. Die Bezeichnung „deuterokanonisch" weist aber darauf hin, daß den Büchern doch ein „zweiter Rang" zugewiesen wird.

Es handelt sich um folgende Schriften: Tobit, Judit, 1 und 2 Makkabäer, Weisheit, Jesus Sirach, griechische Abschnitte des Buches Ester, Baruch und der Brief des Jeremia.

2. Weisheitsbücher

Von den in hellenistischer Zeit entstandenen Weisheitsbüchern behandeln wir jetzt Kohelet und Jesus Sirach.

Kohelet oder der Prediger

Ein merkwürdiges Buch. Auf alle unsere Sicherheiten und Gewißheiten gießt der Autor seinen Spott und Zweifel aus. Alles, was es in der Welt gibt – Handel und Wandel, Politik, Liebe, Vergnügen –, ist „Windhauch", Eitelkeit. Nur eins zählt im Leben, das ist gut essen und trinken und sich freuen. Gibt es einen Gott? Gewiß. Aber „Gott ist im Himmel, du bist auf der Erde, also mach wenig Worte!" (Koh 5,1).

Der Autor verbirgt sich unter einem großen Namen. Er gibt vor, König in Jerusalem gewesen zu sein (1,1.12). „Kohelet" bedeutet wahrscheinlich „Versammlung". Vielleicht ist an die Stimme eines Weiheitslehrers gedacht, der sich in einer Versammlung erhebt, in der nach traditioneller Art eine schöne Predigt auf Gottes Güte und Gerechtigkeit gehalten wird. Diese Stimme wagt zu sagen: „Alles ist Windhauch" (1,2 u. ö.).

Der Mensch soll sich nicht zu ernst nehmen und seinen Illusionen entsagen. Hinter allen Dingen lauert der Tod. Wer das Buch liest, wird entdecken, wie „modern" der Autor denkt. Zugleich wird er aber auch feststellen, daß Gott bei aller Absurdität nicht preisgegeben wird.

Nehmen Sie Ihre Bibel und schlagen Sie wenigstens die Überschriften der einzelnen Abschnitte nach – Sie werden vermutlich das ganze Buch lesen.

Das Buch Jesus Sirach

Um das Jahr 190 v. Chr. gibt ein Enkel des Verfassers die griechische Übersetzung des Werkes heraus. Von der hebräischen Urfassung sind inzwischen etwa zwei Drittel gefunden worden. Diese Fragmente enthalten allerdings auch schon Zusätze und Erweiterungen, so daß es kaum mehr möglich ist, den ursprünglichen Text zu erkennen.

Das Buch will vor allem die Jugend vor den Gefahren der neuen Zeit warnen. Die Versuchungen, die sich aus dem Hellenismus ergeben, sind groß, aber der Verfasser weiß geschickt die neuen Anregungen mit den alten Traditionen zu verbinden. Die Treue zum Gesetz ist der sicherste Weg, der zur wahren Weisheit führt.

Wie beim Buch der Sprichwörter kann man sich auch hier eine kleine Anthologie anlegen:

– *Hymnus auf die Gottesfurcht* (Sir 1,11–20). Die Gottesfurcht ist den Glaubenden angeboren, und so haben sie auch Teil an der Weisheit, der Wurzel und Krone der Gottesfurcht.

– *Der Weg zum Leben* (4,11–19) ist die Weisheit. Sie geht unerkannt mit dem, der sie liebt, und enthüllt ihm ihre Geheimnisse.

– Das *„Lob der Weisheit"* (24,1–22) ist ein Selbstlob, eine Ruhmrede der Frau Weisheit auf ihr Wirken in der Schöpfung und in der Geschichte Israels. Der Verfasser identifiziert sie mit dem Gesetz, dem „Bundesbuch des höchsten Gottes".

– Der *„Lobpreis Gottes in Natur und Geschichte"* (42,15–50,24) enthält sehr schöne hymnische und poetische Texte. Gepriesen wird die „Größe Gottes in der Schöpfung" (Sir 43) und das „Lob der Väter Israels" (ab Sir 44).

3. Fromme Unterhaltungsliteratur

In der Bibel finden sich auch einige Bücher, die vorwiegend der erbaulichen Unterhaltung dienen. In den meisten von ihnen spielen Frauen eine hervorragende Rolle.

Was die Entstehungszeit dieser Bücher betrifft, so mögen einige von ihnen schon früher entstanden sein (Rut, das Hohelied?). Die meisten aber stammen aus hellenistischer Zeit.

Rut

Diese entzückende Kurzgeschichte handelt von einer Moabiterin, die zusammen mit ihrer israelitischen Schwiegermutter nach Betlehem zurückkehrt und dort einen Verwandten ihrer Familie, den Grundbesitzer Boas, heiratet. Aus dieser Ehe stammt Obed, der Vater Isais und Großvater Davids.

„Dein Volk ist mein Volk und dein Gott ist mein Gott" (1,16), sagt die Moabiterin Rut und bekennt sich damit zu Jahwe als dem Herrn aller Völker und Menschen. Rut wird von Mt 1,15 auch in den Stammbaum Jesu aufgenommen.

Tobit

Das griechisch geschriebene Buch ist fast ein kleiner Roman, der uns eine rührende Familiengeschichte erzählt. Es geht um den alten Tobit, der vorbildlich fromm und gottesfürchtig ist, aber sein Augenlicht verliert. Seine Frau Sara ist manchmal recht zänkisch und verbittert, weil es der in Ninive lebenden Familie nicht gut geht. Ihr Sohn Tobias soll nun eine weite Reise machen, um eine verborgte Geldsumme nach Haus zu holen. Auf dieser Reise, die den jungen Tobias auch zur glücklichen Ehe mit seiner Braut Sara führt, begleitet ihn, zunächst unerkannt, der Erzengel Rafael. Der Engel löst alle Verwicklungen auf und schenkt auch dem blinden Tobit das Augenlicht wieder.

Das wohl im 2. Jahrhundert v. Chr. geschriebene Buch will den Diasporajuden zeigen, wo ihr Heil liegt: in der Treue zu den Überlieferungen der Väter, der Verehrung der heiligen Engel und einem glücklichen Familienleben.

Man sollte wenigstens die schönen Gebete lesen, die das Buch enthält: Tobits Gebet (3,1–6), das Gebet der jungen, verzweifelten Sara (3,10–15), das Hochzeitsgebet von Tobias und Sara (8,5–8) und den Lobgesang des geheilten Tobit (13,1–18).

Judit

Die erbauliche Novelle handelt von der frommen Witwe Judit, die ihre in Bedrängnis geratene Stadt rettet, indem sie dem feindlichen Anführer Holofernes den Kopf abschlägt. Das mit historischen und geographischen Angaben sehr frei umgehende Buch ist wohl erst um das Jahr 100 v. Chr. entstanden.

Der Stoff selbst hat Dramatiker und Komponisten immer wieder zu großen Leistungen beflügelt. In Judit kann die „moderne" Frau zu allen Zeiten ihr Bild erkennen.

Ester

Auch in diesem Buch, das aber schon um 300 v. Chr. entstanden ist, steht eine Frau im Mittelpunkt des Geschehens. Ester, die Pflegetochter ihres Onkels Mordechai, wird von Artaxerxes zur Königin erhoben und kann die vom Judenfeind Haman geplante Vernichtung ihres Volkes verhindern.

Zum Gedenken an all diese aufregenden Ereignisse wird das Purimfest eingeführt, ein sehr weltliches Fest, das in etwa unserem Karneval ähnelt.

Im hebräischen Text wird Gott kein einziges Mal erwähnt. Die griechischen Zusätze und Erweiterungen suchen diesem Mangel abzuhelfen.

Das Hohelied

Diese Sammlung von Liebesliedern und Gedichten gehört mit zum Schönsten, was die Bibel zu bieten hat. Hier wird die Liebe zwischen Mann und Frau so zart und einfühlsam beschrieben, daß sich die allegorische Deutung auf das Verhältnis Gottes zu seinem Volk nahelegt.

Das Buch hat wohl eine lange Geschichte. Die einzelnen Lieder mögen aus alter Zeit stammen, sind aber wohl erst nach dem Exil gesammelt worden.

Jona

Die prophetische Lehrerzählung ist wegen ihres Bilderreichtums und ihrer humorvollen

Anspielungen außerordentlich beliebt. Jona, der vor Gott nach Tarschisch fliehen will, der von den Matrosen ins Wasser geworfen und von einem Riesenfisch verschlungen wird, Jona, der in Ninive predigt und den Gott über sein Mitleid mit der großen Stadt auf höchst eindrucksvolle Weise belehrt – die Geschichte ist kurz, man muß sie lesen.

4. Literarische Strömungen der Makkabäerzeit

Die kurze Zeit des Makkabäeraufstandes – eigentlich waren es nur drei Jahre: 167–164 – hat das Judentum sehr stark geprägt. Da Antiochus IV. mit Gewalt die griechische Religion einführen wollte, waren die Juden vor die Entscheidung gestellt, entweder vom Glauben der Väter abzufallen oder das Martyrium zu erleiden. Der Erfolg, den Judas Makkabäus mit seinen militärischen Unternehmungen erzielte, führte vor allem zu einer Wiederbelebung des Glaubens. Mit der Reinigung des Tempels war das religiöse Ziel des Kampfes erreicht. Seine Nachfolger aber ließen sich bald in politische Intrigen verwickeln. Am Ende stand das alte Verlangen nach Macht und königlichem Ansehen.

Während dieser Epoche, die etwa hundert Jahre in Anspruch nahm, haben sich in der jüdischen Literatur hauptsächlich drei Strömungen bemerkbar gemacht.

● *Die „historische" Darstellung der Ereignisse.* In den beiden Makkabäerbüchern – von denen das zweite Makkabäerbuch zeitlich früher anzusetzen ist (um 124) – werden die Vorgänge sehr anschaulich geschildert, wenn auch unter verschiedenen Gesichtspunkten.

● *Die apokalyptische Literatur.* Mit dem Buch Daniel, das um das Jahr 164 geschrieben wurde, lernen wir die wohl wichtigste Strömung der damaligen Zeit kennen, die Apokalyptik.

● *Die Weisheitsliteratur.* In Alexandria entstand um 50–30 v. Chr. das letzte Buch des Alten Testaments, das Buch der Weisheit, eine positive Auseinandersetzung mit der griechischen Kultur.

Die genannten Bücher werden wir im folgenden etwas ausführlicher besprechen.

Das zweite Makkabäerbuch

Das Buch ist nicht, wie man meinen könnte, die Fortsetzung von 1 Makk, sondern ein früher geschriebenes Werk (um 124), das eine Zusammenfassung der fünf Bücher des hellenistischen Schriftstellers Jason von Kyrene darstellt. Im Mittelpunkt des Buches stehen Judas, der Makkabäer, und seine großen Heldentaten.

● *Ein Heiliger Krieg.* Die militärischen Operationen des Judas werden als „heiliger Krieg" dargestellt. Vor jeder Schlacht wird gebetet, Gott greift durch seine Engel ein und verleiht Judas den Sieg.

● *Das Martyrium.* Das Buch enthält die Geschichte vom Zeugentod des Schriftgelehrten Eleasar (6,18–31) und vor allem das ergreifende Kapitel vom Martyrium der sieben Brüder und ihrer Mutter (2 Makk 7).

● *Die Auferstehung.* Der Autor spricht deutlicher noch als das Buch Daniel (Dan 12,2) von der Hoffnung auf die endzeitliche Totenauferweckung (2 Makk 7,9.23.29). Wir kommen beim Buch Daniel darauf zurück.

● *Das Gebet für die Toten.* Man muß für die Toten beten, damit sie die Verzeihung ihrer Sünden erlangen (12,38–45). Dieser Text hat bei der katholischen Lehre vom Fegfeuer eine große Rolle gespielt.

● *Die Schöpfung aus dem Nichts.* Die bisherigen Schöpfungsaussagen der Bibel bezogen sich mehr auf eine ordnende, das Licht von der Finsternis trennende Tätigkeit Gottes. Hier wird deutlich die Erschaffung der Welt „aus dem Nichts" gelehrt (7,28).

In den Geschichten von Wundern spiegelt sich die Mentalität gesetzestreuer Diasporajuden.

113

Das erste Makkabäerbuch

Das Buch ist wahrscheinlich erst gegen 100 v. Chr. geschrieben worden, also nach 2 Makk. Es erzählt die Geschichte der ersten drei Makkabäer, von Judas (3–9), von Jonatan (9–12) und Simon (13–16). Aus diesem Stoff gestaltet der Verfasser eine heilige Geschichte, die der Verherrlichung der Makkabäerdynastie dient. Gott lenkt alle Ereignisse, er befreit sein Volk, rettet es aus dem Unglück, in das es die Sünde hatte kommen lassen.

5. Die Apokalypsen

In unserem Leben begegnen uns erfeuliche oder traurige Ereignisse. Wir versuchen, ihnen einen Sinn zu geben, sie zu verändern oder mit ihnen fertig zu werden. Und wir ändern uns schließlich selbst, wenn wir begreifen, daß wir einen falschen Weg eingeschlagen haben.

Etwas Ähnliches taten die Propheten. Sie deuteten die Ereignisse, hörten, wie Gott in ihnen redete. Dann erging der Ruf, sich zu ändern, sich zu bekehren.

Manchmal aber geschieht es, daß die Situation so verfahren, das Unglück so groß ist, daß man alle Hoffnung verliert. Das einzige, was helfen könnte, wäre dann nur der völlige Umschwung der Verhältnisse, der Anbruch einer neuen, besseren Welt. Und wenn uns jemand sagen könnte, wie dieses Neue aussieht, was uns nach dem Tod erwartet, wäre dies eine Ermutigung sondergleichen.

Die Apokalypsen gehen in diese Richtung. Ihre Entstehung liegt meist in einer Zeit der Krise. Das Urteil über die gegenwärtige Welt ist düster und hoffnungslos. Je schlimmer aber die Zustände werden, um so größer wird die Hoffnung auf Gottes machtvolles Eingreifen. Er wird dem dämonischen Treiben ein Ende bereiten und alles neu machen. Was der Gläubige jetzt, in dieser kurzen Zeit vor dem Ende, tun kann, ist allein beten und warten. Sein ganzes Sinnen und Trachten richtet sich schon auf die zukünftige Welt, in der Gott und seine heiligen Engel ihre Herrschaft aufrichten.

Das apokalyptische Verständnis des Daseins ist also zugleich pessimistisch, was die gegenwärtigen Verhältnisse angeht, und optimistisch, was die von Gott kommende Zukunft betrifft. Der Glaube wird auf eine geradezu abenteuerliche Weise herausgefordert, aber man wagt nicht, ihn an der Gegenwart zu erproben.

Das Wort „apokalyptisch" hat in der heutigen Umgangssprache fast nur noch den Sinn von „katastrophal" und „düster". Es deutet die Nähe zu schrecklichen Ereignissen und furchtbaren Untergängen an. Das ist aber nur die eine Seite der Apokalyptik. Auf der anderen Seite steht der positive, erhellende Aspekt. Der Begriff enthält zugleich auch Hoffnung und Licht, Freude und ewiges Glück.

Das griechische Verb ‚apo-kalyptein' heißt im lateinischen ‚re-velare'; im deutschen könnte man das mit „den Vorhang wegziehen" wiedergeben. Die Zukunft erscheint den Menschen verschlossen, hinter dem Vorhang göttlichen Wissens verborgen zu sein. Um seinen Getreuen in einem dramatischen Augenblick Hoffnung zu geben, um ihnen in schwerster Bedrängnis aufzuhelfen, zieht Gott ein wenig den Vorhang, der das Ende verbirgt, hinweg und offenbart den Sieg des Himmels über alle Mächte des Abgrunds.

Ein „Weitsprung"

Wie kommt der Apokalyptiker zur Offenbarung seiner himmlischen, göttlichen Geheimnisse? Seine Technik ähnelt der eines Weitspringers. Um möglichst weit nach vorn zu kommen, nimmt der Springer einen Anlauf von hinten, entfernt sich also zuerst von seinem Ziel. Mit großer Schnelligkeit läuft er dann die zwanzig oder dreißig Meter, die ihn von der Marke trennen, und setzt schließlich mit Elan zum Sprung an.

Der Apokalyptiker macht es ähnlich. Er kennt die Zukunft nicht. Aber er weiß, daß Gott getreu ist. Wie er früher gehandelt hat, so wird er auch in Zukunft handeln. Deshalb geht der Apokalyptiker zuerst in die Vergangenheit zurück, betrachtet die Geschichte seines Volkes, und wenn er in seine gegenwärtige Zeit gekommen ist, springt er nach vorn, um das Ende vorherzusehen, das er in seiner Geschichtsbetrachtung abgelesen hat.

Eine sehr verbreitete Strömung
In der Bibel gibt es zwei apokalyptische Bücher: Daniel und die Offenbarung des Johannes. Wenn man sich aber genauer umschaut, gehören schon viele Texte zu dieser Gattung (Jes 24–27; 34–35; Ez 1,4–28 u. ö.; Sach 1–8; Mk 13 parr . . .).

Merkmale der Apokalyptik

Die Autoren verbergen sich hinter einem *Pseudonym*. Das Buch wird einem bekannten, großen Mann der Vergangenheit zugeschrieben. Dieses Verfahren hat zwei Vorteile: Der Heilige der Vorzeit lebt bei Gott, er kann also die Geheimnisse Gottes offenbaren. Andererseits ist er ein Mensch, der in der Vergangenheit gelebt hat und deshalb die Geschichte Israels als Zukunft voraussagen kann.

Gegenüber der gegenwärtigen Welt sind die Apokalypsen von einem hoffnungslosen *Pessimismus* erfüllt. Jetzt herrschen die Dämonen, die Geister der Finsternis. Dagegen blicken die Apokalyptiker voll *Optimismus* in die Zukunft. Gott wird bestimmt seine neue Welt offenbaren.

Die apokalyptische Geschichtsdeutung ist *deterministisch*. Alles ist im voraus bestimmt und festgelegt, in himmlischen Büchern verzeichnet.

Der Glaube klammert sich ganz an den *Gott der Zukunft* und gerät dabei in die Gefahr, den gegenwärtig wirkenden Gott zu verlieren. Doch hatten die Frommen wohl keine andere Möglichkeit, als gehorsam und still auf Gott zu warten.

Um den Charakter einer Offenbarungsschrift zu betonen, benutzen die Apokalypsen eine Art *„Geheimsprache"*, ein System von verschlüsselten Bildern (vgl. S. 116).

Zwischen 150 v. Chr. und 70 n. Chr. wurden zahlreiche Apokalypsen geschrieben. Diese Literatur hat das Bewußtsein der Gläubigen entscheidend geprägt. Trotz aller dunklen und bedrückenden Erfahrungen konnten sie getrost auf die Offenbarung der Herrlichkeit Gottes hoffen.

Das Buch Daniel

Das Buch ist um das Jahr 164 v. Chr. entstanden und sehr eng mit der makkabäischen Epoche verbunden. In der Bibel wird es unter die Propheten eingereiht, obwohl es neben einigen erbaulichen Geschichten hauptsächlich apokalyptische Texte enthält.

Fromme Geschichten oder schwarzer Humor
In Kriegszeiten muß man an die Moral der Truppe denken. Um sie bei guter Laune zu halten, tun Geschichten immer gut. Da werden Personen erfunden, damit man über den Feind lachen kann, ohne daß er es merkt. Es wäre wohl höchst gefährlich gewesen, von Antiochus IV. zu erzählen, er müsse „bei den wilden Tieren leben und sich von Gras ernähren wie die Ochsen" (Dan 4,29). So wird die Geschichte von Nebukadnezzar erzählt, der vier Jahrhunderte vorher gelebt hat.

Diese Geschichten haben jedoch nicht nur Unterhaltung im Sinn. Sie wollen vor allem den Glauben stärken. Hier einige Beispiele.

Die levitischen Speisevorschriften waren sehr streng. Den Heiden erschienen sie lächerlich wie auch manchen Juden, die dem Hellenismus zuneigten. Antiochus hatte die Einhaltung der Gebote untersagt. Die Geschichte von den jungen Juden, die in Babylon am Hof erzogen werden, gibt den Zweiflern eine deutliche Antwort. Von Gemüse und klarem Wasser ernährt, befinden sich Daniel und seine Gefährten in weit besserer Verfassung als die jungen Leute, die Fleisch essen (Dan 1).

Israel wird von Antiochus genauso bedrängt, wie es früher von seiten der Babylonier, Meder und Perser geschah. Vor dem Koloß der Seleukiden fühlt sich das Volk ohnmächtig. Er wirkt wie ein gewaltiges Standbild von außergewöhnlichem Glanz. Aber ein Stein hat sich von einem

115

Berg gelöst und zermalmt die Füße des Stand-
bilds zu Staub. Es ist aber Gott und nicht das
Schwert des Makkabäers, Gott wird der Macht
des Antiochus ein Ende setzen und seine Herrschaft aufrichten (Dan 2,31–35.44).

Den Juden, die den Anordnungen des Königs
nicht gefolgt sind, sondern zum Martyrium
bereit waren, erzählt der Autor die Geschichte
von den drei jungen Leuten, die in den Feuerofen geworfen wurden. Niemand braucht sich
zu fürchten. Gott wird seine Engel senden, um
die bedrohten Menschen zu retten. Im griechischen Text folgt auf diese Geschichte der „Lobgesang der drei jungen Männer" im Feuerofen
(Dan 3,51–90).

Im 6. Kapitel wird Daniel in eine Löwengrube
geworfen. Man nimmt einen großen Stein und
wälzt ihn auf die Öffnung der Grube. Der König
geht selbst hin, um den toten Daniel zu bewei-
nen. Aber, welch Wunder, Daniel antwortet
ihm lebend aus der Grube, und er wird heraus-
geholt. Was lehrt uns diese Geschichte? In den
Verfolgungen der Makkabäerzeit wurde das
ganze Volk zum Tod verurteilt, aber Gott hat
seinen Engel gesandt und dem Volk das Leben
geschenkt. Deshalb kann man mit Recht von
Gott sagen: „Sein Reich geht niemals unter;
seine Herrschaft hat kein Ende. Er rettet und
befreit; er wirkt Zeichen und Wunder am Himmel und auf der Erde; er hat Daniel aus den Tat-
zen der Löwen errettet" (Dan 6,27–28).

In manchen dieser Texte begegnen schon apokalyptische Züge: der „Stein", der das Eingreifen
Gottes versinnbildlicht, die Visionen und Träume.
Aber erst in den Kapiteln 7–12 zeigt das Buch
ganz deutlich, das es zur Apokalyptik gehört.

Eine Apokalypse: Dan 7–12

Der Schwerpunkt des Buches Daniel liegt in
seinem apokalyptischen Teil. Hier berichtet
„Daniel" von den Visionen, die er vierhundert
Jahre früher, im babylonischen Exil, gehabt
haben will. Dieser „Daniel" ist eigentlich ein
alter kanaanäischer Sagenheld, ein Gerechter,
der zusammen mit Noach und Ijob erwähnt
wird (Ez 14,14). Er kann also die „Zukunft"
zwischen dem Exil und der Makkabäerzeit
leicht voraussagen. Aus der Art, wie Gott
damals gehandelt hat, läßt sich ersehen, wie er
in Zukunft handeln wird.

Eine Theologie in Bildern

Die Apokalypsen verwenden ein System
von Bildern, das es zu entschlüsseln gilt.

Farben
Weiß = Sieg, Reinheit
Rot = Mord, Gewalt, Blut von Martyrern
Schwarz = Tod, Gottlosigkeit

Zahlen
Sieben = Vollkommenheit, Fülle
Sechs = Unvollkommenheit, Unreinheit
Dreieinhalb (Hälfte von sieben) = Zeit der
    Prüfung und Leiden. Die Zahlenangabe
    kann verschieden formuliert werden:
    „eine Zeit, zwei Zeiten und eine halbe
    Zeit" oder „drei Jahre und ein halbes"
    oder „42 Monate" oder „1260 Tage".
    Der symbolische Wert bleibt immer der
    gleiche.
Zwölf = Israel (wegen der zwölf Stämme)
Vier = Welt (vier Ecken)
Tausend = eine Menge, die niemand zäh-
    len kann

Andere Bilder
Horn = Macht
Weiße Pferde = Ewigkeit (und nicht das
    Alter: der „Alte" = Hochbetagte von
    Dan 7 ist kein Greis, sondern ewig jung)
Langes Kleid = oft priesterliche Würde
Goldener Gürtel = königliche Macht
Schafe = das Volk
Böcke = Frevler

➡ Auslegung von Dan 7

Lesen Sie den Text zunächst insgesamt. Sie
werden wahrscheinlich nicht klar kommen. Das
ist der erste Eindruck, den Sie von der apokalyptischen Literatur gewinnen.

Gliedern Sie jetzt die verschiedenen Teile des
Textes. Gewöhnlich wird zuerst von der *Vision*
erzählt, und dann folgt ihre *Deutung* durch
einen Engel.

Die *Vision* steht in 7,1–14, aber in V. 19–22
wird eine wichtige Einzelheit nachgetragen. In

der richtigen Reihenfolge liest man die Verse 1–8, 19–22 und 9–14. Die *Interpretation* erfolgt dann in den Versen 15–18 und 23–28.

Zwischen den verschiedenen „Tieren", die in der Vision auftreten, und dem sich als Höhepunkt offenbarenden „Menschen" besteht ein fundamentaler Unterschied. Die Tiere werden vernichtet, der „Menschensohn" (die hebräische Form von „Mensch") zum Himmel entrückt. Bevor man Näheres über die einzelnen Akteure erfährt, weiß man schon, daß die einen böse sind und ihrem Untergang entgegengehen, während die andere, der Mensch, gut ist und auf seiten Gottes steht.

Was ist in den „vier Tieren" dargestellt? Die Deutung wird in Dan 7,17 gegeben. Warum interessiert sich der Visionär besonders für das „vierte" Tier? Dieses furchtbare Tier stellt Antiochus IV. dar, der die Juden verfolgt (V. 19.25).

Wer verbirgt sich hinter dem „Menschen" oder „Menschensohn"?

Lesen Sie V. 18 und 27. Wie verbindet sich mit dieser Deutung der Gedanke an einen messianischen Herrscher?

Welche Veränderungen erfahren die Tiere? der Mensch?

Inwiefern ist diese Vision eine Botschaft für die verfolgten Juden, die bereit sind, lieber zu sterben als den Glauben zu verleugnen?

Die Auferstehung der Toten (Dan 12,1–4)

Dies ist der erste Text in der Bibel, der eindeutig den Glauben an die Auferstehung von den Toten bezeugt. Die Vision von Ez 37 war nur ein Bild für das Wiederaufleben des jüdischen Volkes.

Jetzt geht es klar um die persönliche Auferstehung der einzelnen Menschen. Im Grunde drückt dieser Text aber nur aus, was schon Dan 7 in anderer Form gesagt wurde.

Antiochus IV. verfolgt die Juden. Viele von ihnen ziehen es vor, zu sterben, um den Glauben nicht verleugnen zu müssen. Für die Schriftgelehrten und Theologen ergibt sich daraus ein schweres Problem. Bisher hatte man in Israel noch nicht über ein Leben nach dem Tod nachgedacht. Das einzige Leben, das man kannte, war das irdische. Nun sollten die Martyrer um Gottes willen dieses ihr einziges Leben preisgeben? Gott erteilt jetzt durch Daniel eine andere Antwort: Der Tod, das Martyrium vermittelt nur die äußere Sicht der Ereignisse. In Wirklichkeit geschieht etwas Unsichtbares und Herrliches. Wer bereit ist, den Tod um des Glaubens willen anzunehmen, wird zu den „Heiligen des Höchsten" (Dan 7,18) gezählt. Diese Auserwählten werden ein neues Leben in einem Königreich erhalten, das ewig währt.

Von der Auferstehung kann man auf zweifache Weise reden. In Dan 12 wird das Schema „vorher/nachher" bevorzugt. Vor dem Tod gab es das Leben. Mit dem Tod kamen Staub und Schlaf. Nach dem Tod erhofft man das Erwachen zu neuer Herrlichkeit. Es sind aber die gleichen Menschen, die das „Vorher" und „Nachher" durchwandern. Nur wird das Leben danach anders sein als das Leben vorher. Der Autor zieht zum Vergleich kosmische Bilder heran, er spricht vom Strahlen des Himmels und dem Leuchten der Sterne (vgl. 12,3).

In Dan 7 betont der Autor vor allem das „Mehr", das die Auferstehung zu bieten hat. Hier herrscht das Schema „unten/oben". Auf Erden (unten) werden die Gläubigen dem Tod ausgeliefert. Aber dies bedeutet ihre Rückkehr zu Gott (oben) in ein ganz neues Leben.

Der „Mensch" oder „Menschensohn" von Dan 7 ist ein Bild, eine verschleierte Aussage, wie es auch die „Tiere" sind. Und doch geht das Bild bereits in die Wirklichkeit über. Der Menschensohn vertritt die Gesamtheit aller Gläubigen, die auf Gott so sehr vertrauen, daß sie für ihn ihr Leben hingeben, um das ewige Leben zu empfangen. Man sollte sich daran erinnern, wenn Jesus als „Menschensohn" dargestellt wird.

6. Die Weisheit im Diasporajudentum

Wir beenden das Kapitel mit der Vorstellung zweier Bücher, die in der Diaspora entstanden sind: das eine in Babylon (Baruch), das andere in Ägypten (Buch der Weisheit).

Baruch

Das dem Sekretär des Propheten Jeremia zugeschriebene Büchlein ist wohl im ersten vorchristlichen Jahrhundert aus Stücken zusammengesetzt worden, die aus verschiedenen Zeiten von verschiedenen Autoren stammen. In seinem ersten Teil bietet es eine schöne Bußliturgie. Nach einer historischen Einleitung beginnt das Buch mit einem Schuldbekenntnis (Bar 1,15–2,10), und darauf folgt die Vergebungsbitte (2,11–26), an die sich Worte des Vertrauens auf Gott und seine Verheißung anschließen (2,27–3,8). Der zweite Teil besteht aus einem Lobpreis der göttlichen Weisheit (3,9–4,4), die wie Sir 24,23 mit dem „Buch der Gebote Gottes", dem Gesetz, identifiziert wird. Im dritten Teil hören wir „Jerusalems Klage und Hoffnung" (4,5–5,9), eine beredte Klage über das Exil, verbunden mit Hoffnung auf Heimkehr und Rettung. Am Ende (Bar 6) ist der Brief des Jeremia angefügt, der die Verbannten in Babylon warnt, sich am Götzendienst zu beteiligen. Der Götzendienst wird verspottet und lächerlich gemacht.

Aus dem Abschnitt über die göttliche Weisheit (3,9–4,4) sollte man sich vor allem einen Satz merken: „Dann erschien sie (die Weisheit) auf der Erde und hielt sich unter den Menschen auf" (3,38). Johannes hat in seinem Evangelium nichts anderes gesagt.

Das Buch der Weisheit

Das Buch ist die letzte Schrift des Alten Testaments, zwischen 50–30 in Alexandria geschrieben. Der Autor ist Grieche und kennt seine Klassiker gut. Er ist aber auch Jude und verteidigt seinen Glauben auf das Entschiedenste. Da er von den Unruhen, die das Leben der palästinensischen Gemeinden erschüttern, entfernt lebt, kann er ruhig und gelassen seine Lehre entfalten.

Wie es später der jüdische Religionsphilosoph Philo von Alexandria auf eine viel umfassendere Weise tat, versucht auch er, seinen Väterglauben mit der griechischen Kultur zu verbinden.

Das Buch gliedert sich in drei Teile.

1. Der Sinn des menschlichen Lebens (Weish 1,1–6,21)

Der Autor zeichnet mit großem psychologischen Geschick zwei Denk- und Verhaltensweisen nach: die Einstellung der Frevler, die sich „durch Zufall" (Weish 2,2) entstanden fühlen,

---

Jesus, die Weisheit Gottes

Stark vereinfacht, könnte man sagen: Die Propheten haben den ersten Christen geholfen, die *Sendung* Jesu zu erkennen. Aus der Weisheitsliteratur haben sie gelernt, wer Jesus ist, wie man sein *Wesen* beschreiben kann.

Im Alten Testament wird die Weisheit Gottes manchmal als eine Person dargestellt, hinter der sich wohl die Gestalt einer alten Schul- und Beamtengöttin verbirgt. Das Buch der Weisheit hat noch Elemente aus der alexandrinischen Mittelwesenspekulation hinzugefügt. So kann der Versuch, die Weisheit immer als Eigenschaft Gottes aufzufassen oder sie mit dem Gesetz, dem Bundesbuch, gleichzusetzen, nicht ganz überzeugen. Die Aktivitäten, die der Weisheit bei der Schöpfung oder in der Erlösung zugeschrieben werden, haben eine solche Eigenart, daß sie auf eine besondere Existenz des göttlichen Wesens hindeuten.

Das Neue Testament hat die Weisheitslehre aufgenommen, um das göttliche Wesen Jesu zu beschreiben. Jesus ist die Weisheit Gottes, er ist eins mit dem Vater, aber als Sohn zeigt er wie die Weisheit eigene persönliche Züge.

und die Haltung der „Gottessöhne", der Gerechten. Die Frevler wollen das kurze Leben genießen, sich kein Vergnügen entgehen lassen und mit Gewalt die Armen und Gerechten unterdrücken. In Wirklichkeit aber haben sie vergessen, daß Gott den Menschen zur Unvergänglichkeit erschaffen und ihn zum Bild seines eigenen Wesens gemacht hat. So können die Gerechten Verfolgung, Drangsal und Tod erfahren, weil sie in Gottes Hand geborgen sind.

Die ersten Christen haben in Jesus den Gerechten und Gottessohn erkannt, der von den Frevlern zum Tod verurteilt wurde (2,18–20).

2. *Lobpreis der Weisheit (Weish 6,22–8,18)*

Aus diesem Abschnitt werden wir gleich ein Kapitel herausgreifen (7,22–8,1). Man müßte den ganzen Text lesen, um zu sehen, wie der Autor die Weisheit schätzt, sie als Lehrerin der Tugend und Gefährtin unseres Lebens preist.

3. *Das Walten der Weisheit in der Geschichte (8,19–19,22)*

Der dritte Teil des Buches beginnt mit dem Gebet „Salomos" um Weisheit (8,19–9,19). Anschließend wird an sieben Beispielen die rettende Macht der Weisheit gezeigt (10,1–11,4). Es folgt eine lange Betrachtung über das Gottesvolk und seine Feinde, die in sieben Vergleichen durchgeführt wird (11,5–19,22). Zwei sehr ausführliche Einschaltungen beschäftigen sich mit „Gottes Art zu strafen" (11,15–12,27) und der „Torheit des Götzendienstes" (13,1–15,19).

Die Septuaginta (LXX)

Septuaginta (= siebzig, daher die Abkürzung ‚LXX') heißt die erste griechische Übersetzung des Alten Testaments.

Der Name kommt von einer Legende, die im Aristeasbrief, einer griechischen Schrift des 2. Jahrhunderts v. Chr., erzählt wird. Danach haben zweiundsiebzig jüdische Gelehrte, jeder für sich, in zweiundsiebzig Tagen die Übersetzung fertiggestellt. Wunderbarerweise war die Übersetzung in allen Punkten einheitlich. Mit dieser Legende wollte man auch von der Septuaginta behaupten, daß sie von Gott inspiriert ist.

In Wirklichkeit wurde die Bibel zwischen 250 und 150 von verschiedenen Autoren übersetzt.

Die jüdische Gemeinde von Alexandria sprach Griechisch und verstand das Hebräische nicht. Man brauchte die griechische Übersetzung vor allem für den Gottesdienst, und deshalb handelt es sich oft weniger um eine wörtliche Wiedergabe als um eine Anpassung an die veränderten Verhältnisse. So wird zum Beispiel der berühmte Spruch des Propheten Jesaja: „Die junge Frau wird ein Kind empfangen ..." (Jes 7,14) in der Septuaginta übersetzt: „Die Jungfrau wird empfangen ...", was den Christen die Möglichkeit bot, den Vers auf Maria anzuwenden (Mt 1,23).

Die Bedeutung der LXX kann nicht hoch genug veranschlagt werden. Sie hat zunächst den jüdischen Glauben mit dem griechischen Denken in Verbindung gebracht, und sie hat eine Sprache gefunden, um das Verhältnis zwischen beiden Größen anzuzeigen. Gewiß wird die griechische Umgangssprache (Koiné) benutzt, aber mit vielen Hebraismen durchsetzt. Das Neue Testament hat sich oft dieser Sprache bedient.

Die Septuaginta ist zur Bibel der Christen geworden. Im Neuen Testament sind die meisten Zitate der LXX entnommen. Durch ihren Kanon hat sie das katholische Schriftverständnis bis heute geprägt. Leider nimmt aber die Zahl derer, die sich mit der LXX beschäftigen, immer mehr ab.

→ Textauslegung: Weish 7,22–8,1

Es ist nicht leicht, aus diesem Zusammenhang einen Text herauszugreifen.

Der Autor hat sich als König Salomo vorgestellt. Wenn er weise geworden ist, dann nicht durch die Geburt, sondern durch sein Gebet. Er hat um die Gottesgabe der Weisheit gefleht, und der Geist der Weisheit ist in ihn gekommen. Sie, die „Meisterin aller Dinge" (7,21), hat ihn alles gelehrt, so daß er „alles Verborgene und alles Offenbare erkannt" hat.

Wie stellt sich nun die Weisheit dar? Was von ihrem „Geist" gesagt wird, ist ein Katalog aller Tugenden und Vollkommenheiten. Es werden dreimal sieben Eigenschaften aufgezählt – der Höhepunkt der Vollkommenheit. Manche dieser Eigenschaften sind in der Bibel Gott vorbehalten, andere werden von griechischen Philosophen dem göttlichen Prinzip zugeschrieben, von dem das Universum lebt.

Nach der Beschreibung der Weisheit spricht der Autor über ihr Verhältnis zu Gott. In V. 25 und 26 finden wir Aussagen, die das Neue Testament auf Christus übertragen hat (Kol 1,15; Hebr 1,3).

Der nächste Abschnitt handelt vom Verhältnis der Weisheit zu den Menschen und zur Schöpfung (7,27–8,1). Sie kehrt in heilige Seelen ein, so daß Menschen zu Freunden Gottes und Propheten werden. Ihre Schönheit übertrifft Sonne und Sterne, sie ist strahlender als das Licht, und ihre Kraft durchwaltet das All voll Güte. Sollte man diesen Text nicht lesen, indem man das Wort „Weisheit" im Geist durch „Jesus" ersetzt?

7
22 In ihr ist ein Geist,
   gedankenvoll, heilig, einzigartig,
   mannigfaltig, zart, beweglich,
   durchdringend, unbefleckt, klar,
   unverletzlich, das Gute liebend, scharf,
23 nicht zu hemmen, wohltätig, menschenfreundlich,
   fest, sicher, ohne Sorge,
   alles vermögend, alles überwachend
   und alle Geister durchdringend,
   die denkenden, reinen und zartesten.
24 Denn die Weisheit ist beweglicher als alle Bewegung;
   in ihrer Reinheit durchdringt und erfüllt sie alles.
25 Sie ist ein Hauch der Kraft Gottes
   und reiner Ausfluß der Herrlichkeit des Allherrschers;
   darum fällt kein Schatten auf sie.

26 Sie ist der Widerschein des ewigen Lichts,
   der ungetrübte Spiegel von Gottes Kraft,
   das Bild seiner Vollkommenheit.
27 Sie ist nur eine und vermag doch alles;
   ohne sich zu ändern, erneuert sie alles.
   Von Geschlecht zu Geschlecht tritt sie in heilige Seelen ein
   und schafft Freunde Gottes und Propheten;
28 denn Gott liebt nur den,
   der mit der Weisheit zusammenwohnt.
29 Sie ist schöner als die Sonne
   und übertrifft jedes Sternbild.
   Sie ist strahlender als das Licht;
30 denn diesem folgt die Nacht,
   doch über die Weisheit siegt keine Schlechtigkeit.
8¹ Machtvoll entfaltet sie ihre Kraft
   von einem Ende zum andern
   und durchwaltet voll Güte das All.

7,22 f. Es werden einundzwanzig (7 mal 3) Eigenschaften der Weisheit aufgezählt.

VIII. Die Psalmen

Wir beenden unsere „Rundreise" durch das Alte Testament mit dem Buch der Psalmen.

Warum sollen die Psalmen in einem eigenen Kapitel behandelt werden? Bis jetzt haben wir uns bemüht, die Texte in der Zeit zu lesen, in der sie entstanden sind. Sollte das bei den Psalmen anders sein? Der Grund ist einfach. Es ist fast unmöglich, die Psalmen zuverlässig zu datieren. Das Gebet bleibt sich zu allen Zeiten gleich.

Wir werden in diesem Kapitel erfahren, wie Israel gebetet hat. Zugleich wird uns ein Rückblick auf die Geschichte des Alten Testaments ermöglicht, und wir werden sehen, wie das Volk gelebt hat, wie es seinen Gott entdeckte und auf ihn hoffte. Das alles sagt uns sein Gebet.

Die Psalmen sind hauptsächlich Gebet, Antwort des Menschen an Gott, der ihn in jeder Situation ruft und herausfordert.

Die Menorah, der siebenarmige Leuchter aus Bronze, mit reichen Motiven aus der Geschichte des jüdischen Volkes. Ein Werk des Bildhauers Benno Elkan und Geschenk des britischen Parlaments an den Staat Israel.

Die Psalmen – ein lebendes Wesen?

Innerhalb der Bibel sind die Psalmen nur ein kleines Buch: 150 Gedichte und Lieder, 150 Bekenntnisse unseres Glaubens, 150 Ausbrüche der Angst, Verzweiflung und Todesnot. Im Grunde sind die Psalmen mehr als ein Buch. Sie stellen sich als lebendes Wesen dar, das jubelt und singt, seufzt und stöhnt, aber an der Schwelle der Ewigkeit seinen Geist in Gottes Hände legt.

Alle unsere menschlichen Äußerungen – das Lied der Bewunderung über die Natur oder das Liebeslied, Schreie der Angst in Verfolgung und Todesgefahr, das Aufbegehren gegen die Absurdität der Welt und Gottes gleichgültiges Schweigen – all das finden wir in den Psalmen, dargeboten als „Wort Gottes"! Die Texte lehren uns, daß Gott auch in unserer finstersten Verzweiflung gegenwärtig ist, daß er mit uns und durch uns schreit und die Welt zum Aufruhr gegen ihren Wahnsinn treibt. Lobgesang und Lästerung können Gebete sein. Nur müssen sie der Wahrheit entsprechen und das zum Ausdruck bringen, was wir leben.

Numerierung der Psalmen

In der griechischen Bibel, der lateinischen Übersetzung und der katholischen Liturgie werden die Psalmen etwas anders gezählt als in der hebräischen Bibel. Die Unterschiede sind folgende:

Ps   1 – 9   = gleiche Zählung
Ps 10 – 113   die griechische Bibel bleibt um eine Ziffer zurück
Ps 114 + 115 = Ps 113 in der griechischen Zählung
PS 116   = Ps 114 + 115 in der griechischen Zählung
Ps 117 – 146   griechische Bibel bleibt um eine Ziffer zurück
Ps 147   = Ps 146 + 147 in der griechischen Zählung
Ps 148 – 150   gleiche Zählung

Die Angaben erfolgen heute fast ausschließlich nach der hebräischen Zählung. Manchmal wird die griechische Zahl in Klammern hinter die hebräische gesetzt: zum Beispiel Ps 51 (50).

Zwei Ausdrucksweisen

In der wissenschaftlichen Sprache der Information besagen die Worte genau das, was sie bezeichnen. Ein kleiner Irrtum, ein Schreibfehler oder Versehen, kann die schlimmsten Folgen haben. Daneben gibt es aber auch die uneigentliche Sprache der Andeutungen, Beziehungen, des bildhaften Vergleichs. Hier kann es keine Genauigkeit geben, weil die Dinge, die beschrieben werden, viel zu wenig greifbar sind. Diese Unterscheidung ist wichtig, wenn man die Psalmen betet. Die Texte wollen uns im allgemeinen nicht informieren, sondern unsere Beziehung zu Gott ausdrücken. Dabei ist die Sprache fast immer bildhaft und von dichterischer Kraft.

Wenn wir also die Psalmen aufschlagen, dürfen wir die Aussagen nicht nach wissenschaftlichen Kriterien befragen, sondern müssen sie auf uns wirken lassen, sie in unser Herz und Gemüt aufnehmen. Freilich ist auch das nicht immer leicht. Die persönlichen Erfahrungen des damaligen Menschen waren oft andere, als wir sie heute haben. Ebenso sind die Reaktionen verschieden gewesen, mit dem Menschen auf ihre Enttäuschungen antworteten. So fremd uns also auch viele Psalmentexte bleiben mögen, wir finden in ihnen immer noch genügend Stoff, um zu beten und vor Gott still zu werden.

Die Sprache einer Zeit

Die Poesie wechselt ihre Bilder mit der Zeit. Was gestern noch die Sinne beflügelte, ja berauschte, ist heute schon vergessen oder ruft nur ein müdes Lächeln hervor. Doch darf man sich keineswegs täuschen: Wirkliche Sinnbilder menschlichen Handelns verändern sich kaum, Grunderfahrungen des Daseins behalten ihre Ausdruckskraft.

So werden uns die Bilder aus dem bäuerlichen Leben vom Säen und Ernten, von Überschwemmungen und Trockenheit, von Regen und Sonnenschein weiter vertraut bleiben, auch wenn sich die Landwirtschaft verändert hat und nicht mehr Schnitter die Garben binden.

Ähnlich ist es mit der Leidenserfahrung. Wohl kann heute den Kranken besser geholfen werden als früher, aber gegen schlaflose Nächte, plötzlich einsetzende Schmerzen, schwere seelische Erschütterungen ist oft jedes Mittel machtlos. Man sollte sich also nicht wundern, wenn moderne Gedichte das menschliche Leid oft nicht weniger drastisch beschreiben als die Psalmen.

Literarische Arten

In der Wissenschaft sind die literarischen Arten der Psalmen gründlich erforscht worden. Die Kenntnis der verschiedenen Gattungen trägt wesentlich dazu bei, die Texte richtig zu verstehen und auch richtig zu beten.

Man unterscheidet gewöhnlich: Bittgebete, Klagen des einzelnen oder des Volkes, Dankgebete, Wallfahrtslieder, Königspsalmen, Weisheitslieder und „messianische" Psalmen.

Dieses Kapitel will vor allem in das Psalmengebet einführen. Deshalb bevorzugen wir eine Gliederung, die den inhaltlichen Themen den Vorzug vor den literarischen Qualifizierungen gibt. Allerdings fallen diese Gesichtspunkte oft zusammen.

Eine vollständige Betrachtung der Psalmen ist hier unmöglich. Wir können nur einige Texte lesen, die einen, weil sie uns gefallen, die anderen wegen ihrer theologischen Bedeutung oder wegen der Schwierigkeiten, die sie bereiten. Wir möchten zeigen, daß diese alten Gebete immer noch die unsrigen sind.

1. Die Wallfahrtslieder: Ps 120–134

Man findet rasch die fünfzehn Psalmen, die als Wallfahrtslieder zu den drei Hauptfesten in Jerusalem (Ostern, Pfingsten, Laubhüttenfest) gedacht waren. Diese Psalmen gehören verschiedenen literarischen Gattungen an. Sie belehren uns also nicht nur über die hebräische Poesie, sondern machen uns vor allem mit den religiösen Gefühlen ihrer Verfasser bekannt.

Versuchen Sie, die Lieder zu lesen und zunächst auf den Klang der Worte zu achten.

Literarische Arten

Wie würden Sie die einzelnen Psalmen einordnen? Man findet hier Gebete des Vertrauens, Hilferufe gegen Verleumder, Dankgebete für die Befreiung Israels, Segenslieder, eine Vergebungsbitte in tiefer Not und manche Lobpreisungen.

Die formgeschichtliche Einteilung gelingt nicht immer. In manchen Psalmen gehen Bitte, Vertrauen, Dank und Lob ineinander über. So wechseln in den Bibelausgaben sehr oft die Überschriften zu den einzelnen Psalmen.

Hebräische Poesie

Rhythmus. In der klassischen Dichtkunst muß manchmal jeder Vers die gleiche Anzahl von Silben haben. Die hebräische Poesie verfährt nach einem anderen Prinzip. Hier werden nur die Silben gezählt, auf denen der Ton liegt. Ein Beispiel:

Aus der *Tie*fe rufe ich, *Herr, zu dir:*
Herr, *hö*re meine *Stim*me!
*Wen*de dein *Ohr* mir *zu,*
*ach*te auf mein lautes *Fle*hen! (Ps 130,1–2)

In dieser Strophe liegt der Ton auf den Silben, die kursiv gesetzt sind. Der Rhythmus wechselt von drei zu zwei Betonungen.

Man muß allerdings hinzufügen, daß es verschiedene Hypothesen gibt, um der hebräischen Poesie gerecht zu werden. Hinzu kommt das Problem der Übersetzung. Es ist kaum möglich, den hebräischen Wortlaut genau nachzuahmen.

Parallelismus. Das Verfahren, in paralleler Form dieselbe Sache zweimal mit ungefähr den gleichen Worten wiederzugeben, gehört zu den bekanntesten Eigentümlichkeiten der hebräi-

123

Die Armen Gottes

Die Armut hat in der Bibel zwei Gesichter, die man nicht verwechseln darf.

Zunächst ist die Armut eine konkrete Situation des Mangels. Sie ist ein Übel und ein Skandal, denn sie zeigt, daß Gottes Herrschaft noch nicht gekommen ist. Es gibt immer noch Unglückliche, die nach Gerechtigkeit schreien. Nun haben vor allem die Propheten des Exils verkündet, daß Gott sein Reich bald aufrichten werde. Dann wird es keine Armen mehr geben.

Oft aber wird die Armut als geistliche Haltung, als „Tugend" verstanden. Der „Arme" überläßt sich ganz seinem Gott, er hat seine Ohnmacht erfahren, seine Bedürftigkeit. Es handelt sich deutlich um eine Armut des Herzens. Es sind jene ‚Anawim' (Plural von ‚anaw' = arm), die in der Bergpredigt des Mt (5,3) seliggepriesen werden.

Dieses Ideal der geistlichen Armut breitete sich nach dem Exil aus und prägte das Bewußtsein der einfachen Leute. Tief religiös, von den politischen Streitigkeiten der Hohenpriester weit entfernt, trugen diese Menschen den Geist des Judentums über die Zeiten. Im Neuen Testament hat vor allem Lukas in seiner Vorgeschichte das Bild der „Stillen im Land" gezeichnet (Zacharias, Elisabeth, Maria, Josef, Simeon und Hanna).

Die Wallfahrtslieder, die erst nach dem Exil entstanden sind, geben diese Haltung gut wieder. Das Leben der hier zu Wort kommenden Menschen ist sehr einfach, von Armut geprägt. Sie genießen die stillen Freuden des Familienlebens, die Freundschaft mit anderen, den Frieden. Unfähig, sich in gelehrten Worten auszudrücken, sprechen sie in Bildern von einzigartiger Tiefe und Frömmigkeit. In allen Dingen erkennen sie Gott, hören sie die Botschaft seiner Liebe. So wird auch Jesus in seinen Gleichnissen reden.

Gott ist dem Menschen nahe. Er behütet ihn, wacht über ihm. Er vergibt ihm seine Sünden und Fehler. Und der Arme antwortet Gott mit einem Glauben, der so einfach ist wie seine Seele.

Gott wohnt aber auch inmitten seines Volkes, in seinem Tempel zu Jerusalem. Das Leben des Armen gleicht deshalb ganz einer Pilgerfahrt. Israel befindet sich auf dem Weg zu dem Ort, an dem Gott wohnt. Unterwegs seit dem Exodus, weil Gott das Volk befreit hat, unterwegs seit dem Auszug aus Babylon. Unterwegs ist Israel schließlich bis zu dem Augenblick, da alle Völker sich aufmachen, um im Glauben geeint Gott zu preisen.

---

schen Poesie. In diesen Liedern ist es aber schwer, eindeutige Beispiele zu finden. Die Spruchliteratur übt den Parallelismus häufiger.

Wortkette. Manchmal wird in einem Satz ein Wort aus dem vorhergehenden Vers aufgenommen, so daß der Eindruck eines Gewebes oder Teppichs, eines Musters entsteht. Lesen Sie Ps 121.

Die Bildersprache

Aus welchem sozialen, wirtschaftlichen, kulturellen Milieu sind die Bilder der Psalmen entnommen? Sie sprechen zum Beispiel das Familienleben an: Mann - Frau, Mutter - Kind, Herr - Knecht (Magd). Oder es wird an das bäuerliche Leben und die Naturerscheinungen erinnert: Pflügen und Furchen ziehen, Schnitter und Garbenbinder, Sturm, Regen und Erdbeben. Auch das städtische Leben dient oft zum Vergleich: die Mauern und Türme, die Häuser und Gärten, die Wächter und Fürsten der Stadt.

Achten Sie aber vor allem darauf, was mit diesen Bildern ausgesagt wird.

– Welches *Bild von Gott* erscheint in diesen Psalmen? Wie verhält sich Gott zum Menschen? Nehmen Sie zum Beispiel Ps 121,8:

Der Herr behüte dich,
wenn du fortgehst und wiederkommst,
von nun an bis in Ewigkeit.

Hier wird die Gegenwart Gottes in Raum und Zeit so eindrucksvoll und selbstverständlich vorausgesetzt, daß man sich ganz in diesen Vers hineinbegeben kann. Wo immer ich mich aufhalte, Gott behütet mich, er ist mir nahe.

– Wie *antwortet* der Mensch auf diese Nähe Gottes? Er sucht und findet Gott in seinem Alltag, in den täglichen Prüfungen, in Angst und Not. Ob im Kreis seiner Familie oder bei seiner beruflichen Arbeit, immer befindet er sich in Einheit mit seinem Gott. Alles ist für ihn ein Zeichen, daß Gott ihn liebt.

– Was bedeutet die *Wallfahrt* nach Jerusalem? Zum Tempel, dem Ort, an dem Gott gegenwärtig ist? Lesen Sie Ps 122.

Innerbiblische Beziehungen

Die Psalmen spiegeln selbstverständlich die Frömmigkeitsformen der einzelnen Epochen Israels wider. Wir finden die Spiritualität eines Ezechiel und der priesterlichen Geschichtsschreibung: Alles ist ausgerichtet auf die Gegenwart Gottes in seinem Tempel. Andere Psalmen verraten den Einfluß deuteronomistischen Denkens: Hier wird die Gegenwart Gottes im Alltag und in der Familie gefunden. Anders wieder erscheint

der Glaube des Deuterojesaja an Gott, den Schöpfer und Befreier, der dem Menschen in seiner liebenden Auserwählung ganz nahe sein will.

Im Grunde spielen die Wallfahrtslieder auf vier Registern. Man feiert den *gegenwärtigen* Pilgerzug nach Jerusalem. Die Wallfahrt ist aber auch eine *Erinnerung* an den ersten *Auszug aus Ägypten* und an die *Heimkehr der Verbannten* aus dem Exil. Schließlich wird schon die *Völkerwallfahrt* nach Jerusalem vorweggenommen, die am Ende der Zeiten stattfinden soll (vgl. Jes 60–62).

Christliche Gebete?

Wie konnte Jesus diese Psalmen beten? Und können wir sie heute noch sprechen? Man muß nicht jeden Vers zum Gebet machen, sondern kann das Schwerverständliche auch beiseite lassen, so wie wenn man am Ufer sitzt und den Fluß vorüberrauschen läßt. Ab und zu wird die Aufmerksamkeit wach, wir halten ein, blicken hin und sprechen immer wieder diesen Vers. Wir haben gehört, was Gott uns sagen will.

2. Lob Gottes, des Schöpfers und Erlösers

Es gibt Augenblicke, da man singen möchte, weil die Welt so schön ist, weil man die Liebe eines Menschen spürt, weil eine schwere Last von unseren Schultern genommen wurde. Solche Augenblicke gibt es auch im Leben eines Volkes: Sieg und Frieden, Wohlfahrt und Glück, Ernte und Segen, Feste und Feiern – alles Gründe, freudig zu singen.

In Israel erklingt der Lobgesang Gottes in den meisten Psalmen. Wir finden sogar „reine" Lobgesänge in den Hymnen, aber Gott wird überall gelobt: in den Dankliedern, den Lehrgedichten und auch den Bittgebeten. Hier ist sogar eine wesentliche Eigentümlichkeit des biblischen Menschen festzustellen. Wie auch immer seine konkrete Existenz sein mag, ob er in Freuden lebt oder von Schmerzen heimgesucht wird, der Gläubige sieht sich immer vor Gott, und er kann nicht anders, als seine Schönheit und Güte zu preisen.

Das Gotteslob entspringt keiner langen Überlegung. Es kommt spontan heraus, es ist Ausdruck der Freude dessen, der sich von Gott geliebt weiß: „Ja, Großes hat der Herr an uns getan. Da waren wir fröhlich" (Ps 126,3).

Gott, der Erlöser

Israel hat Gott zuerst als eine Macht erfahren, die ihm Freiheit und Würde geschenkt hat. Jahwe war der Gott, der es aus Ägypten herausgeführt hat. Außerhalb der Psalmen sind noch andere alte Loblieder vorhanden, die auf den Exodus verweisen: das Lied des Mose (Ex 15) und anschließend der kurze, wohl noch ältere Refrain der Mirjam (Ex 15,21), oder auch das großartige Debora-Lied, das den Sieg Israels über seine Feinde (um 1225 v. Chr.) besingt (Ri 5).

An den liturgischen Festen werden die Großtaten Gottes so lebendig gefeiert, daß sie dem Volk wieder gegenwärtig werden. Israel gewinnt das Bewußtsein, Gottes heiliges Volk zu sein; es erneuert den Bund und läßt sich von Zuversicht erfüllen. Die vergangenen Erlösungstaten Gottes prägen sich dem Gedächtnis der Gemeinde ein, und die Hoffnung keimt auf, daß die Zukunft neue Wunder göttlichen Erbarmens bringen wird.

Gott, der Schöpfer

In der Zeit des Exils entdeckte Israel, daß Gott nicht nur der Herr der Geschichte, sondern auch der Schöpfer der Welt ist. Der Prophet Deuterojesaja quillt von dieser Erkenntnis über, und in das Buch Amos ist ein späterer Lobgesang auf den Schöpfer eingefügt (Am 4,13; 5,8-9; 9,5-6). Das Loblied auf den Schöpfer (Ps 104) werden wir noch anschließend behandeln.

Struktur der Loblieder

Die Loblieder sind sehr einfach strukturiert. Sie beginnen mit einer Aufforderung, einer Einladung zum Lobpreis. Als Begründung werden die Großtaten Gottes in der Geschichte oder die göttlichen Eigenschaften genannt, die dem Menschen immer erfahrbar sind. Am Schluß wird die Aufforderung und Einladung zum Lobpreis wieder aufgenommen, und das Lied endet mit einem Segensspruch oder der Akklamation „Halleluja" (Allelu-Jah = Lobt Gott).

Unser Gebet?

Die Loblieder unter den Psalmen zu beten, fällt uns wahrscheinlich leicht. Schwierigkeiten kommen höchstens daher, daß manche Bilder uns fremd erscheinen und uns die Anspielungen auf politische Ereignisse wenig besagen. Das ist jedoch nicht so wichtig. Wir fühlen uns schließlich auch mit unseren Großeltern verbunden, auch wenn wir von ihrem Leben kaum etwas wissen. Ebenso wollen diese Hymnen und Loblieder in uns die Überzeugung stärken, daß die Geschichte des Gottesvolkes unsere Geschichte ist, mögen wir die Einzelheiten kennen oder nicht. In den Großtaten Gottes, im Exodus wie in der ganzen Geschichte Israels, haben wir unsere Wurzeln. Sonst würde uns der neue Exodus, den Gott in Jesus vollzogen hat, nichts nützen.

Die Psalmenüberschriften

Am Anfang der meisten Psalmen stehen (in der Einheitsbibel eingeklammert) Angaben über den Verfasser und seine Situation. Diese Angaben sind durchweg sekundär und nur aus dem Inhalt der Psalmen erschlossen.

Ein großer Teil der Psalmen wird David zugeschrieben. Im Hebräischen bedeutet freilich die Nennung des Namens oft nur, daß man eine Situation im Leben des „Autors" gefunden hat, die zum Inhalt des Psalms paßt. Der Beter soll sich gewissermaßen in die genannte Person hineinversetzen, um die richtige Einstellung zum Text zu gewinnen.

Oft sagt die Angabe dem Chormeister, mit welchem Instrument er den Gesang begleiten soll. Bisweilen kann man auch schon eine frühe Klassifizierung der Psalmen entnehmen (Klagelied, Weisheitslied, Liebeslied . . .).

➡ Ein Lobpreis auf die Befreiung Israels: Ps 114

Der Psalm beginnt mit einer Erinnerung an den Exodus Israels aus Ägypten. Das Ereignis wird zweimal, in einem Parallelismus, erwähnt, aber darauf folgt sofort das Endergebnis dieses Vorgangs: Juda wurde Gottes Heiligtum, Israel das Gebiet seiner Herrschaft (wieder ein Parallelismus!). Damit ist alles gesagt, der Lobpreis hat sein Thema.

In den folgenden Versen schildert der Dichter die Wunder des Exodus (V. 3-4). Das Meer und der Jordan, die Berge und Hügel sind die Akteure, sie erscheinen wie belebte Wesen.

Jetzt schaltet sich der Dichter ein und fragt die Akteure, warum sie sich so verhalten haben (V. 5–6). Die Fragen wiederholen die vorhergehenden Aussagen fast wörtlich. Dadurch wird das Unerwartete, Wunderbare am Verhalten der Naturmächte noch sichtbarer.

Umstritten ist, worauf die Abschlußverse (V. 7–8) hinweisen wollen. Wahrscheinlich wird hier die Antwort auf die Fragen gegeben. Als neuer Akteur ist die „Erde" genannt, an sie richtet sich die Aufforderung, vor Gott zu erbeben und so gleichsam in die Knie zu gehen. Das Antlitz Gottes erscheint, des Gottes, der in der Wüste „den Fels zur Wasserflut wandelt" – ein Zeichen für die Überwindung jeder Not.

Ein christliches Gebet?

Wie können wir heute diesen Psalm beten? Zunächst haben wir hier kein Gebet im üblichen Sinn. Angeredet wird nicht Gott, sondern das Meer, der Jordan, Berge, Hügel, die Erde. Wir haben also ein Gedicht vor uns, das die Wunder des Exodus besingt und den Blick des Lesers auf Gott richtet: „Vor dem Herrn erbebe, du Erde ..." (V. 7). Was wie ein ungewöhnliches Naturereignis aussieht, das Fliehen, Zurückweichen des Meeres und das Hüpfen der Hügel, ist in Wirklichkeit eine Theophanie, die sichtbare Wirkung des Erscheinens Gottes.

Wenn es dem Psalm gelingt, den Leser in eine solche Situation zu versetzen, daß er wie die Erde „erbebt" und „vor dem Antlitz des Gottes Jakobs" in die Knie geht, hat er sein Ziel erreicht. Der Leser ist zum Beter geworden.

➡ Loblied auf Gottes Hoheit und Huld: Ps 113

Dieser Psalm folgt deutlich dem Schema, das wir vorhin als „Struktur" der Loblieder bezeichnet haben. Zunächst kommt die Aufforderung zum Gotteslob (1–4). Wer aber könnte es sein, der die „Knechte des Herrn" aufruft, den Namen des Herrn zu loben?

Wir haben es wohl mit einem liturgischen Wechselgesang zu tun. Auf V. 1 antwortet der erste Chor. Gott wird gelobt, weil er sich vom Aufgang der Sonne bis zu ihrem Niedergang, von Ost nach West, als erhaben und machtvoll erweist.

Im zweiten Teil des Psalms stellt ein anderer Chor die Frage nach dem unvergleichlichen Gott. Er, der Herr, thront in der Höhe und schaut hinab in die Tiefe – ein Bild, das die Menschen in den Staub wirft und in Schmutz versinken läßt. Aber da geschieht das Wunder, Gott hebt den Schwachen aus dem Staub empor und erhöht den Armen.

Die beiden Schlußverse unterstreichen das wunderbare Heilshandeln Gottes an zwei Beispielen: in der Wiederaufnahme des Armen und Schwachen in sein Volk und im Glück der kinderlosen Frau, die zur Mutter wird.

Das Loblied gehört zu den „Hallel"-Psalmen (Ps 113–118), die an den großen Festen des Judentums beim Gottesdienst gesungen wurden. Jesus hat den Psalm am Abend des Gründonnerstages angestimmt (vgl. Mk 14,22).

Ein christliches Gebet?

Wenn man im „Schwachen" und „Armen" Jesus erkennt, gewinnt der Psalm eine christologische Bedeutung. Näher liegt es vielleicht, sich selbst als „in Staub und Schmutz" liegend zu sehen und auf Gottes Erhöhung zu hoffen. Schließlich ruft der Psalm zu einem sozialen Verhalten auf, das an Gottes Handeln anknüpft.

➡ Die Herrlichkeit des Schöpfers – die Würde des Menschen: Ps 8

Anfang (V. 2) und Ende (V. 10) des Psalms sind fast gleichlautend. Der Name des Herrn wird als „gewaltig" gepriesen.

Wie begründet das Lied die „Gewalt" des Gottesnamens? Erstaunlicherweise werden an erster Stelle die kleinen Kinder genannt, die Säuglinge (V. 3). Ihr Lallen erscheint als Gotteslob, das Feinde und Widersacher zum Verstummen bringt.

Das zweite Argument ist die Schöpfung Gottes, in deren Größe und Herrlichkeit sich der Mensch klein und ohnmächtig vorkommt. Die Frage: „Was ist der Mensch ..." taucht hier zum erstenmal auf, und der Psalm gibt sogleich eine Antwort, die nicht zu überbieten ist.

Der Mensch ist nur „wenig geringer ... als Gott". Er besitzt Herrlichkeit und Ehre wie sein

Schöpfer. Von ihm ist er als Herrscher eingesetzt über alles, was Gott geschaffen hat. Mit
Behagen und Stolz werden alle Tiere aufgezählt, die zum Herrschaftsbereich des Menschen gehören.

Die Würde des Menschen kommt ganz von
Gott. Selten ist dies mit so einfachen und wun-
derbaren Worten gesagt worden wie in diesem
Lied.

Der Psalm wird im Neuen Testament öfters
zitiert. Man hat ihn auf Christus gedeutet, auf
seine Erniedrigung und Erhöhung (1 Kor 15,27;
Eph 1,22; Hebr 2,6–8).

→ **Ein Loblied auf die Schöpfung: Ps 104**

Der Autor des Psalms hat sich von einem
ägyptischen Hymnus auf den Sonnengott, der
aus der Zeit um 1350 v. Chr. stammt, inspirieren
lasen. Auf S. 23 finden Sie einen Auszug aus
diesem Hymnus und können ihn mit Ps 104 vergleichen. Das heidnische Lied kann zum Gotteslob werden, weil der Psalmist den Text im
Geist des Schöpfungsberichts von Gen 1 umge-
staltet hat.

Eigentlich muß man den Psalm im Zusammenhang lesen, um das Vergnügen des Autors
an den Schöpfungen Gottes nachzuempfinden.
Wenn Sie Gen 1 zum Vergleich heranziehen,
werden Sie eine gewisse Ähnlichkeit in der Einteilung des Schöpfungswerks feststellen.

Der Psalm endet mit einem persönlichen
Lobpreis. Die Freude am Herrn verbindet sich
mit dem Verlangen nach einer Welt, die von
Sündern und Frevlern befreit ist.

Ein christliches Gebet?

Gott hat alles durch Christus und für Christus geschaffen (Kol 1,15–18). Sendet er seinen
Geist aus, wird das Antlitz der Erde erneuert.
Der Psalm ist dem christlichen Beter wie wenig
andere vertraut, und er kann uns helfen, die
durch übertriebene Umweltschutzpropaganda
gestörte Freude an der Schöpfung wieder neu zu
beleben.

3. Ein Gott der Menschen

Gott ist der „ganz Andere", der Herr der
Geschichte und Schöpfer der Welt. Um so wunderbarer ist es – und Israel wird nicht müde, es
zu preisen –, daß Gott ganz nahe bei den Menschen, bei seinem Volk sein will. In Jerusalem,
in seinem Tempel hat er seinen Thron aufgeschlagen. Dort ist er gegenwärtig für alle, die zu
ihm hinaufziehen.

Von den Wallfahrtsliedern haben wir schon
in diesem Kapitel gesprochen. Jetzt wollen wir
Psalmen betrachten, die Gottes Gegenwart im
Tempel und in seinem Gesetz preisen.

Immanu-El: Gott-mit-uns

Viele Psalmen preisen das Glück, bei Gott
eingeladen zu sein, Gottes Gast zu sein, in seine
Nähe aufgenommen zu werden. Man achte auf
Wendungen wie „mit (dir, ihm) sein", „sein
Haus bewohnen", „unter dem Schutz Gottes
stehen", „Gottes Antlitz schauen", . . .

Gegenwart Gottes im Tempel

Jerusalem – oder Zion, der Hügel, auf dem
die Stadt erbaut ist – und der Tempel sind der
Ort, an dem Gott für sein Volk gegenwärtig
wird. Wenn man die Berufungsgeschichte des
Propheten Jesaja liest (Jes 6) oder die priesterschriftlichen Texte von der Gegenwart Gottes
über der Bundeslade (Ex 25,10–22; 40,34–38),
gewinnt man den Eindruck, daß sich im Volk
ein außergewöhnliches Bewußtsein von der
Gegenwart Gottes im Tempel gebildet haben
muß.

Dreimal im Jahr, an den großen Wallfahrtsfesten (Ostern, Pfingsten, Laubhüttenfest), zog
man nach Jerusalem hinauf. So erneuerte man
die Gemeinschaft mit Gott. Die Gefahr war
jedoch vorhanden, daß man die Gegenwart
Gottes als eine magische Kraft auffaßte, die
von einem gerechten und anständigen Leben

dispensierte. Propheten wie Jeremia haben diese Selbsttäuschung des Volkes beklagt, und die Zerstörung des Tempels machte die Menschen mit Gewalt darauf aufmerksam, daß Gottes Gegenwart keine automatische Sicherheit bot. Gott wohnt nicht zuerst an einem Ort, sondern er wohnt in einem Volk von Gläubigen.

Christliches Beten

Gott hat seine Gegenwart in der Welt durch Jesus Christus bezeugt und wirklich werden lassen. Jetzt ist Jesus der wahre Tempel, und die Kirche ist sein Leib, der vom Heiligen Geist belebt wird. Die Psalmen erinnern uns daran, daß die Kirche das wandere Gottesvolk auf dem Weg zum himmlischen Jerusalem ist. In dieser ewigen Gottesstadt wird alles Böse verschwunden sein, weil Gott alles in allem ist.

Gegenwart Gottes im Gesetz

Das Gesetz hat in Israel einen besonderen Rang. Es geht nicht einfach nur um Anordnungen und Befehle. Ganz Israel ist durch das Gesetz an Gott gebunden, deshalb heißt das Gesetz auch „Bundesurkunde". Es begründet das Verhältnis des Volkes zu Gott. Das Wort des Gesetzes ist manchmal fast so zart wie das Lächeln eines Kindes, dann wieder hart und scharf wie das Kommando eines Befehlshabers, der keinen Widerspruch duldet. Das „Höre, Israel" klingt verlockend wie das Angebot eines Freundes, es kann aber auch die Forderung „Gehorche, Israel" beinhalten.

Das Wort „gehorchen" hat etwas mit „hören" zu tun. Man soll die Ohren öffnen und das Wort des anderen, des Partners, so aufnehmen, daß es das Herz verändert. „Gehorsam" ist aber auch die Antwort, die der Angeredete gibt, sein Ja-sagen in Treue, die Ausführung des Befehls. Man muß sich die Eigenart des jüdischen Gesetzesverständnisses vor Augen halten, um zu begreifen, wie es möglich ist, daß die Psalmen vom Gesetz mit einer Begeisterung und Freude singen, die an Liebeslieder erinnern.

Christliches Beten

Es ist verhältnismäßig leicht, die Loblieder auf das Gesetz zu beten. Für uns ist das Gesetz zur Person geworden. Jesus Christus, das Wort Gottes, hat in unseren Herzen durch den Heiligen Geist Wohnung genommen. Und die alten Psalmworte können uns helfen, das in uns wirkende Gesetz Christi besser zu verstehen.

➜ Der Mensch vor dem allwissenden Gott: Ps 139

Angenommen zu werden mit seinen Eigenheiten und Fehlern, geliebt zu werden, so wie man ist – wer hätte davon noch nicht geträumt? So weiß sich der Gläubige von seinem Gott angenommen und geliebt.

Diese Geborgenheit in Gott bedeutet aber keineswegs immer Ruhe. Wie über Jeremia (vgl. S. 81) kann auch über jeden Gläubigen die Versuchung kommen, vor Gott zu fliehen. Sein Wort ist zu schwer, als daß man es tragen könnte.

Notieren Sie sich die Bilder und Wendungen, die von der Nähe Gottes und seiner Allwissenheit sprechen (V. 1–18). Der Mensch des Psalms weiß sich von Gott so sehr beschenkt, daß er bekennen muß: „Ich danke dir, Herr, daß du mich so wunderbar gestaltet hast" (V. 14).

Ab V. 19 wandeln sich Stimmung und Ton. Der Haß gegen die Frevler hat den Beter gepackt. Er verabscheut alle, die sich gegen Gott erheben. Im Ausbruch des Hasses gibt sich also nur das Bemühen kund, sich ganz auf Gottes Seite zu stellen.

Das Schlußgebet kehrt wieder zum Thema des Psalms zurück (V. 23–24). Der Beter gibt sich Gott ganz hin, liefert sich ihm völlig aus. Gott soll ihn erforschen, prüfen und erkennen. Dann wird der Betende seines Weges sicher sein.

Christliches Gebet?

Gott hat uns in seinem Sohn mit aller Gnade erfüllt (vgl. Eph 1,6). Durch ihn sind wir Söhne des Vaters geworden und können uns im Hause Gottes wohlfühlen. Wie verhält sich aber diese christliche Geborgenheit zu den Empfindungen des Psalms? Vielleicht täte es uns gut, mit dem alttestamentlichen Beter zu bekennen: „Zu wunderbar ist für mich dieses Wissen, zu hoch, ich kann es nicht begreifen" (V. 6).

→ Die Freude am Heiligtum: Ps 84

In diesem Pilgerlied entsprechen sich Sehnsucht nach dem Tempel und leidenschaftliche Liebe zu Gott. Der Beter hat in den Vorhöfen des Tempels gefunden, was er von ganzem Herzen sucht.

Es ist nicht leicht, ein solches Lied zu „untersuchen". Man kann wohl die Bilder und Vergleiche herausstellen, um zu sehen, mit welchen künstlerischen Mitteln der Dichter gearbeitet hat. Gleichwohl bringen derartige Analysen nicht viel. Wichtiger ist es deshalb, sich selbst in den Text hineinzugeben, sich das Lied so zu eigen zu machen, daß die eigene Seele zu singen beginnt.

Christliches Gebet?

Der Leib des Auferstandenen ist für uns der wahre Tempel. Können wir mit den Worten des Psalms unseren Herrn und Heiland preisen? Und müssen wir nicht auch an die Kirche denken, die der Leib und Tempel des Herrn ist?

Kritische Überlegungen haben uns oft die Freude an der Kirche verdorben. Notwendige Reformen und Verbesserungen sollten uns aber nicht abhalten, mit dem Psalmisten zu bekennen:
„Lieber an der Schwelle stehen im Haus meines Gottes
als wohnen in den Zelten der Frevler" (V. 11 b).

→ Sehnsucht nach dem lebendigen Gott: Ps 42–43

Die beiden Psalmen gehören zusammen. Ein Refrain teilt sie in drei Strophen ein, die ungefähr gleich lang sind (Ps 42,6.12; 43,5).

Ein nach dem Libanon vertriebener Tempeldiener, so vermutet man, klagt über sein Schicksal. Er muß fern vom Tempel leben und sehnt sich so sehr nach seinem Gott, der Quelle des Lebens.

Die erste Strophe des Liedes (V. 2–5) drückt das Verlangen aus, Gott wiederzusehen und so wie früher in festlicher Schar zum Tempel zu ziehen. Der Refrain (V. 6) ist wie ein Zuspruch, ein Trostwort, das den Beter ermutigen und stärken soll.

In der zweiten Strophe (V. 7–11) erzählt der Verfasser von seinem Verbannungsort. Trotz seiner großen Betrübnis kann er zu Gott beten und ihn nach dem Grund seines Unglücks fragen: „Warum hast du mich vergessen?"

Die dritte Strophe (Ps 43,1–4) ist als Bittgebet geformt. Der Beter hofft, wieder zum Altar Gottes hintreten und die Harfe spielen zu dürfen.

→ Ein Lobgesang auf Gottes Wort: Ps 119

Der Psalm zählt 176 Verse. Und doch wollen die 176 Verse nur einen einzigen Gedanken ausdrücken: „Lehre mich deine Gesetze! – Richte mich auf durch dein Wort!" (VV. 26.28)

In zweiundzwanzig Strophen rollt dieses Meisterstück eines Schriftgelehrten vor uns ab. Die zweiundzwanzig Buchstaben des hebräischen Alphabets gliedern das ganze Gedicht, und jeder Buchstabe enthält acht Verse, in denen die acht Namen des Gesetzes vorkommen: Weisung, Gesetz, Gebot, Vorschrift, Wort, Verheißung, Entscheid, Befehl.

Dieses Lehrgedicht ist wie eine Spruchsammlung, aus der man die einzelnen Verse herausgreifen kann, ohne auf den Zusammenhang achten zu müssen.

Erstaunlich bleibt aber, daß trotz der Einheitlichkeit des Hauptgedankens eine Fülle von einprägsamen und liebenswerten Sprüchen entstanden ist. Wie ein Liebender nicht müde wird, seine Liebe immer wieder kundzutun und unter Beweis zu stellen, so verhält sich der gläubige Jude vor seinem Gott: „An deinen Geboten habe ich meine Freude, ich liebe sie von Herzen" (V. 47).

In diesem Dialog zwischen Gott und dem das Gesetz liebenden Menschen könnte man fragen, wie das Gesetz eigentlich verstanden wird. Es kommt aus Gottes Mund, es geht von Gott aus und ist ganz sein eigen – und doch bleibt es ein Geheimnis. Martin Buber tut recht daran, das Gesetz als „Weisung" zu bezeichnen: Worte, die einen Weg weisen und eine Verpflichtung aussprechen.

Eine weitere Aufgabe wäre es, das Verhalten des Menschen zu untersuchen. Der Psalm spricht ständig von den vielfältigen menschlichen Bemühungen, mit Gott und seinem Gesetz umzugehen (suchen, beachten, folgen, staunen, lernen, sich nahen, im Herzen bergen, nachsinnen . . .).

Christliches Gebet?

Wenn man sich vor Augen hält, daß „Christus das Ende des Gesetzes" (Röm 10,4) ist, läßt sich der Psalm gut beten. Jesus ist „der Weg, die Wahrheit und das Leben" (Joh 14,6), das Wort

Gottes. Aber diese christologische Interpretation hebt das Gesetz nicht auf, sondern erfüllt es (Mt 5,17). Wir müssen deshalb auch weiterhin Gottes Gebot „von Herzen lieben" (Ps 119,47) und seiner Weisung beständig folgen.

4. Gebete der Hoffnung. Königspsalmen

Wir behandeln in diesem Abschnitt Psalmen, die man früher meist als „messianisch" bezeichnet hat. In ihnen wird entweder das Königtum Gottes oder das eines irdischen Herrschers gefeiert. Die Lieder blicken in die Zukunft und schauen nach jenem Moment aus, da Gott sich als der offenbaren wird, der er ist: als treuer und gerechter König. In manchen Psalmen geschieht die Aufrichtung des Gottkönigtums durch einen Gesalbten, den Gott zu dieser Aufgabe bestimmt hat.

Der Herr ist König

In Israel ist Gott allein König. Der irdische Herrscher ist nur sein Stellvertreter, so glaubte man von Anbeginn.

Während des Exils und in der Zeit danach gab es keine Könige. So nahm der Glaube an das Königtum Gottes außergewöhnliche Formen an. In Deuterojesaja ist Jahwe König, weil er der Schöpfer (Jes 40,12–31) und Erlöser Israels (41,21; 43,15; 44,6 u. ö.) ist. Der Prophet fordert alle Völker auf, Gott als König anzuerkennen und ihm zu huldigen (Jes 42,10–12). Gott wird kommen und sein Reich aufrichten (52,7).

Fünf Psalmen, die einander sehr ähnlich sind, besingen das Gottesreich: Ps 93. 96. 97. 98. 99. In diesen Liedern überwiegt die Fröhlichkeit. Man fühlt sich wie an einem Feiertag. Israel, die fremden Völkerscharen (die „Inseln") und alle Elemente des Universums nehmen teil an dieser alles umfassenden Freude.

Die meisten von diesen Psalmen knüpfen an die frohe Botschaft des Deuterojesaja an und verkünden als Evangelium die Zeit, in der Gott allem Elend ein Ende bereiten wird.

In den gleichen Zusammenhang gehört auch Ps 47. Gott wird als König aller Völker gepriesen, die versammelte Gemeinde wirft sich vor ihm nieder. Aber alle Mächte der Erde werden seine Herrschaft anerkennen müssen.

Aus vorexilischer Zeit stammt wohl Ps 24, der den Einzug des Herrn in sein Jerusalemer Heiligtum besingt. Das Lied, das die Übertragung der Bundeslade von Schilo nach Jerusalem feiert, ist als Wechselgesang zwischen Priestern und Volk aufgebaut. Manche Exegeten halten V. 1–6 für später hinzugefügt, als man nach dem Exil Wert auf die sittlichen Voraussetzungen des Kults legte. Doch sind solche Überlegungen nicht schlüssig.

Fast alle diese Psalmen haben einen liturgischen Ursprung. Sie wurden für den Gottesdienst gedichtet, da Gottes ewige Herrschaft sich im Kult zu verwirklichen beginnt.

Christliches Gebet?

Mit Jesus hat die Gottesherrschaft Gestalt angenommen. Er hat die Seligpreisungen verkündet und den Armen das Evangelium gebracht. An uns, den Jüngern, liegt es, ob die Gottesherrschaft eine Chance hat in unserer Welt. Diese Psalmen können unsere Hoffnung auf Gott stärken („Dein Reich komme") und uns zur freudigen Mitarbeit aufrufen.

Die „Geburt" des Königs

Sieben Psalmen (Ps 2.21.45.72.89.101.110 und vielleicht einige andere) preisen den König Israels.

Im Unterschied zu anderen Völkern hat Israel niemals seine Könige vergöttlicht. Wohl können die Könige Israels – nach der Verheißung Natans an David (S. 43) – in einem gewissen Sinn „Söhne Gottes" werden. Am Tag ihrer Inthronisation erhalten sie diese Würde, werden „gezeugt" und können die Machtergreifung als ihren „Geburtstag" feiern.

Manche von diesen Psalmen stammen vielleicht aus alter Zeit. In allen Fällen wurden sie jedoch nach dem Exil neu bearbeitet, in einer Zeit also, als es in Israel keine Könige mehr gab. So verkünden die Königspsalmen eine neue Hoffnung: Gott wird seinen königlichen Messias senden, um sein Reich aufzurichten.

Christliches Gebet?

Der Christ glaubt an Jesus, den königlichen Messias Gottes. Er hat deshalb den Auftrag, die Herrschaft des Messias zu feiern und für ihre Ausbreitung zu beten. Dazu können uns die Psalmen helfen.

Psalm 2 im Neuen Testament

Der Ps 2 spielt im Neuen Testament eine große Rolle. Er wird zitiert, um die wichtigsten Glaubenswahrheiten zu verdeutlichen (siebzehnmal!).

– *Die Auferstehung Christi.* „Mein Sohn bist du, heute habe ich dich gezeugt" (V. 7; vgl. Mk 1,11 parr; Apg 13,39; Hebr 1,5; 5,5). Gemeint ist nicht die Geburt Jesu in Betlehem, sondern die Einsetzung des Auferstandenen zum König und Herrscher der ganzen Welt.

– *Der Tod Christi.* Die „Könige der Erde" und die „Großen" des Volkes (V. 2) haben sich verbündet, um Jesus aus dem Wege zu räumen. So wird der Psalm in dem Gebet der Urgemeinde (Apg 4,25–28) verstanden. Wahrscheinlich spielt auch Mt 26,3–4 auf diese Situation an.

– *Das Kommen Christi am Ende der Welt.* In der Parusie wird Jesus endgültig als Herr über alle Welt inthronisiert. Dann wird er über die Völker „mit eisernem Zepter herrschen" (Ps 2,9 G = Offb 12,5; 19,15). An seinem Triumph soll aber auch jeder teilhaben, der mit ihm „siegt" und an seinen Geboten festhält (Offb 2,26–27 = Ps 2,8–9 G).

→ **Der Herr, König und Richter aller Welt: Ps 96**

Dieser Psalm setzt – wie die anderen Königspsalmen – die Botschaft von Jes 40–55 in ein Gebet um. In nachexilischer Zeit wird darüber nachgedacht, was das Königtum Gottes für die Welt bedeutet.

V. 1–3: Die ganze Welt wird aufgerufen, dem Herrn ein neues Lied zu singen (vgl. Jes 42,10). Gott offenbart sein Heil und seine Herrlichkeit, indem er Israel aus dem Exil befreit (vgl. Jes 45,14–25; 52,10).

V. 4–6: „Alle Götter der Heiden sind nichtig", und „der Herr hat den Himmel geschaffen" solche Aussagen wiederholen eindeutig, was Deuterojesaja verkündet hat (Jes 41,21–29; 43,9–13).

V. 7–9: Alle Völker sollen Gott Lob und Ehre darbringen (vgl. Jes 45,14).

V. 10–13: Das Königtum Gottes wird proklamiert, weil Gott den Erdkreis gegründet hat. Deshalb nimmt die ganze Schöpfung voll Freude und Jubel daran teil, wenn Gott erscheint, um die Erde zu richten (vgl. Jes 42,5).

Man achte auf die einprägsamen Wendungen der deutschen Übersetzung: Hoheit und Pracht, Macht und Glanz, Lob und Ehre, Gerechtigkeit und Recht (Ps 97,2).

→ **„Mein Sohn bist du ..." und „Setze dich mir zur Rechten": Ps 2 und 110**

Zunächst lese man die Verheißung des Propheten Natan an David (2 Sam 7).

Ps 2

V. 1–3: Die Könige und ihre „Großen" revoltieren gegen den Herrn und seinen Gesalbten.

V. 4–6: Gott lacht über die Anstrengungen seiner Feinde. Er setzt ihnen einen Plan entgegen, der ihre Machtlosigkeit sichtbar macht.

V. 7–9: Der Messiaskönig erläutert den Plan Gottes. Er ist bei seiner Thronbesteigung zum „Sohn Gottes" geworden. Dieses Königtum umfaßt alle Völker der Erde.

V. 10–12: Die Aufrührer werden gemahnt, ruhig zu bleiben und sich zu unterwerfen. Sonst trifft sie Gottes Zorn.

Ps 110 wird noch häufiger im Neuen Testament zitiert als Ps 2. Es sind zwei Themen, die herausgegriffen werden: das Sitzen zur Rechten Gottes (V. 2) und das Priestertum Jesu „nach der Ordnung des Melchisedek" (V. 4).

Das „Sitzen zur Rechten" des Herrn verweist auf eine konkrete Situation. Vielleicht ist daran gedacht, daß der Königspalast sich zur Rechten des Tempels befand. Auf jeden Fall hat die Szene einen äußerst feierlichen Charakter. Der König wird wie in Ps 2,7 von Gott „gezeugt" genannt (V. 3).

„Du bist Priester auf ewig . . .", eine Formel, die den König zum Priester weiht. Allerdings ist hier nicht an das aaronitische Priestertum gedacht. Der davidische König übernimmt die Würde des Jerusalemer Priestertums, er wird „Priester nach der Ordnung des Melchisedek" (vgl. Gen 14,18).

➡ **Klagelied über die Verwerfung des Hauses David: Ps 89**

Im Jahr 587 v. Chr. ging das davidische Königtum unter. Nun hatte sich aber Gott verpflichtet, das Haus Davids für immer bestehen zu lassen. War Gott untreu geworden, hatte er einen Meineid geleistet?

V. 2–3: Am Anfang steht ein rückhaltloses Bekenntnis zur „Huld und Treue" Gottes. Der Beter klammert sich wie verzweifelt an diese beiden Worte. (V. 2.3.9.15.25.29.34.50).

V. 4–5: Gott wird daran erinnert, mit David einen Bund geschlossen zu haben, der seinem Haus ewigen Bestand zusicherte.

V. 6–19: Gott ist Schöpfer und König, er ist allmächtig. Es gibt also keine Entschuldigung für ihn, wenn er seine Verheißung nicht wahrmacht.

V. 20–38: Noch einmal wird Gott sehr eindringlich an die Verheißung erinnert, die er David und dessen Nachkommen gegeben hat. „Auch ich entziehe ihm nicht meine Huld, breche ihm nicht die Treue" (V. 34).

V. 39–46: Auf die feierliche Beschwörung des Davidbundes folgt jetzt schroff die Schilderung des Unglücks. Der Gesalbte ist verstoßen, der Bund gebrochen, Jerusalem liegt in Schutt und Asche.

V. 47–52: Der Psalmist hört nicht auf, zu beten und Gott um Rettung anzuflehen. „Herr, wo sind die Taten deiner Huld geblieben, die du David in deiner Treue geschworen hast?" (V. 50). An wen sollte er sich sonst wenden?

V. 53: Der Lobruf gehört nicht mehr zum Klagelied, er beendet das dritte Buch der Psalmen.

Christliches Gebet?

Wir dürfen uns nicht scheuen, Gott anzuklagen, wenn seine Verheißungen unerfüllt bleiben. Glaube und Vertrauen können nur in Gott wiedergewonnen werden.

In dieser Haltung hat Jesus am Ölberg und am Kreuz gebetet.

Psalm 110 im Neuen Testament

Der am häufigsten zitierte Psalm ist ausgerechnet jener, der zu den schwierigsten und geheimnisvollsten gehört.

Jesus *sitzt zur Rechten Gottes*. Diese Aussage ist sogar in das Glaubensbekenntnis der Kirche aufgenommen worden. Das Neue Testament spricht davon an zahlreichen Stellen: Mk 12,36 parr; 14,62 parr; Apg 2,34; 5,31; 7,55; Röm 8,34; 1 Kor 15,25; Eph 1,20; Kol 3,1; Hebr 8,1; 12,2; 1 Petr 3,22.

Jesus ist *Priester nach der Ordnung des Melchisedek*. Dieser Satz wird vom Hebräerbrief zur Grundlage seiner Theologie gemacht (Hebr 5,6.10; 6,20; 7,1.3.11.15.17.20).

5. Bittgebete und Danksagungen

Bittgebete und Hilferufe machen mehr als ein Drittel aller Psalmen aus. In der alttestamentlichen Wissenschaft werden individuelle und kollektive Bittgebete unterschieden. Da sich die Gebete aber nur im Inhalt unterscheiden, kann man beide Formen zusammen untersuchen.

Klagemauer der Juden an einem Freitag.

Die Bittgebete enthalten gewöhnlich vier Teile, deren Reihenfolge aber nicht immer einheitlich ist:

Anrufung Gottes und Hilfeschrei – Beschreibung der Situation – Gründe, erhört zu werden (Liebe, Treue, Herrlichkeit Gottes und auch das Vertrauen des Beters) – Abschluß (oft ein Gebet des Vertrauens oder der Danksagung). So ist man sicher, erhört zu werden, und verspricht schon ein Dankopfer.

Die Situationen, die in den Bittgebeten zur Sprache kommen, sind zahlreich und vielfältig. Hier nur die wichtigsten:

– Gebet von Kranken, die sich dem Tod nahefühlen

– Gebet von Armen, die unter der Ungerechtigkeit leiden

– Gebet von Verbannten im Exil

– Gebet um den Sieg der israelitischen Waffen

– Gebet gegen Feinde und Verfolger. Hierzu gehören auch die Fluchpsalmen, die wir gesondert behandeln.

Hervorzuheben sind noch die Sündenbekenntnisse, die Bitten um Vergebung und Gnade. Wir beziehen sie in diesen Abschnitt ein.

Christliches Gebet?

Diese Psalmen zu beten, ist für uns Christen leicht und schwer zugleich. Es ist leicht, die Bittgebete zu sprechen, weil unsere eigene Situation von der des Psalmisten kaum zu unterscheiden ist.

Die Schwierigkeiten kommen von mehreren Seiten:

● Die Bilder, die in den Psalmen verwendet werden, kommen uns oft fremd vor. Wir müssen dann in einem Kommentar nachschlagen, falls die Bibelausgabe keine Anmerkungen enthält. Man braucht aber bei poetischen Texten nicht immer alles zu verstehen!

● Wir befinden uns glücklicherweise nicht immer in solchen Situationen. Doch wollen die Psalmen universelle Gebete sein, und wir müssen für all jene mitbeten, die unter den beschriebenen Verhältnissen leiden. Das „Ich" ist fast immer ein kollektives Ich. Wir stimmen in die Klagen der gesamten Menschheit ein und bitten Gott für alle um Hilfe.

● Bittgebete sind uns heute problematisch geworden. Gott ist kein Lückenbüßer für unsere Unfähigkeiten. Das ist wohl wahr. Aber die Liebe zu Gott und den Menschen kann sich auch in Bittgebeten äußern. Die Erfahrung lehrt uns auch, daß wir durch das Beten nicht

---

Fluchpsalmen

Manche Abschnitte in den Psalmen erregen unser Ärgernis. Wie kann man Gott bitten, daß er die Feinde umbringt, sie vernichtet, ihnen die Zähne ausschlägt? Es gibt vielleicht zwei Methoden, mit diesen Texten umzugehen.

In einigen Fällen sind es wirklich die einzigen Gebete, die wir mit ehrlichem Herzen sprechen könnten. Dann ist die Situation so verzweifelt, daß wir zum Neuen Testament keinen Zugang finden und nur von Rachegefühlen erfüllt sind. Wenn wir unter so außergewöhnlichen Umständen die Fluchpsalmen „beten" würden, könnte dies ein Weg sein, der allmählich wieder bis an den Fuß des Kreuzes zurückführt.

Durch Christus haben diese Psalmen einen anderen Sinn bekommen. Christus hat die Sünden der Welt auf sich genommen, hat den Tod erlitten, weil Gott ihn „verflucht" hat. Jesus ist also zum Feind, zum Gegner, zum Frevler geworden, auf ihn häufen die Psalmen ihre Flüche. Das Blut, das auf sein Haupt herabgewünscht wird, ist aber zugleich auch das Blut, das uns rettet.

Wenn wir die Fluchpsalmen mit Christus beten, sagen wir in gewisser Weise zu Gott: Schlage mich mit deinem Sohn ans Kreuz und vernichte in mir alle Sünde, auch alle Sünde der Welt, an der ich mitschuldig bin. Ich gebe mich mit deinem Sohn zum Opfer hin, damit alle Menschen den Weg zu ihrem Heil finden.

Weil eine solche Verchristlichung der Fluchpsalmen aber zu weit von ihrem tatsächlichen Wortlaut wegführt, hat die Liturgiereform recht daran getan, die entsprechenden Psalmteile aus dem Breviergebet der katholischen Priester und Schwestern zu streichen.

ohnmächtig und kraftlos werden. Vielmehr helfen uns die Psalmen, entschieden für die Dinge einzutreten, die wir erbitten.

Gebete, die allein Gefühle des *Dankes* und des *Vertrauens* ausdrücken, sind recht selten. Doch erscheinen die beiden Themen in fast allen Psalmen, die Gott um Hilfe rufen. Oft wird aus der Erfahrung eine Lehre gezogen: Weil Gott die Notlage des Bittenden beendet hat, muß man um so mehr seine Macht und Güte preisen.

➡ Gottverlassenheit und Heilsgewißheit: Ps 22

Der Psalm beginnt mit einem Klagelied (V. 2–22) und endet mit einem Danklied (V. 23–32).

V. 2–3: Gott wird angerufen aus tiefster Not. Der Ruf nach Hilfe bleibt ohne Antwort.

V. 4–12: Der Psalmist führt die Gründe an, die Gott veranlassen müßten, ihm zu helfen: Gottes Heiligkeit, die Erwählung der Väter, die persönliche Nähe des Beters zu Gott seit seiner Geburt.

V. 13–22: Die Situation des Beters hat sich drastisch verschlimmert. Er sieht sich von vielen Tieren umringt, die Zunge klebt ihm am Gaumen, der Tod ist nahe. Sein verzweifelter Schrei um Rettung – wird er gehört?

V. 23–32: Auf das Klagelied folgt unvermittelt die Danksagung. Der Beter weiß sich erhört. Er ruft die Gemeinde auf, mit ihm Gott zu loben und zu preisen. Die Armen werden zum Dankopfer eingeladen, damit sie essen und satt werden können.

Die VV. 28–32 scheinen ein Zusatz zu sein, der angefügt wurde, als der Psalm zum kollektiven Gebet wurde. In der Sprache verrät sich die Verheißung des Deuterojesaja von der Bekehrung der Völker und vom Königtum Gottes. In V. 30 scheint sogar ein Leben nach dem Tod angekündigt zu werden: Die Toten, die „in der Erde ruhen", werden aufgerufen, sich vor dem Herrn niederzuwerfen. Wahrscheinlich hat Dan 12 eingewirkt.

Christliches Gebet?

Nach Mk 15,34 par hat Jesus den Psalm am Kreuz gebetet. In der Passionsgeschichte werden auch noch andere Stellen aus dem Psalm zitiert (V. 8.19). Das Gebet Jesu kann heute unser Gebet werden.

➡ Hilferuf gegen erbarmungslose Feinde: Ps 109

Dieser Psalm ist wohl der furchtbarste aller Fluchpsalmen. Man hat versucht, das Ärgernis zu beseitigen, indem man die Flüche den Feinden in den Mund gelegt hat. Aber der Versuch ist fehlgeschlagen. Man muß den Psalm so nehmen, wie er ist. Selbst ein Jeremia hat sich zu ähnlichen Flüchen hinreißen lassen (Jer 17,18; 18,21–23; 20,11–12).

V. 1–5: Der Psalmist wendet sich an Gott, weil er verfolgt und verleumdet wird, weil seine Feinde ihn grundlos bekämpfen und beschimpfen.

V. 6–20: Hier liest man die schrecklichsten Flüche und Verwünschungen, die der Beter auf seine Feinde und deren Familien häuft. Die Verweigerung des Gottessegens wird vermutlich als Rechtsmittel eingesetzt, um die Unschuld des Verfolgten zu erweisen und den Widersacher zur Umkehr zu bewegen.

V. 21–31: Der Psalmist wird ruhiger. Er wirkt wie erschöpft und beklagt jetzt mehr sein eigenes Leid, um Gott um Hilfe zu bitten.

Christliches Gebet?

Hat Jesus auch diesen Psalm gebetet? Wir wissen es nicht. Die Urkirche hat V. 8 benutzt, um das Schicksal des Verräters Judas auszumalen (Apg 1,20). Den ganzen Psalm zu einem „christlichen" Gebet zu machen, ist nur aus großer Distanz möglich. Wie tief ist Gottes Wort hinabgestiegen, um Fluch und Haß zu erlösen?

➡ Um Vergebung und Neuschöpfung: Ps 51

Der Psalm „Miserere" wird als vierter Bußpsalm gezählt. Die (sekundäre) Überschrift nennt David als Verfasser und den Ehebruch mit Batseba als Anlaß. Selten hat eine offensichtlich falsche Angabe in der Frömmigkeits-

136

geschichte eine so überzeugende Wirkung erzielt.

V. 3–4: Bitte um Vergebung. Welche Bilder werden hier gebraucht?

V. 5–8: Bekenntnis der Schuld.

V. 9–14: Erneute Bitte um Vergebung. Welche neuen Bilder kommen hinzu?

V. 15–19: Der Beter verspricht, Gott Dank zu sagen und seine Güte weiter zu verkünden. Blutige Tieropfer werden nicht mehr verlangt; aber ein „zerknirschter Geist, ein zerbrochenes und zerschlagenes Herz" sind Gott willkommen.

V. 20–21: Der spätere Zusatz ist ein Gebet für Jerusalem. Man hofft auf Wiederherstellung des Tempels, dann werde es auch wieder Brand- und Ganzopfer geben.

Der Psalm arbeitet mit drei Hauptbegriffen, die ständig verwandt werden: Sünde – Reinwaschen – Geist. Versuchen Sie, zu den genannten Begriffen die entsprechenden Synonyme zu finden und in einer Liste zusammenzustellen.

Zwischen dem Psalm und der Theologie des Ezechiel lassen sich auffällige Gemeinsamkeiten feststellen. Der Gläubige hat das Gefühl, zu einem sündigen Volk zu gehören (Ez 16; 20; 23). Nur Gott kann ein reines Herz schaffen, und er tut dies durch den Heiligen Geist (Ez 36,26–27; 37,14; 39,29; 47).

Christliches Gebet?

Jesus konnte den Psalm nur aus Solidarität mit uns Sündern sprechen. Wir aber bekennen auf diese Weise unsere Schuld. Die in Jesus Christus geoffenbarte Gnade Gottes, der in unsere Herzen ausgegossene Heilige Geist erlauben uns, mit vollem Vertrauen Gott um Vergebung zu bitten: „Erschaffe mir ein neues Herz, und gib mir einen neuen, beständigen Geist."

Vokabular der Sünde

Sünde („hatta'). Die Wurzel des Wortes bedeutet „das Ziel nicht erreichen". Sündigen heißt deshalb, Gott verfehlen und damit auch den Sinn des Lebens (V. 4–7.9.11.15).

Frevel (böse Tat, Blutschuld). Hier ist an eine bewußte Übertretung fremder Rechte gedacht. Die Propheten gebrauchen die Worte häufig, um das Volk an sein Verhalten gegenüber Gott zu erinnern. Im Psalm kommt das den deutschen Ausdrücken zugrunde liegende hebräische Wort ‚pesa' seltener vor (V. 3.5.11.16).

Schuld („awon'). Die Wurzel des Wortes bedeutet „sich winden", „abweichen". Der Sünder hat ein verdrehtes Herz und ist zur Umkehr gerufen (V. 4.7).

---

6. Gebete des Gerechten

Das Exil hat in Israel zu tiefgreifenden Veränderungen im Bewußtsein geführt. Neue Überlegungen und Themen beschäftigten die Weisheitslehrer und Schriftgelehrten. Man entwarf ein Bild des „Gerechten", das „Gesetz" wurde zum Gegenstand der Spekulation, und auf das schwierige Problem der „Vergeltung" fanden sich viele Antworten.

Preis des Gerechten oder „Heiligenverehrung"

Man braucht nur das „Lob der tüchtigen Hausfrau" (Spr 31,10–31) oder das „Lob der Väter Israels" (Sir 44–50) zu lesen, um zu erkennen, wie sehr damals die Heiligen und Gerechten verehrt wurden.

Lesen Sie bitte Ps 111. Wir haben hier ein schönes Preislied auf die Wundertaten des Herrn (jeder Vers beginnt übrigens mit einem neuen Buchstaben des Alphabets). Lesen Sie anschließend gleich den Ps 112 (der nach dem gleichen Prinzip der alphabetischen Reihenfolge aufgebaut ist). Ist es nicht erstaunlich, daß von Gerechten weithin dieselben Großtaten ausgesagt werden wie von Gott?

Oder nehmen Sie Ps 1 und 26: Wie kann man solche Gebete ehrlich mitvollziehen? Zwei Möglichkeiten bieten sich an:

● Die *Einfalt* des Herzens, in der Maria den Herrn preist: „Denn der Mächtige hat Großes an mir getan" (Lk 1,49). Es wäre Sünde, das wunderbare Wirken des Gottesgeistes an der eigenen Seele nicht wahrhaben zu wollen.

● Das *demütige* Eingeständnis, weit hinter dem zurückgeblieben zu sein, was Gott für mich geplant hat. Wenn wir diese Psalmen lesen, ersteht vor unseren Augen ein Ideal, das wir längst noch nicht erreicht haben. Das Gebet drängt sich auf, Gott möge uns dem Bild des Gerechten ähnlicher machen.

Lobpreis des Gesetzes

Wir haben bereits den großartigen Ps 119 mit seinen 176 Versen kennengelernt. Jetzt verweisen wir noch auf Ps 19,8–15. Das Gesetz könnte nicht freudiger gelobt werden.

Für den Juden ist das Gesetz Gottes Wort, mit seiner Weisheit identisch (Sir 24; Bar 4,1). In der schriftgelehrten und weisheitlichen Spekulation erlangt das Gesetz einen Rang, der nicht mehr zu überbieten ist. Es steht Gott so nahe, daß es fast mit ihm gleich geworden ist. So kann Paulus das Gesetz, das für ihn als Juden Lebensinhalt war, nach seiner Bekehrung durch Christus ersetzen.

Für den Christen ist das Gesetz nicht aufgehoben worden. Christus hat uns aber seine Gnade geschenkt, damit wir im Gesetz die Stimme Gottes erkennen und sie aus der Kraft des Heiligen Geistes erfüllen. Das Gesetz weist den Weg, der zu Gott führt, und dieser Weg ist Jesus, der Christus (Joh 14,6).

Das Problem der Vergeltung

„Wenn du Gutes tust, wirst du belohnt, wenn du Böses tust, wirst du bestraft" – gegen diesen Grundsatz des Deuteronomiums läßt sich nichts einwenden. Nur die Tatsachen sprechen oft eine andere Sprache. Wenn man aber an das Gericht nach dem Tod denkt, kommt alles wieder in Ordnung: Gutes wird belohnt, Böses wird bestraft. In Israel hat es jedoch lange gebraucht, bis diese eschatologische Lösung angenommen wurde. Der Glaube an ein Leben nach dem Tod hat erst sehr spät bei den gesetzestreuen Juden Anklang gefunden. Bis dahin tröstete man sich mit der Hoffnung, in seinen Kindern weiterzuleben. Das gegenwärtige Unglück wurde aus der Mitverantwortung für andere erklärt, wenn jemand ohne sein persönliches Verschulden Leid erfuhr, konnte man ihm sagen: Dein Großvater ist schuld, er hat gesündigt! Gegen solche Fehldeutungen haben sich Ezechiel (Ez 18), Ijob und Kohelet gewandt.

Gegen zwanzig Psalmen beschäftigen sich mit dem Problem. Die Diskussion enthält vier Gesichtspunkte, die zur Vertiefung des Glaubens beitragen können.

1. Traditionelles Bewußtsein

Manche Psalmen begnügen sich, die traditionelle Lehre zu wiederholen (z. B. Ps 138). Allerdings werden die Güter, die man zur Vergeltung erhofft, stark spiritualisiert. Damit bereitet sich eine Heilserwartung vor, die nach den Gütern des Himmels Ausschau hält.

2. Unsicheres Fragen

„Gott straft nicht. Es gibt keinen Gott" (Ps 10,4), so spricht der Frevler in seiner Überheblichkeit. Muß nicht auch der Fromme und Gerechte so denken, wenn er die Welt betrachtet, in der dem Gottlosen „zu jeder Zeit sein Tun glückt" (Ps 10,5)? Wie oft empört sich unser Gebet nicht über die Ungerechtigkeit, die wir erleben? Wir werden in der Sicherheit eines Glaubens erschüttert, der sofort auf alle Fragen eine Antwort weiß. Die entsprechenden Psalmen können uns helfen, Unsicherheit zu ertragen und trotz aller Enttäuschungen Gott nicht zu verlieren: „Du siehst es ja selbst, du schaust auf Unglück und Kummer."

3. Der Tod als Lösung

Man sieht, wie glücklich die Gottlosen sind, empört sich aber nicht mehr darüber. Alle Menschen müssen ja sterben, und der Reiche kann von seinem Besitz auch nichts mitnehmen. Die Würde des Menschen liegt anderswo. Wer auf Gott vertraut, darf hoffen, daß Gott ihn „loskauft aus dem Reich des Todes", daß er ihn „aufnimmt" (Ps 49,16). Andere Psalmen geben der Zuversicht des Frommen auf ewiges Heil noch deutlichere Nahrung (Ps 91; 139).

4. Vertrauen auf Gott

Am Ende der Überlegung steht das völlige Vertrauen auf Gott (vgl. Ps 73). Man will nichts erklären, keine Probleme aufwerfen, niemand anklagen. Trotz schwerster Erschütterungen und Mißerfolge hängt sich die Seele an Gott, bleibt bei ihm und bekennt: „Ich aber – Gott nahe zu sein ist mein Glück" (Ps 73,28).

Wer so betet, hat die Lösung des Problems gefunden.

➡ **Die Vergänglichkeit des Menschen: Ps 49**

Man muß wohl das Buch Kohelet gelesen haben, wenn man diesen Psalm verstehen will. Hier findet sich der gleiche satirisch-überlegene Ton, die gleiche Art, unsere großen Ideen und Illusionen mit Spott zu übergießen: „Der Mensch . . . gleicht dem Vieh, das verstummt" (V. 13.21).

Der Psalm bietet ein gutes Gegengewicht gegen die Lobpreisungen des Gerechten. Die Würde des Menschen ist anderswo zu suchen als in wirtschaftlichen, politischen und militärischen Erfolgen. Über solche falschen Angebote hatte sich schon Kohelet lustig gemacht, obwohl er keine anderen Lösungen vorzuweisen hatte. Der Mensch ist größer als aller Firlefanz, mit dem er sich brüstet. Für den Gläubigen ist solche Belehrung fast selbstverständlich, aber notwendig.

Christliches Gebet?

Unser Wissen ist begrenzt, auch wir Christen haben nicht auf alles eine Antwort. Jesus hat uns gelehrt und durch sein eigenes Leben, Leiden und Sterben gezeigt, daß wir unserem Leben einen Sinn geben können. Wenn wir ihm nachfolgen, bleiben uns aber Härten und Lei-

den nicht erspart. Mit Jesus dürfen wir beten: „Doch Gott wird mich loskaufen aus dem Reich des Todes, ja, er nimmt mich auf" (V. 16).

➡ **Das scheinbare Glück der Frevler: Ps 73**

In dem nachexilischen Psalm spricht ein gläubiger Jude, der sich nicht durch die scheinbaren Erfolge der Frevler verwirren läßt. Er bekennt zwar in aller Einfalt: „Ich aber – fast wären meine Füße gestrauchelt, beinahe wäre ich gefallen" (V. 2). Der Schlußvers aber lautet: „Ich aber – Gott nahe zu sein ist mein Glück" (V. 28).

Das Bild, das die Frevler bieten, ist für den Betenden wahrlich nicht erfreulich: „Wahrhaftig, so sind die Frevler: Immer im Glück, häufen sie Reichtum auf Reichtum" (V. 12). Kann man sich dann wundern, wenn der Psalmist voll Enttäuschung feststellt: „Also hielt ich umsonst mein Herz rein . . ." (V. 13)? Er war verbittert und bedurfte dringend einer geistigen Erneuerung. Beim Besuch des Heiligtums in Jerusalem erfährt der Beter seine Umkehr. Er erkennt, wie die Frevler ein schreckliches Ende nehmen werden. Für sich selbst aber erhofft er ein anderes Schicksal: „Ich aber bleibe immer bei dir, du hältst mich an deiner Rechten" (V. 23). Die Hoffnung auf ein ewiges Leben bei Gott beginnt wach zu werden.

Innerhalb des ganzen Psalteriums bilden diese Worte einen einzigartigen Höhepunkt. Die Liebe zu Gott hat das letzte Wort, auch wenn das Wort „Liebe" nicht fällt. Der Gläubige braucht keine Erklärung. Er liebt und weiß sich geliebt. Deshalb kann er mit unerschütterlicher Sicherheit an dem Glauben festhalten, daß auch der Tod ihn nicht von seinem Gott trennen wird.

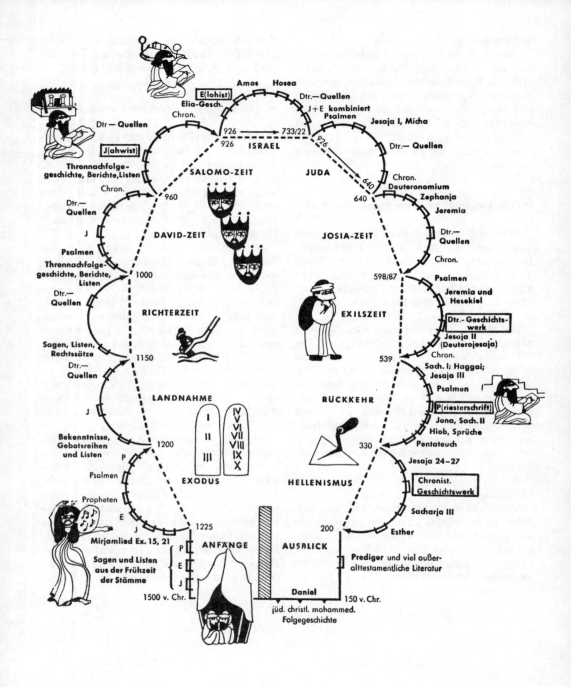

Arbeitsblatt: Die Epochen der Geschichte Israels mit ihren literarischen Aktivitäten.

Am Ende der Reise

Wir sind am Ende unserer Rundreise durch das Alte Testament. Im Verlauf unserer Besichtigungen haben sich uns wahrscheinlich viele Fragen gestellt, und wir können jetzt zum Schluß noch einmal die wichtigsten herausgreifen. Warum sollen wir überhaupt das Alte Testament lesen, wenn uns doch das Neue Testament alles viel besser sagt? Ist die Bibel wirklich Gottes Wort, oder sind in ihr nur die verschiedenartigsten Worte von Menschen enthalten?

In einem mehr persönlichen Ton möchte ich Ihnen auf den folgenden Seiten zeigen, was ich Ihnen in diesem Buch zu lernen wünsche. Wundern Sie sich nicht, wenn am Schluß das Wort „Eucharistie" steht.

1. Abschluß der Arbeit

Sie haben in diesem Buch mit der Bibel Bekanntschaft geschlossen, haben die Geschichte Israels und manche Ereignisse aus dem Leben anderer Völker kennengelernt. Aus den biblischen Büchern haben Sie viele Texte gelesen oder kurz überflogen. Manchmal hätten Sie sich gern länger bei diesem oder jenem Buch aufgehalten. Jetzt am Schluß schwirrt Ihnen der Kopf von all dem, was Sie gehört haben, und wahrscheinlich haben Sie schon wieder vieles vergessen. Daran läßt sich nichts ändern.

Wenn Sie Tatsachen, Daten, Namen vergessen haben, wenn Sie nicht mehr wissen, in welcher Zeit dieses oder jenes Buch geschrieben wurde –, was macht das schon! Sie haben ja dieses Buch und können das Vergessene nachschlagen. Dazu finden Sie auch in Ihrer Bibel die entsprechenden Stellen.

Dies ist vielleicht die erste und nachhaltigste Erfahrung, die Sie beim Studium dieses Buches gemacht haben. Sie haben gelernt, sich der Bibel zu bedienen, die Texte nachzuschlagen, die Einleitungen und Anmerkungen zu lesen.

Als zweites Ergebnis möchte ich nennen, daß Sie eine gewisse Kenntnis der Geschichte Israels gewonnen haben. Ich meine nicht einzelne Daten und Namen, sondern den großen geschichtlichen Rahmen, wie wir ihn am Anfang des Buches dargestellt haben (S. 28–29).

Wichtiger aber scheint mir, daß Sie eine bestimmte Methode, mit der Bibel umzugehen, kennengelernt haben. Das naive und unkritische Lesen der Texte ist für Sie vorbei. Sie wissen jetzt, daß die Bibel keine unmittelbaren Reportagen über die Ereignisse bietet, sondern ihre gläubige Interpretation. Hoffentlich ist es Ihnen auch gelungen, sich die Fragen zu eigen zu machen, die wir regelmäßig an die Texte gestellt haben. Um eine richtige Antwort zu erhalten, haben Sie gelernt, die Struktur der Texte zu analysieren: Wer sind die Akteure? Was tun sie? Was wollen sie? Zu welcher Zeit, an welchen Orten spielt sich die Geschichte ab? Welche Veränderungen gehen vor? Diese und andere Fragen sind Ihnen gewiß in Fleisch und Blut übergegangen.

Man könnte noch andere Dinge hinzufügen. Texte sind vertraut, bekannt geworden, mit einigen Gestalten des Alten Testaments haben Sie Freundschaft geschlossen. Wir haben ein neues Bild von Gott gewonnen und uns in der Welt umgesehen.

2. Warum noch das Alte Testament lesen?

Ist diese Frage überhaupt noch notwendig? Ich glaube schon.

Als Antwort nennen wir drei Hauptgründe:

1. Wir brauchen das Alte Testament, um das Neue zu verstehen.

2. Das Alte Testament ist ein Spiegel unseres Lebens.

3. Die Verheißung des Alten Testaments hat sich noch nicht erfüllt.

Wir brauchen das Alte Testament zum Verständnis des Neuen

Ein Buch mit einem Inhaltsverzeichnis zu versehen, hat immer Vorteile. Wenn das Verzeichnis gut gemacht ist, kann man unmittelbar die behandelten Themen überblicken. Ebenso klar ist aber auch, daß man durch die Lektüre eines Kapitels besser informiert wird, als wenn man nur die Überschriften kennt.

Das Neue Testament – Inhaltsverzeichnis des Alten Testaments

Im Neuen Testament begegnet man zahllosen Begriffen, die nicht erklärt werden, weil sie den Zeitgenossen bekannt waren. Jesus und seine Jünger haben mit Worten geredet, die aus dem Alten Testament stammen. Erst recht können wir die neutestamentliche Theologie nicht ohne das Alte Testament verstehen. Christologische Titel wie Messias oder Christus, Davidssohn, Gottessohn, Menschensohn, Gottesknecht, Prophet haben dort ihre lange Vorgeschichte, ebenso viele andere Begriffe wie Weinstock, Zion, Wasser, Geist ... Man könnte von „Kapitelüberschriften" sprechen, die erst durch die Lektüre des Alten Testaments ihren Inhalt und Sinn bekommen.

Das Alte Testament – Welt der Symbole und Zeichen

Wenn wir in der Bibel ein Wort lesen, müssen wir uns fragen, ob es sich um eine Information handelt oder um eine symbolische Aussage. Im zweiten Fall ist zu überlegen, was dieses Symbol damals bedeutete. Nehmen wir ein Beispiel: Für den heutigen Christen hat der Begriff „Gottessohn" einen ganz bestimmten Sinn. Das Wort „Menschensohn" erscheint demgegenüber viel schwächer, von geringerem Rang. Für Israel aber war die Bezeichnung „Gottessohn" fast identisch mit „Davidssohn". Der Titel hatte damals noch nicht den vollen Klang, den er erst durch das Neue Testament und die spätere Theologie erhalten hat. Umgekehrt erweckte die Bezeichnung „Menschensohn" im Buch Daniel das Bild eines himmlischen Wesens, dem Gott am Ende der Tage das Weltgericht überläßt. Der symbolische Name „Menschensohn" ist also hier viel bedeutungsvoller als das Wort „Gottessohn".

Daraus folgt noch etwas anderes. Wenn wir das Alte Testament lesen, sollten wir uns hüten, überall gleich immer Jesus zu sehen. In Dan 7 liegt es nahe, beim Wort „Menschensohn" sofort zu sagen: Das ist Jesus! Dann kleben wir aber auf Jesus nur ein Etikett auf, das noch keinen oder keinen guten Sinn gibt. Zunächst ist es notwendig, die Bedeutung des Titels im Buch Daniel zu untersuchen. Dabei stellen wir fest, daß es sich um eine Gestalt handelt, die alle Gläubigen, die „Heiligen des Höchsten", repräsentiert. Ihnen wird die Herrschaft Gottes übertragen. Erst wenn wir so unser Wissen bereichert haben, können wir versuchen, den Titel „Menschensohn" auf Jesus anzuwenden.

Das Alte Testament ist also unbedingt notwendig, um Jesus und sein Evangelium zu verstehen. Freilich bleiben wir damit noch auf einem stark intellektuellen Niveau stehen. Wichtiger scheint es mir, daß wir uns im Alten Testament selber betrachten lernen: Es ist der Spiegel unseres menschlichen Lebens.

Das Alte Testament – Spiegel unseres Lebens

Wer das Alte Testament liest, stößt von der ersten Seite an auf die großen Themen der Menschheitsgeschichte. Erfahrungen und Hoffnungen werden wach, das eigene Leben kommt ins Spiel, und wir fühlen uns plötzlich selbst angesprochen und mitbeteiligt.

In den Spiegel sehen

Unter den Texten, die wir in diesem Buch kennengelernt haben, waren gewiß einige, die uns persönlich berührt haben. Vielleicht stammten solche Texte überwiegend aus den Weisheitsschriften. Wir hörten vom Dulder Ijob, der nach dem Warum seines Leidens fragt, vom Prediger Kohelet, der über die Absurditäten des menschlichen Daseins spottet, wir hörten die zarten Liebeslieder des Hohenlieds, die Klagen der Leidenden wie den Lobgesang der Geretteten in den Psalmen – dies alles ist für uns wie ein Spiegel, in dem wir unser eigenes Leben erblicken.

Ähnliches gilt aber auch von den anderen Texten. Können wir die Geschichten des Exodus lesen, ohne an die vielen versklavten Menschen zu denken oder selber auf Befreiung von Zwängen und Ängsten zu hoffen? Ist uns der Schrei der Propheten nach Gerechtigkeit, nach Menschenrechten und sozialen Verbesserungen gleichgültig? Und selbst die Makkabäerbücher halten uns noch einen Spiegel vor die Augen: Ob wir bereit sind, für den Glauben Verfolgung und Tod zu ertragen, oder ob wir uns den herrschenden Meinungen anpassen? Sie können die Aufzählung der Beispiele sicher noch verlängern.

Jeder Mensch, ob gläubig oder nicht, findet auf diese Weise Zugang zur Bibel. Wir vergessen zu leicht, daß die Bibel zu den großen Werken der Weltliteratur gehört und daß es eine Schande ist, sie nicht zu kennen. Das menschliche Leben kommt auf die vielfältigste und wunderbarste Weise in ihr zu Wort. Sicher geschieht dies anders als in den griechischen Tragödien oder babylonischen Mythen. Für den gläubigen Menschen aber gibt es keinen besseren Spiegel, der ihm sagt, wie er aussieht.

Das lukanische Schriftverständnis

Die berühmte Emmausgeschichte möchte uns zu einem besseren Verständnis der Heiligen Schrift führen. In den beiden Jüngern, die sich so enttäuscht über die Hinrichtung Jesu äußern, sollen wir uns selbst wiedererkennen: „Wir aber haben gehofft, daß er der sei, der Israel erlösen werde" (Lk 24,21). Wie kommt der Auferstandene den Enttäuschten zu Hilfe? „Und er legte ihnen dar, ausgehend von Mose

und allen Propheten, was in der gesamten Schrift über ihn geschrieben steht" (V. 27). Diese Auslegung der Bibel hinterließ einen so tiefen Eindruck, daß die Jünger nachher sagten: „Brannte uns nicht das Herz in der Brust, als er unterwegs mit uns redete und uns den Sinn der Schrift erschloß" (V. 32)?

Könnte uns Besseres widerfahren? Wir treffen immer wieder mit dem Auferstandenen zusammen – ob er sich zu erkennen gibt oder nicht – und beklagen uns bei ihm, daß unsere Hoffnung enttäuscht worden ist. Und Jesus verweist auf das Alte Testament. Dort stehe alles über ihn geschrieben. Gewiß ist es uns nicht mehr möglich, die Schrift mit einer so schlichten Einfalt zu lesen, wie man es zur Zeit des Lukas tat. Das Ergebnis aber ist gleich: In allen Leiden und Versuchungen, von denen das Alte Testament beispielhaft für die ganze Menschheit berichtet, wird der Ruf nach jenem Erlöser laut, der uns in Jesus Christus erschienen ist.

Die Geschichte Israels als Beispiel

Paulus hat in den Ereignissen der israelitischen Geschichte „Beispiele für uns" gesehen (vgl. 1 Kor 10,6.11). Die Vorgänge, die sich während des Exodus abspielten, sind uns „zur Warnung" aufgeschrieben worden, damit wir nicht sündigen.

Sehr wahrscheinlich will Paulus nicht leugnen, daß die Ereignisse des Exodus auch in sich selbst einen Sinn hatten. Schon die Propheten haben das Verhalten der Wüstengeneration getadelt. Darüber hinaus sind aber die Sünden der Väter für den Gläubigen eine Art Vorwegnahme seiner eigenen Beziehung zu Gott. Als Gott mit Israel redete, redete er in gewisser Weise auch zu uns. Ein weiteres Beispiel soll uns das vergegenwärtigen.

Die Versuchung Jesu in der Wüste

Eine moralisierende Auslegung wird schnell mit der Geschichte fertig: Jesus wurde versucht, er hat Widerstand geleistet – wir müssen ihn nachahmen. Das ist gewiß nicht falsch, schöpft aber die Geschichte nicht aus. Schlimmer noch wäre es, wenn uns das Vorbild Jesu entmutigen würde und wir sagen müßten: Das ist nichts für mich, das ist zu schwer.

Nun zeigen uns Matthäus und Lukas, daß Jesus die großen Versuchungen des alttestamentlichen Gottesvolks noch einmal erfahren hat. Jesus wiederholt so gewissermaßen die Geschichte Israels, aber er läßt sie gut ausgehen. Seine Antwort ist die richtige, aber Israel hätte sie geben sollen.

Die Versuchungen in der Wüste sind also immer auch unsere Versuchungen, die wir heute erleben. Jesus hat sie für uns, beispielhaft, bestanden. Wir haben nun das Schema: Israel + Jesus + Wir.

Jesus ist zunächst kein Vorbild, das wir nachahmen könnten, sondern zuallererst der Grund unseres Lebens. In ihm ist die Erlösung geschehen, und seitdem haben wir die von Gott geschenkte Möglichkeit, sein Leben in uns aufzunehmen.

Die alttestamentliche Verheißung dauert an

Das Alte Testament ist zum großen Teil Verheißung. Erinnern wir uns an die Texte der Propheten, die Psalmen von der Königsherrschaft Gottes und die immer wiederkehrende frohe Botschaft: Gott wird kommen, um sein Reich aufzurichten. Erst dann werden die Armen sich glücklich preisen, weil Ungerechtigkeit, Sünde, Leid und Tod der Vergangenheit angehören.

Es bedarf keines Beweises, daß die Verheißungen Gottes noch nicht erfüllt sind. Um uns und in uns sehen wir eine Welt, die immer noch von Sünde, Leid und Tod beherrscht wird. Die Juden erwarteten einen Messias, der das Gottesreich ganz allein und mit einem Schlag herbeiführen sollte. Für die Christen war Jesus dieser Messias, aber er hatte die Gottesherrschaft nur eingeleitet, und die Jünger wurden beauftragt, in der Kraft des Heiligen Geistes die Arbeit weiterzuführen.

Das Kommen Christi hat die Erwartung der Gottesherrschaft nicht beendet. Die Hoffnung hat sich aber vertieft und verstärkt. Nach wie vor finden wir im Alten Testament die Verheißung ausgesprochen, die das Programm christlicher Weltgestaltung darstellt.

3. Wort Gottes – Worte der Menschen

Wir haben die Frage schon einmal behandelt (S. 98). Doch ist es gut, am Ende der Arbeit noch einmal darauf zurückzukommen.

Man schlägt gewöhnlich die Bibel in der Annahme auf, in ihr Gottes Wort zu finden. Auch wer diesen Glauben nicht teilt, weiß doch, daß es sich um das Heilige Buch der Juden und Christen handelt.

Im Verlauf unserer Untersuchung haben wir vielleicht den Eindruck gewonnen, daß die Bibel kein „heiliges" Buch sei. Wir haben die biblischen Aussagen mit den gleichen Methoden analysiert wie profane Texte. Die Entstehung der Bibel erschien uns als langwieriger und schwieriger Prozeß. Propheten, Weisheitslehrer, Priester und auch das Volk haben in vielen Jahrhunderten zusammengetragen, was wir heute als „Gottes Wort" lesen.

Sind es aber nicht vielmehr Worte von Menschen? „Gott sprach zu Abraham ... zu Mose ...", heißt es immer wieder in den Texten. Müßte man nicht richtiger die Formulierung wählen: Menschen sagen, daß Gott zu Abraham gesprochen habe? Menschen haben die Ereignisse interpretiert, Menschen haben ihr eigenes Wort zum Wort Gottes erhoben. Wer gibt uns die Versicherung, daß sie recht getan haben?

Vielleicht müssen wir unsere Vorstellung von einem „Wort Gottes" ändern? Die Analogie mit der Menschwerdung könnte uns helfen. Gott teilt ja nicht zuerst Worte oder Informationen mit, sondern *sich selbst*. Dabei wird uns auch die Bedeutung des Heiligen Geistes aufgehen, und welche Rolle er für den Glauben spielt.

Jesus, das menschgewordene Wort Gottes

Vor dem Bibelwort Gottes, das so extrem menschlich ist, sind wir genauso bestürzt, wie es die Zeitgenossen vor der Person Jesu waren. Erst nach der Auferstehung sind die Jünger zu der Überzeugung gekommen, daß sie in Gemeinschaft mit dem Sohn Gottes, mit dem fleischgewordenen Wort gelebt hatten. Was sie gesehen, gehört, berührt hatten, war aber nur ein Mensch, aus dessen Mund menschliche Worte kamen. Das Wort Gottes fällt nicht vom Himmel, es ist unsichtbar, es wirkt nicht wie ein Zauber. In Demut und Einfachheit hat es unter uns Wohnung genommen, und wir müssen es mit den Augen des Glaubens wahrnehmen.

„Nein, das Wort ist ganz nahe bei dir, es ist in deinem Mund und in deinem Herzen, du kannst es halten" (Dtn 30,14). Gilt dies auch vom Wort Gottes? Gewiß, aber es ist nicht nur im Mund und im Herzen des Menschen, sondern auch in seinem täglichen Handeln, in den kleinen Dingen des Alltags wie in den großen Ereignissen der Weltgeschichte. Wir müssen Gottes Wort nur „dechiffrieren", es aus dem Lärm und Gewirr der Welt heraushören und verständlich machen.

Die Rolle des Heiligen Geistes

Die Gefahr besteht, daß wir etwas für Gottes Wort erklären, was nur der Ausdruck eigener, verworrener Ideen ist. Wer garantiert uns, daß die Verfasser der Bibel nicht das gleiche getan haben?

Der Gläubige, der die Bibel als Gotteswort anerkennt, sieht in ihr den Heiligen Geist am Werk. In der Theologie spricht man von einer „Inspiration", einer „Einhauchung" des Bibel-

wortes. „Wenn aber jener kommt, der Geist der Wahrheit, wird er euch in die ganze Wahrheit führen" (Joh 16,13). Wer von einem Wort Gottes träumt, das vom Himmel fällt und den Menschen im göttlichen Klartext gegeben wird, irrt sich sehr. Es ist die Aufgabe des Heiligen Geistes, in die Wahrheit zu führen, d.h. in menschlichen Worten Gottes Wort zu erkennen.

Die Rolle des Glaubens

Wir wünschen Beweise. Wir sind wie die Juden, die von Jesus ein Zeichen vom Himmel forderten. „Diese böse und treulose Generation fordert ein Zeichen, aber es wird ihr kein anderes gegeben werden als das Zeichen des Propheten Jona" (Mt 12,39; Lk 11,29). Jona hat in Ninive gepredigt, ohne Wunder zu wirken oder Beweise zu liefern. Er hat nur das Gericht angekündigt, aber die Einwohner von Ninive haben in seinem Wort das Wort Gottes erkannt, das sie zur Umkehr aufforderte. Ebenso hätten die Juden im Wort Jesu, in seinen menschlichen Worten, das ewige Gotteswort erkennen müssen.

Wenn Gottes Wort vom Himmel gefallen wäre, brauchten wir es nur auswendig zu lernen und ständig zu wiederholen. Nun hören wir aber Gottes Wort nur mit Hilfe des Heiligen Geistes und in der Kraft des Glaubens. Generationen von Gläubigen haben sich bemüht, aus menschlichen Ereignissen und Reden Gottes Stimme zu vernehmen. Müßte dies nicht auch heute möglich sein? Die Lektüre der Bibel bringt uns dazu, nicht nur das zu wiederholen, was unsere Vorväter im Glauben entdeckt haben, sondern auch das zu tun, was sie taten: Gottes Wort zu hören, im eigenen Leben wie im Leben der Welt.

4. „Eucharistie"

Sehr oft hat man mir am Ende von Bibelkursen die Frage gestellt: Welche Idee hatten Sie im Kopf, als Sie uns diesen Kurs gaben? Gefragt wird also nach der „Ideologie" dieses Buches. Wohin wollte ich Sie führen?

Die Frage, mag sie aus Freundschaft oder aus Verärgerung gestellt sein, ist wichtig. Aus ihr geht hervor, daß man die Bibel niemals rein objektiv liest, daß man sie anders behandelt als gewöhnliche Texte. Hinter der Beschäftigung mit der Bibel steht eine Überzeugung. Nur läßt sich schwer sagen, wie diese Überzeugung beschaffen ist – denn sie ist jene Kraft, die den Menschen bewegt, ohne daß er es merkt. So möchte ich lieber bescheidener reden und bekennen: Ich wollte in diesem Buch das vermitteln, was mir das Bemühen um die Bibel beigebracht hat. Ist es nicht verständlich, daß ich nun auch meine Erkenntnisse, mein Wissen und alle Freude an der Bibel weiterzugeben versuche?

Ein intelligenter Christ?

Ich glaube mit allem Ernst, daß Gott uns zu intelligenten Wesen gemacht hat. Wenn wir uns mit der Bibel beschäftigen, will Gott keineswegs, daß wir unsere Intelligenz zum Opfer darbringen. Wir sind Menschen des 20. Jahrhunderts, von der Wissenschaft geprägt, in Archäologie, Historie und Literatur unterrichtet. Gleichzeitig wollen wir Gläubige sein, wollen weder den Glauben noch die Wissenschaft verleugnen.

Das Studium der Bibel hat mir als erstes positives Ergebnis die Erkenntnis gebracht, daß man zugleich ein Christ und ein intelligenter Mensch sein kann. Nehmen wir ein Beispiel, das vielleicht schon etwas veraltet ist, aber das Gemeinte gut verdeutlicht: Wenn früher ein gläubiger Mensch die biblische Schöpfungsgeschichte las, war er oft verwirrt. Als Christ fühlte er sich verpflichtet, alles, was die Bibel sagte, wörtlich zu nehmen, also an eine unmittelbare Erschaffung der Welt durch Gott im Sechstagewerk zu glauben. Als Mensch des 20. Jahrhunderts aber konnte er mit den Berichten nichts anfangen. Es hat sehr lange gedauert, bis überzeugend nachgewiesen wurde, daß Glaube und Naturwissenschaft nicht unvereinbar sind. Nun kann man die Aussagen der biblischen Schöpfungsgeschichte mit gläubigem Herzen lesen und zugleich ein Mensch sein, der die Entstehung der Welt aufgrund wissenschaftlicher Theorien erklärt.

Ein frei denkender Christ?

Christen machen oft den Eindruck von Menschen, die durch Verbote und Dogmen gehemmt sind und deshalb nicht zur geistigen Selbständigkeit gelangen. Dagegen sagt uns doch die Bibel auf fast jeder Seite, daß Gott den Menschen als freies, verantwortungsbewußtes Geschöpf braucht.

Man kann jedoch nicht leugnen, daß es sehr auf die Einstellung zur Bibel ankommt. Eine Geschichte aus meiner Studienzeit soll dies deutlich machen. In einem Arbeitskreis, dem auch viele Studenten aus anderen Ländern angehörten, besprachen wir das pädagogische Problem, wie man die Texte des Alten Testaments in der Schulbibel anordnen solle. Es wurden verschiedene Möglichkeiten erörtert: das Schema der „Heilsgeschichte" (Schöpfung – Sündenfall – Abraham – Mose . . .), die „katechetische Reihenfolge" (Abraham – Mose – Schöpfungsgeschichte . . .) oder auch der Versuch, mit dem Exodus zu beginnen, wie wir es in diesem Buch getan haben. Ein lateinamerikanischer Student sagte uns: In unserem Land wird die Bibel in der Schule gelehrt. Es gibt also offizielle Schulbibeln, und sie folgen dem gewohnten heilsgeschichtlichen Schema. Wir haben ein kleines katechetisches Zentrum gebildet, in dem wir mit Abraham beginnen und von der Schöpfung erst später sprechen. Und er fügte hinzu: Bis jetzt hat die Regierung noch nichts gemerkt, aber wenn sie es merkt, wird es Ärger geben. Warum das Ministerium Schwierigkeiten machen würde, ist klar. Das heilsgeschichtliche Schema hat, wie wir meinen, einen ausgesprochen autoritären Charakter: Am Anfang steht Gott, der Schöpfer, dem alle Menschen

146

Gehorsam schulden. Auch wenn die Menschen sündigen, bleibt Gott der Herr; er bestraft die Schuldigen und treibt sie aus dem Paradies. Ein autoritäres System könnte sich leicht in diesem Schema wiederfinden. Zwischen dem absolut herrschenden Gott und dem Präsidenten eines südamerikanischen Landes lassen sich aber nur Parallelen ziehen, wenn der Glaube erstarrt und das Christentum zur Staatsreligion herabgesunken ist. Um einer solchen Entwicklung zu begegnen, scheint das andere Schema, das mit Abraham beginnt, Vorteile zu bieten. Es stellt den einzelnen Menschen in den Vordergrund, läßt ihn frei und verantwortlich handeln, weil Gott ihn berufen und auserwählt hat.

Wie man mit der Bibel umgeht, kann also einen großen Einfluß auf unsere religiöse Einstellung und unser menschliches Verhalten haben. Das Verständnis der Bibel trägt dazu bei, entweder gefügige Bürger oder ihrer Verantwortung bewußte Menschen heranzuziehen.

Die Menschlichkeit Gottes

Den gleichen Gedanken kann man sich noch einmal am Buch der Weisheit klarmachen. Dort wird die Menschlichkeit Gottes, seine wunderbare Demut auf überzeugende Weise dargestellt. Gott ist gewiß der Ganz-Andere, der Herr der Geschichte und Schöpfer des Alls. Er ist und bleibt transzendent, der Welt überlegen. Aber Gott will den Menschen, seinem Volk nahe sein, will mit ihnen Schritt für Schritt durch die Wüste des Lebens wandern, immer bedacht, auf den Menschen Rücksicht zu nehmen und

„Wir danken dir, Herr, für Brot und Wein, Früchte der Erde und der menschlichen Arbeit." Steinrelief an der Synagoge zu Kapharnaum.

ihn zu schonen. Er ist ein Gott, der den Menschen aufrecht sehen will, frei und stolz, der ihm die Welt überläßt, damit er sie bebaue, studiere und vervollkommne.

Und dieser Gott ist treu. Wir haben gesehen, wie die Bibel Gottes Verhalten gegenüber Abraham ausdrückt: Ein für allemal hat Gott in der Geschichte der Menschheit seine Treue verpfändet, damit niemand an seinen Verheißungen zweifeln kann. Jetzt ist der Mensch vollkommen und endgültig sicher, daß Gott ihn liebt. Jetzt ist er, der Heilige und Sünder, frei und kann voll Zuversicht in die Zukunft schauen. Wir wissen wohl, wie wichtig es ist, sich geliebt zu wissen, wenn man handeln und vertrauen soll. Von daher stammt die ungeheure, durch nichts zu erschütternde Sicherheit des Gläubigen. Er weiß, daß Gott ihn liebt, daß Gott ihm – trotz allem – Vertrauen schenkt.

Die Geschichte der Welt wie der Kirche kennt Zusammenbrüche und schreckliche Katastrophen. Für den Gläubigen dürften solche Ereignisse genauso schmerzlich sein wie für andere, aber in die Verzweiflung treiben können sie ihn nicht. Unsichtbar und schweigend geht Gott mit den Menschen auch durch die furchtbarsten Zeiten.

Eucharistie

Wenn ich mit einem Wort zusammenfassen soll, was die Bibel uns schenkt, möchte ich, ohne zu zögern, sagen: Eucharistie, Danksagung.

Ein Bibelgelehrter scheint diese Erkenntnis in dem Titel auszudrücken, den er seinem Kommentar zum Buch Josua gegeben hat: „Le don d'une conquête", das „Geschenk einer Eroberung".

Damit ist alles gesagt. Die Landnahme war nach dem Buch Josua eine Eroberung. Wenn die Israeliten nicht so tapfer gekämpft hätten, wäre ihnen Kanaan nicht zugefallen. Sie haben das Land besetzt und bebaut. Zur gleichen Zeit aber kam ihnen die Erkenntnis, daß sie das Land Gott verdankten. Wenn sie die Früchte der Erde ernteten, konnten sie nicht mehr sagen: Das sind *meine* Früchte, das gehört alles mir. Der Glaube an Gott, der ihnen das Gelobte Land geschenkt hatte, führte sie dazu, in allen Dingen des Lebens eine Gabe des Himmels zu sehen. „Gesegnet bist du, Herr, der du uns Brot und Wein gibst, die Frucht menschlicher Arbeit", heißt es in einem liturgischen Gebet, das eine jüdische Formel aufnimmt.

Die Bibel, scheint mir, läßt uns erkennen, daß alles vom Menschen stammt, daß er Welt und Geschichte in eigener Verantwortung leitet. Zugleich aber lehrt uns die Bibel auch, daß der Mensch das schönste Geschenk ist, das Gott der Welt gemacht hat.

„Ich danke dir, daß du mich so wunderbar gestaltet hast.
Ich weiß: Staunenswert sind deine Werke"
(Ps 139,14).

Anhang:

Jüdische Literatur außerhalb der Bibel

Die letzten Bücher des Alten Testaments sind ein Jahrhundert vor unserer Zeitrechnung geschrieben worden, abgesehen vom „Buch der Weisheit", das nicht zur jüdischen Bibel gehört. Im Neuen Testament stammt die erste Schrift aus dem Jahr um 50 n. Chr., der erste Thessalonicherbrief. Gab es in der Zwischenzeit keine Literatur? Für einen Christen ist die Frage besonders interessant, weil Jesus zu dieser Zeit gelebt hat.

In Wirklichkeit war das erste vorchristliche Jahrhundert eine literarisch ungeheuer lebendige Zeit. Die Bibelwissenschaft beschäftigt sich seit langem mit den zahlreichen Werken, die damals entstanden sind.

Das mündliche und das geschriebene Gesetz

Gott hat dem Mose am Sinai sein Gesetz gegeben. Die Juden glaubten aber, daß nur ein Teil des Gesetzes schriftlich niedergelegt sei. Den anderen Teil suchten sie in der mündlichen Überlieferung (vgl. S. 101).

Das geschriebene Gesetz findet sich in den fünf Büchern Mose, dem Pentateuch. Es wird von den Propheten erläutert und von den „Schriften" meditiert. Alle diese Bücher bilden die Bibel.

Außerhalb der Bibel wurden in dieser Zeit zahlreiche Schriften verfaßt, die sich auch mit gesetzlichen Fragen beschäftigten. Manche davon sind schon seit langem bekannt, andere wurden erst nach dem Zweiten Weltkrieg in Qumran, am Toten Meer, gefunden.

Die mündlichen Überlieferungen sind weit schwieriger zu erfassen, gerade weil sie zunächst nicht niedergeschrieben wurden. Erst später haben die Schriftgelehrten parallele Traditionen zum geschriebenen Gesetz gesammelt, haben über ihre Schulmeinungen diskutiert und auch neue gesetzliche Vorschriften formuliert. Es ist äußerst schwierig, die Entstehungszeit dieser oder jener Überlieferung zu bestimmen.

Apokalyptische Schriften

Viele jüdischen Apokalypsen sind seit langer Zeit bekannt: die Henochliteratur, das Jubiläenbuch, die Oden Salomos, das Testament der Zwölf Patriarchen, die Himmelfahrt des Mose, die Apokalypsen des Abraham, des Elija, das vierte Buch Esra ... Nicht alle diese Bücher sind Apokalypsen im strengen Sinn, aber alle sind von dieser Strömung beeinflußt.

Die meisten der genannten Schriften wurden in christlichen Kreisen abgeschrieben und weitergegeben. Dabei haben christliche Theologen oft ihre Ansichten in die Texte hineingedeutet und den Wortlaut verändert. Solche Interpolationen sind aber nicht immer leicht zu erkennen.

Qumranschriften

Seit 1947 wurden in den Höhlen am Toten Meer die Schriften der Essener gefunden. Diese jüdische Sekte, die man bislang nur durch Flavius Josephus kannte, erwies sich als eine geistig und religiös äußerst rege und lebendige Gemeinde. Ihr „Kloster" wurde ausgegraben, und die Überreste ihrer großen Bibliothek wurden sichergestellt.

Die in Qumran lebenden Juden haben die Regeln ihres Zusammenlebens niedergeschrieben und dieser „Gemeinderegel" eine lange Unterweisung über die beiden „Geister", die im Menschen wirken, vorangeschickt. Mit der Gemeinderegel ist die schon 1896 in Alt-Kairo entdeckte „Damaskusschrift" verwandt. Andere Qumranschriften sind: die „Loblieder", die wohl auf den „Lehrer der Gerechtigkeit", den Gründer oder ein hervorragendes Mitglied der Gemeinde, zurückgehen; die „Kriegsrolle", die den endzeitlichen Kampf der Söhne des Lichts gegen die Söhne der Finsternis schildert und mit zahlreichen liturgischen Texten versehen ist; der „Habakuk-Midrasch", in dem die Gemeinde den prophetischen Text auf ihre eigene Geschichte deutet und damit eine höchst interessante Parallele zur christlichen Schriftauslegung bietet; schließlich eine Fülle von Florilegien und Testimonien, in denen messianische Stellen aus dem Alten Testament gesammelt und interpretiert werden.

Im Jahr 70 n. Chr. wurde die Siedlung der Qumran-Essener zerstört.

Andere Schriften

Von den jüdischen Schriftstellern, die ihre Werke griechisch geschrieben haben, nennen wir wenigstens die zwei bedeutendsten: den Historiker Flavius Josephus (30–100 n. Chr.), von dem die „Jüdischen Altertümer" und der „Jüdische Krieg" stammen, und der Religionsphilosoph Philo von Alexandrien (13 v. Chr.–50 n. Chr.), der in seinen zahlreichen Werken den jüdischen Glauben mit der griechischen Kultur zu vermitteln suchte. Philo hat wahrscheinlich schon den Hebräerbrief, mit Sicherheit aber die Kirchenväter (so Origenes und Ambrosius) beeinflußt.

Rabbinische Literatur

Bis die mündliche Überlieferung der Rabbinen gesammelt, niedergeschrieben und so zur Literatur wurde, hat es noch einige Jahrhunderte gedauert. Aus der Zeit des Neuen Testaments sind uns pharisäische Schriftgelehrte, wie der Rabbi Gamaliel (Apg 5,34), bekannt, die aufgrund ihrer Gesetzestreue ein großes Ansehen gewonnen hatten. Nach dem Fall Jerusalems (70 n. Chr.) traten die Schriftgelehrten in Jamnia (nahe dem heutigen Tel-Aviv) zusammen und reorganisierten das Judentum. Aus dieser Gelehrtenschule stammen wichtige Sammlungen, die später in der Mischna und im Talmud Verwendung fanden.

Die Rabbinen überlieferten ihren Schülern, was sie selbst empfangen hatten (vgl. 1 Kor 15,1–3). Ihre Traditionen waren zweifacher Natur: Die „Halacha" gab Interpretationen zum Gesetz, die auf das praktische Handeln zielten, die „Haggada" dagegen diente mehr der Erbauung, sie schmückte die Erzählungen der Bibel aus (vgl. S. 104).

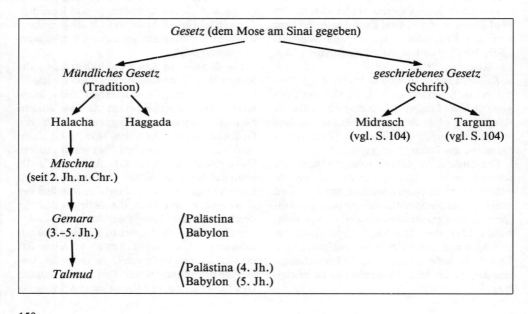

Am Ende des 1. Jahrhunderts n. Chr. begann man, diese Überlieferungen systematisch zu ordnen. Die erste Sammlung, die im Verlauf des 2. Jahrhunderts erschien, war die *Mischna*. Sie wurde sowohl in Palästina wie in Babylon von den Rabbinen kommentiert. Die Kommentare nannte man *Gemara*.

Der *Talmud* (= Lehre) ist die endgültige Sammlung aller dieser Überlieferungen. Er enthält die Mischna, die um die Gemara und andere Traditionen erweitert ist, die nicht in den mündlichen Sammlungen, der *Tosephta,* Platz gefunden hatten. Der Jerusalemer (oder palästinensische) Talmud ist im 4. Jahrhundert entstanden, der vollständigere Babylonische Talmud wurde gegen Ende des 5. Jahrhunderts abgeschlossen. Beide genießen im Judentum bis heute hohes Ansehen.

Geschichtlicher Überblick

Jahr	Ägypten	Palästina	Mesopotamien / Syrien	Literatur
2000	12. Dynastie (um 1990–1785)			
1900				
1800				
1700	Hyksos (1750–1550)	*Patriarchen*	Hammurapi von Babel (1792–1750) Reich der Hetiter (1740–1200)	Atrahasis-Epos
1600				
1500		*Hebräer in Ägypten*		
1400	Amenophis IV. (Echnaton) (1370–1352)			Hymnus an den Sonnengott Aton (vgl. Ps 104)
1300	Ramses II. (1290–1224) Schwäche und Zerfall Ende des Großreichs	*Exodus und Landnahme* Richterzeit Samuel Saul	Philister	Gilgamesch-Epos Enuma-Elisch
1200				
1100				
1000		*David* (um 1000–961) Salomo (961–931)		
		Juda — *Israel*		
		Rehabeam (931–914) — Jerobeam I. (922–901)		
		Abija (914–912)		
		Asa (911–871)		
900	Schischak	Nadab (909) Bascha (909–886) Ela (885) Simri (885)		
		Joschafat (871–848) — Omri (885–874) Ahab (873–853) Ahasja (853–852)	Ben-Hadad I., König in Damaskus Ben-Hadad II. Mescha, König von Moab	
		Joram (848–841) — Joram (852–841) Ahasja (841) Jehu (841–813) Atalja (840–835) Joasch (835–796) — Joahas (813–796)		
800		Amazja (796–767) — Joasch (797–782) Jerobeam II. (782–747) Asarja (767–739) — Secharja (747) Schallum (747) Menahem (747–742) Pekachja (742–740)	Hasael in Damaskus	Anfänge von J (?) Amos Hosea
		Jotam (739–734) — Pekach (740–731) Ahas (734–728) — Hoschea (731–722) *Untergang des Nordreichs* (722)	Tiglat-Pileser III. in Assur und Babel Rezin, Usurpator in Damaskus Sargon II., König in Assur, seit 710 von Babel	Anfänge von E und JE (?) Jesaja Micha

Jahr	Ägypten u.a.	Juda / Israel	Weltgeschichte	Biblische Bücher
700	Tirhaka – Eroberung durch Asarhaddon von Assur	Hiskija (728–699) – Manasse (699–643) – Amon (642–641)	Sanherib in Assur und Babel. 689 Zerstörung Babels. Ninive Hauptstadt	Anfänge von D (?)
600	Necho II. unterliegt den Babyloniern bei Karkemisch (605)	Joschija (641–609) – Joahas (609) – Jojakim (609–598) – Jojachin (597) – Zidkija (597–586) – *Untergang des Südreichs* – *Babylonisches Exil* (586–538)	Assurbanipal in Assur und Babel – Nebukadnezzar von Babylonien (605–562) – Nabonid von Babel	Jeremia – Nahum – Habakuk (?) – Zefanja – Ezechiel – Obadja – Deuterojesaja – Priesterschrift (P) – Josua – Richter – 1 und 2 Sam – 1 und 2 Könige
500		Edikt des Kyrus (538) – Serubbabel, Statthalter von Juda (um 525) – Esra (458/428?) – Nehemia (445–425)	Belschazzar Mitregent – Kyrus erobert Babel – Persisches Großreich – Darius I. von Persien (522–486) – Xerxes I. (486–465) – Artaxerxes I. (465–423)	Haggai – Sacharja – Sprichwörter (?) – Tritojesaja – Rut (?) – Joël
400		Esra (398?)	Darius II. (423–404)	Jonas – Ijob – Pentateuch (?) – Esra/Nehemia – 1 und 2 Chron – Kohelet-Tobit-Hohelied
300	Ptolemäus I. Lagos (305–283)		Alexander der Große (333–323) – Ptolemäer und Seleukiden kämpfen um Palästina	
200		Makkabäeraufstand – Mattatias (167–166) – Judas (166–161) – Jonatan (161–143) – Simeon (143–135) – Johannes Hyrkanus I. (134–104)	Antiochus IV. Epiphanes (175–164)	Um 250 Beginn der griechischen Bibelübersetzung (LXX) – Baruch – Sirach – Ester – Daniel – Judit – Psalmen – 2 Makk
100		Alexander Jannäus (103–76) – Salome Alexandra (76–67) – Johannes Hyrkanus II. (63–40) – Antipater von Idumäa – Herodes der Große (37–4 v. Chr.)	Pompejus im Osten (63) – Syrien römische Provinz	1 Makk – Buch der Weisheit

Namens- und Sachregister

Gott
Elohim   33, 65, 94
Jahwe   33, 38, 94
Befreier und Schöpfer   28, 42, 47, 48, 85, 94

Jesus (christologische Titel)
Davidssohn   54
Elija   60
Gottesknecht (leidender)   86
Immanuel   55, 128
Menschensohn   117
Messias   109, 132, 144
Weisheit Gottes   118, 120

Heiliger Geist   55, 85, 98, 137, 144 f

Biblische Gestalten
Abraham   47, 67, 77 f, 90 f, 100
David   28, 43 f, 54, 56
Elija   28, 59–61
Jakob   48, 90
Mose   39, 48, 69, 91, 100 f
Natan   43, 54, 85

Gruppen und Völker
Diasporajuden   97, 99
Essener   109
Kanaan   23, 25, 26, 29, 43, 60, 90
Kyrus   28, 29, 84, 86
Lagiden (Ptolemäer)   22, 107–108
Makkabäer   29, 108 f
Pharisäer   109
Sadduzäer   109
Samariter   58, 101
Seleukiden   22, 29, 108–109

Themen und Begriffe
Auferweckung   113, 117, 132
Beschneidung   90 f
Blut (Leben)   88
Bund   66–67, 78, 81, 91, 92
Exodus   30–42, 92
Gesetz (Thora)   10, 11, 29, 58, 72, 91, 96, 100, 101, 150
Gottesfurcht   66
Heilig   55, 88, 89
Judentum   83, 84, 96, 101, 108
König   43, 55, 58, 82
Kult (Gottesdienst)   25, 66, 91
Liebe   65, 74, 85
Opfer   67, 88

Patriarchen   28, 49
Priestertum   88, 90, 91
Prophet   55, 66, 69, 76
Rein – Unrein   89
Ritus   87
Sabbat   90
Schöpfung   34, 113
Segen   48, 90
Seligpreisung   124, 131
Sünde   52, 137
Synagoge   90
Tempel (Heiligtum)   44, 73
Thora → Gesetz
Vergeltung   83
Wort Gottes   98, 144–145
Universalismus   42, 44, 61, 91, 97
Zion (Tochter)   79

Literarische Fragen
Apokalypsen   114–117
Apokryphen   110
Aramäisch   97
Deuterokanonisch   10, 110
Deuteronomium (D)   33, 72–78, 100
Elohist (E)   33, 65–69, 100
Geschichte (historisch)   14, 39, 47, 76
Jahwist (J)   33, 34, 46–53, 93, 100
Jehowist (JE)   33, 77–78
Koiné   12, 107
Literarische Gattung (Arten, Formen)   31 f
Masoreten   12, 94
Methoden der Textauslegung   16–20
Midrasch   104
Mythos   27, 50
Poesie (hebräisch)   37
Priesterschrift (P)   33, 34, 46, 83, 90–94, 100
Septuaginta   12, 119
Symbol   50
Targum   48, 68, 104

Altorientalische Texte
Ägyptischer Papyrus   26
Atrahasis-Epos   24, 50
Enuma Elisch   24, 26
Gilgamesch-Epos   24, 51
Kanaanäische Gedichte (Ugarit)   26
Kyruszylinder   86
Sargon (Geburtslegende)   69
Sonnengott-Hymnus (ägyptisch)   23
Sumerische Sprichwörter   105

Textauslegung

Gen	Seite	Ps	Seite	Spr	Seite
1	92–94	2	132	8,22–31	105–106
2–3	49–53	8	127		
12,1–3	47	22	136	*Weish*	
15	77–78	42–43	130	7,21–30	119–120
22	67	49	139		
		51	136	*Jes*	
Ex		73	139	52,13–53,12	86
13,17–14,31	32	84	130	60–62	99
15,1–21	36	89	83, 133		
19–24	66–67	96	132	*Dan*	
20–23	78	104	104	7	116
		109	136	12	117
		110	133		
Dtn		113	127	*Hos*	
26,1–11	75	114	126	2,4–25	62–65
		119	130		
2 Sam		120–134	123–125	*Sach*	
7	54	139	129	9,9–10	109–110
				11,4–17	110

Verzeichnis der Abbildungen

Archiv für Kunst und Geschichte, Berlin: 134
Charpentier, Pour lire l'Ancien Testament (frz. Originalausgabe, Ed. du Cerf, Paris 1981): 25 unten, 80
Christophorus/Burckhardthaus, Medienpaket ‚Jahwes Land' von Alfons Senfter: 30, 61, 101
Christophorus/Burckhardthaus, Folienatlas AT: 140

Evangelische Zentralbildkammer Bielefeld: Titelbild (Gesetzestafeln an der Synagoge in Mantua/Italien)
Fotoarchiv Lachmann, Düsseldorf: 45, 59
Mertens, Handbuch der Bibelkunde (Patmos, Düsseldorf [2]1984): 21, 40, 93
Patmos-Archiv: 25 oben, 87, 107, 121

Weiterführende Literatur

O. Kaiser, Einleitung in das Alte Testament. Eine Einführung in ihre Ergebnisse und Probleme, Gütersloh (Mohn) [3]1975

G. Fohrer/H. W. Hoffmann/F. Huber u. a., Exegese des Alten Testaments. Einführung in die Methodik (UTB 267), Heidelberg (Quelle & Meyer) [3]1979

H. D. Preuß/K. Berger, Bibelkunde des Alten und Neuen Testaments. Erster Teil: Altes Testament (UTB 887), Heidelberg (Quelle & Meyer) 1980

M. Kellermann/St. Medala/M. Piccirillo/E. Sitarz, Welt aus der die Bibel kommt. Biblische Hilfswissenschaften (Biblische Basis-Bücher 2). Kevelaer (Butzon & Bercker) Stuttgart (Katholisches Bibelwerk) 1982

J. Bright, Geschichte Israels. Von den Anfängen bis zur Schwelle des Neuen Bundes. Aus dem Amerikanischen von Ursula Schierse. Düsseldorf (Patmos) 1966

A. H. J. Gunneweg, Geschichte Israels bis Bar Kochba. Stuttgart (Kohlhammer) [4]1982

Das Alte Testament Deutsch (ATD). Hrsg. von *O. Kaiser/L. Perlitt.* Göttingen (Vandenhoeck & Ruprecht)

Die Neue Echter Bibel. Kommentar zum Alten Testament mit der Einheitsübersetzung. Hrsg. von *J. G. Plöger/J. Schreiner.* Würzburg (Echter) 1980ff

Geistliche Schriftlesung. Erläuterungen zum Alten Testament für die Geistliche Lesung. Hrsg. von *H. Eising/H. Lubsczyk.* Düsseldorf (Patmos)

Die altorientalischen Texte sind hauptsächlich dem „Religionsgeschichtlichen Textbuch zum Alten Testament" (hrsg. von *Walter Beyerlin,* ATD Ergänzungsreihe 1, Göttingen 1975) entnommen

Abkürzungen der biblischen Bücher

Altes Testament

Gen	Das Buch Genesis
	(1 Mose = Das erste Buch Mose)
Ex	Das Buch Exodus
	(2 Mose = Das zweite Buch Mose)
Lev	Das Buch Levitikus
	(3 Mose = Das dritte Buch Mose)
Num	Das Buch Numeri
	(4 Mose = Das vierte Buch Mose)
Dtn	Das Buch Deuteronomium
	(5 Mose = Das fünfte Buch Mose)
Jos	Das Buch Josua
Ri	Das Buch Richter
Rut	Das Buch Rut
1 Sam	Das erste Buch Samuel
2 Sam	Das zweite Buch Samuel
1 Kön	Das erste Buch der Könige
2 Kön	Das zweite Buch der Könige
1 Chr	Das erste Buch der Chronik
2 Chr	Das zweite Buch der Chronik
Esra	Das Buch Esra
Neh	Das Buch Nehemia
Tob	Das Buch Tobit (Tobias)
Jdt	Das Buch Judit
Est	Das Buch Ester
1 Makk	Das erste Buch der Makkabäer
2 Makk	Das zweite Buch der Makkabäer
Ijob	Das Buch Ijob (Hiob)
Ps	Die Psalmen
Spr	Das Buch der Sprichwörter
	(Die Sprüche Salomos; Proverbia)
Koh	Das Buch Kohelet
	(Pred = Der Prediger Salomo)
Hld	Das Hohelied (= Das Hohelied Salomos)
Weish	Das Buch der Weisheit
	(= Die Weisheit Salomos)
Sir	Das Buch Jesus Sirach
Jes	Das Buch Jesaja
Jer	Das Buch Jeremia
Klgl	Die Klagelieder
Bar	Das Buch Baruch
Ez	Das Buch Ezechiel
	(Hes = Das Buch Hesekiel)

Dan	Das Buch Daniel
Hos	Das Buch Hosea
Joël	Das Buch Joël
Am	Das Buch Amos
Obd	Das Buch Obadja (Abdias)
Jona	Das Buch Jona
Mi	Das Buch Micha (Michäas)
Nah	Das Buch Nahum
Hab	Das Buch Habakuk
Zef	Das Buch Zefanja (Sophonias)
Hag	Das Buch Haggai (Aggäus)
Sach	Das Buch Sacharja (Zacharias)
Mal	Das Buch Maleachi (Malachias)

Neues Testament

Mt	Das Evangelium nach Matthäus
Mk	Das Evangelium nach Markus
Lk	Das Evangelium nach Lukas
Joh	Das Evangelium nach Johannes
Apg	Die Apostelgeschichte (Acta)
Röm	Der Brief an die Römer
1 Kor	Der erste Brief an die Korinther
2 Kor	Der zweite Brief an die Korinther
Gal	Der Brief an die Galater
Eph	Der Brief an die Epheser
Phil	Der Brief an die Philipper
Kol	Der Brief an die Kolosser
1 Thess	Der erste Brief an die Thessalonicher
2 Thess	Der zweite Brief an die Thessalonicher
1 Tim	Der erste Brief an Timotheus
2 Tim	Der zweite Brief an Timotheus
Tit	Der Brief an Titus
Phlm	Der Brief an Philemon
Hebr	Der Brief an die Hebräer
Jak	Der Brief des Jakobus
1 Petr	Der erste Brief des Petrus
2 Petr	Der zweite Brief des Petrus
1 Joh	Der erste Brief des Johannes
2 Joh	Der zweite Brief des Johannes
3 Joh	Der dritte Brief des Johannes
Jud	Der Brief des Judas
Offb (Apk)	Die Offenbarung des Johannes (Apokalypse)